Psicología del Matrimonio

CECIL G. OSBORNE

PSICOLOGÍA DEL MATRIMONIO

DEL

MATRIMONIO

*¿Se puede estar
casado y ser feliz?*

Publicado por
Editorial Unilit y
Logoi Inc.
Miami, Fl. 33172 U.S.A.
Derechos reservados.

1ra Edición 1974
2da Edición 1989

Título del original en ingles:
The art of understanding your mate
© 1970 por Zondervan Publishing House

Impresa en Colombia
Producto No. 497704
ISBN 0-945792-83-2

Diseño de la portada: Alicia Mejias
Fotografía: Comstock © 1988

Printed in Colombia.
Impreso en Colombia.

Contenido

1. El matrimonio puede ser maravilloso, pero...

El matrimonio, mares de altura
para los cuales aún no se
ha inventado brújula alguna.
Heine

EL MATRIMONIO es la más fructuosa, y la más difícil, de las relaciones conocidas por el hombre. Empezó cuando Dios dijo: "No es bueno que el hombre esté solo; le haré ayuda idónea para él" (Génesis 2:18). Margaret Mead dice que el hogar es "la más firme de todas las instituciones que tenemos". El sociólogo Ralph Linton afirma: "En el mare mágnum que la superciencia y los superestúpidos estadistas nos están preparando, el último hombre empleará sus últimas horas buscando a su esposa e hijo."

Los alarmistas señalan que en los Estados Unidos el índice de divorcios es el más elevado entre las naciones del mundo occidental, con un matrimonio de cada cuatro concluido en divorcio, y con la perspectiva de que esta cifra llegue a ser uno de cada tres en un futuro muy cercano.

A pesar de eso el noventa por ciento de los norteamericanos contraen matrimonio, y el índice de divorcios no es tan sobrecogedor cuando se recuerda que sólo una pequeña fracción son divorcios repetidos, que dos de cada tres divorciados se vuelven a casar, y que nueve décimos de éstos permanecen casados. El porcentaje de aventuras empresariales que fracasan es mucho más elevado que el de matrimonios fracasados. Las estadísticas no son tan alarmantes si concedemos que una cuarta parte de los que se aventuran en las aguas matrimoniales cometen un error. La evidencia estadística es aún menos turbadora cuando se tiene en cuenta que no existe ninguna otra relación humana que se frague con tantas posibilidades de fracasar. No existen matrimonios perfectos por la simple razón de que no existe gente perfecta, y no hay ninguna persona que pueda satisfacer *todas* las necesidades de otra. La dificultad de lograr un matrimonio aceptable se complica enormemente a causa de las diferencias genéticas existentes entre dos personas cualesquiera. Sus entornos ambientales son distintos, como también lo son sus personalidades, necesidades, fines, motivaciones y respuestas emocionales.

Si a las diferencias ambientales, genéticas y personales de dos individuos cualesquiera añadimos las grandes diferencias emocionales existentes entre el hombre y la mujer, ¡resulta sorprendente que haya tantos matrimonios con éxito!

Una mujer joven puede saber intelectualmente que es imposible que dos personas imperfectas consigan un matrimonio perfecto, y sin embargo en lo más profundo de sus sentimientos alberga el romántico sueño de una realización perfecta con un marido tierno y considerado, a la vez que fuerte e inteligente: el hombre que saciará todas sus necesidades. En este sentido no existe ningún hombre que pueda llenar sus múltiples e ilimitadas necesidades. Necesita ser protegida, acariciada, amada, y a pesar de ello también desea completa libertad y autonomía. Con frecuencia tratará de forzar los límites para asegurarse de que continúan en su sitio, y para poner a prueba la fortaleza de su marido. La mujer adquiere un sentido de seguridad al percibir que el hombre es lo suficientemente fuerte como para resistir, ¡y lo bastante inteligente para ceder! Necesita saber qué es lo que se espera de ella, pero sin que se limite su libertad de elección. Quiere que se le aprecie y que se le confirme su identidad con frecuentes muestras de reconocimiento, aprobación y afecto.

La mujer quiere ser, fundamentalmente, una ayudadora, no el jefe, pero al poner a prueba y forzar las situaciones dará la impresión de que pretende dominar. Desea tener el control dentro de su propia esfera, es decir, el hogar y los hijos, pero necesita del interés y la fortaleza del marido. La mujer quiere que su "esfera de influencia" sea razonablemente flexible, adaptándose a sus cambiantes necesidades emocionales, y quiere que el afecto le sea expresado de muchas formas, tanto grandes como pequeñas. Sus necesidades pueden variar enormemente en intensidad de un día a otro, y espera que su marido llegue equipado con una cierta cantidad de percepción extrasensorial de modo que se percate de sus variables estados emocionales.

Las pequeñas expresiones de afecto y aprobación significan para la mujer mucho más de lo que el hombre imagina. A ella le agrada que se le recuerde, se le adore, se le halague, se le hagan cumplidos, y se le escuche; quiere que se preste atención a sus sentimientos, aun cuando a su marido le parezcan pueriles o fuera de razón. La mujer necesita que le hagan sentir su feminidad por medio de la protección, el cuidado, las demostraciones de afecto sin mostrar deseo sexual y especialmente siendo aceptada cuando ella se ve inaceptable a sus propios ojos.

La mujer necesita la seguridad del varón, y a fin de obtener ese sentido de seguridad, regaña, pincha e incluso provoca. Por lo general esto es un esfuerzo inconsciente para asegurarse de que es amada, y particularmente para asegurarse de que el varón es lo bastante fuerte como para hacerle frente, y al propio tiempo lo bastante inteligente como para permitirle hacer su voluntad con la frecuencia precisa para preservar su propia identidad. A menudo quiere la mujer dominar, y sin embargo tiene la necesidad de sentir que él tiene el mando. Necesita que "se tenga cuidado de ella".

La mujer quiere que el hombre sea lo bastante fuerte, inteligente y competente como para satisfacer sus necesidades de seguridad emocional, seguridad que obtiene de un control que no la domine ni prive de su libertad. El control que el hombre ejerce no debe darle la sensación de que la están manipulando, y la fortaleza varonil debe expresarse en otros términos que los de la pura lógica masculina. Subconscientemente la mujer busca un padre que sea indulgente con sus caprichos, y al mismo tiempo sea firme, delicado y prudente; ella busca un amante que sea tierno y que la venza cuando está agresiva, pero que también sea comprensivo cuando ella necesita expresar su hostilidad; un marido que se preocupe del nido tanto si le gusta como si no, y un hombre habilidoso para mantener el nido intacto. En resumen, lo que la mujer desea es un padre, un amante, un hombre mañoso y un compañero de juego, o sea, una especie de composición de San Juan el Amado, un galán cinematográfico, un hombre de negocios con cartera en una mano y caja de herramientas en la otra, y un padre sabelotodo. Este dechado de virtud masculina ha de compartir su vida con ella, pero sin cargarla con demasiados detalles o preocupaciones personales que pudieran engendrar preocupación en ella. El hombre debe ser capaz de solucionar esas necesidades sin descuidar su trabajo.

La mujer provoca discusiones exagerando alguna pequeñez sin importancia, sacándola de sus debidas proporciones, y mezclándola con cuestiones secundarias tales como los familiares o alguna cosa sucedida muchos años antes. De ahí, fundándose en la intuición femenina en lugar de la lógica masculina, puede saltar a lo que el hombre considera son conclusiones absurdas y sin base. Lo que ella quiere es que sus sent mientos se vean confirmados, tanto si son "razonables" como si no. Con frecuencia lo que pretende es que se le comprenda, y aunque en realidad no quiera la discusión, se resiente si el hombre rehúsa seguir el juego de la "gritería". Ella quiere tener la última palabra, pero de vez en cuando se sentirá desilusionada si obtiene la victoria en la discusión, puesto que de ese modo el marido queda reducido a algo menos que un hombre. Más que vencer en la discusión, lo que ella quiere es expresar sus sentimientos, y si triunfa en la discusión se sentirá a un mismo tiempo victoriosa y enfadada.

También quiere conversación seria, y la busca a veces cuando el marido está cansado e incomunicativo. Ella interpreta su falta de interés por su mundo como una afrenta personal y se siente rechazada. La mujer quiere que el marido dé importancia a lo que a ella le interesa. El hombre satisface la necesidad de la mujer escuchándola, sin discutir a cada paso para mostrarle sus equivocaciones, aun cuando ella sospeche que está equivocada. Cuando se cansa de interpretar el papel de madre-esposa, puede retroceder a la fase de niña pequeña, y entonces necesita desesperadamente que el hombre interprete el papel de padre fuerte, prudente, comprensivo e indulgente.

El hombre ve esta personalidad femenina como una mezcla de necesidades contradictorias, irrealistas e ilógicas que ningún varón podría satisfacer completamente. Pero también él tiene una sorprendente variedad de necesidades. Quiere que se le haga sentir que es competente, digno de confianza y valioso. Posiblemente tiene sus dudas acerca de su capacidad para "lograrlo", pero esto no lo puede admitir ni ante sí mismo, cuanto menos ante su esposa. Necesita que se le anime, pero sin darle lecciones, y sin que se le discuta ni critique. La fuerza de su ego necesita acrecentarse para permitirle funcionar en una sociedad altamente competitiva; la imagen que él tiene de sí mismo necesita ser reforzada y no demolida con la recriminación de los errores, aun cuando los tenga.

El hombre quiere que se le restaure sutilmente su propia identidad, con sinceridad y mucho afecto, pero en forma tal que no le recuerde a su madre y se sienta como un niño, especialmente cuando su comportamiento es infantil. Necesita una esposa-madre que no le domine, y que sin embargo le sirva en sus necesidades; una amante que puede seducir y ser seducida tanto si tiene ganas como si no, y que le parezca tan atractiva como las mujeres que ve durante la jornada; una mujer de hogar que cuide de la casa y de los niños sin hacerle sentirse culpable cuando él no cumple su parte. Del mismo modo que el hogar es una extensión de la personalidad de la mujer, así el trabajo lo es de la del hombre. El no puede interesarse por el hogar tanto como ella, y tampoco ella puede interesarse por su trabajo tanto como él. El hombre necesita que se le permita desarrollar sus aficiones y pasatiempos masculinos sin sentirse culpable. Así como ella tiene amistades femeninas y entretenimientos, él necesita también los suyos.

Los lamentos, la autocompasión y las quejas —con objeto de atraer la atención del hombre— sólo consiguen empujar al marido a que se encierre en el bar, en el garaje o en el frío castillo de su propia soledad. Por lo general aborrece las discusiones porque intuye que ella no podrá centrarse en el tema y por tanto no podrá vencer. El hombre quiere que se le deje solo cuando trata de reconstruir las partes dañadas de su ego, y cuando está cansado o preocupado quiere descansar sin que se le acose con charlas intrascendentes, que a su juicio se podrían posponer para momentos más adecuados o anular por completo. El hombre quiere que su esposa preste atención a sus problemas e intereses y toma como afrenta personal las distracciones, aun cuando él pone muy poco interés en las minucias de la vida cotidiana de su esposa. El lado pasivo de la naturaleza del hombre, que él rechaza, le puede empujar a retirarse en silencio o a explotar en una colérica reacción cuando se siente amenazado. Esas explosiones, en el transcurso de una discusión, son resultado de que se ponga en tela de juicio su autoridad varonil, y también un sentimiento de exasperación por su incapacidad de hacerse entender. Puede incluso tratarse de que se le ha hecho sentir que es un muchacho reprendido por su madre.

Lo que él necesita es sentir que tiene el control, aun cuando no lo tenga, y que no se le está manipulando. Las demandas incesantes para que se ocupe más del hogar pueden causar en él una rebelión, pues le hacen pensar en su madre y le recuerda la perpetua intranquilidad de sus años infantiles.

La necesidad de mantener su identidad varonil puede hacer que el hombre se sienta amenazado cuando, después de todo, resulta que su esposa tiene razón, y si se le recuerda este hecho, puede provocarse algún tipo de venganza. El hombre responde mejor a la persuasión suave y al tratamiento seductor que a las exigencias y ultimátums. El tratamiento consistente en "pórtate bien" le recuerda a su madre y le reduce, una vez más, a la infancia. Las críticas directas, especialmente en público, o cualquier otra forma de humillación, pueden provocar una furiosa explosión o una silenciosa retirada. No quiere que su esposa le haga la competencia en ninguna esfera.

Del mismo modo que ella busca un marido maduro, comprensivo, fuerte y gentil, él también busca lo imposible: una esposa-madre-amante que todo lo perdona, que siempre ama y que todo lo comprende; o sea, una combinación de madre que da su amor sin condiciones, estrella de cine que a la vez es buena ama de casa, caja de resonancia, constructora de su ego e hija obediente y adoradora que piense que sus palabras son o profundas o ingeniosas.

Esta imagen le parecería ridículamente trazada a cualquier pareja que esté a punto de embarcarse en la nave del matrimonio. Hace mucho tiempo que abandoné la instrucción de parejas en estas cuestiones por considerar que es un esfuerzo inútil. Tendían a mirarme con divertida tolerancia, como si yo estuviera en una nebulosa. Sí, habían tenido algunas discrepancias y se daban cuenta de que su vida no sería cien por cien perfecta, pero todo eso ya lo habían discutido extensamente y habían llegado a un buen entendimiento. En lugar de esto, lo que ahora hago es pedirles una sola cosa: un pacto solemne de que irán en busca de un buen consejero de matrimonio o de un pastor en cuanto se produzca la primera señal de que entre ellos no hay una buena comunicación. Les hago saber también que el marido tiende a rechazar esa proposición hasta que el matrimonio está al borde de la quiebra. Mi único requerimiento es que los dos estén dispuestos a acudir en busca de ayuda antes de que las discusiones se conviertan en motivos de rencor.

En cierta reunión en la que casi todos eran personas casadas, un agudo ejecutivo dijo: "Hace veinte años que estoy casado, pero he aprendido más acerca de las mujeres en estas breves reuniones que durante mis veinte años de matrimonio." Hizo una pausa y a continuación hizo una profunda afirmación: "En mi opinión, las mujeres son insaciables, y los hombres obtusos." En realidad estaba expresando sus sentimientos acerca de su propio matrimonio. "Tengo la sensación de que durante todos estos años no he escuchado en realidad lo que mi mujer me ha dicho," dijo a continuación. "Me crié en un colegio de internos, sin tener relación con una madre. Nunca me he preocupado de entender las necesidades de las mujeres. Pero por esa misma razón no puedo evitar el pensamiento de que las mujeres son insaciables en sus exigencias y deseos; es decir, esto es así en el caso de que mi esposa y las mujeres aquí presentes sean típicas."

En cierto sentido tenía razón. Al marido le parece con frecuencia que su mujer es insaciable en su tendencia a mejorar el matrimonio e intentar que el marido la comprenda y llene sus necesidades emocionales. Para ella la necesidad de la mujer consiste esencialmente en el deseo de crear el mejor hogar y matrimonio posibles, y luchar hasta conseguirlo. Si la mujer parece ser insaciable (tanto si es dulce, reservada y cuidadosa, como si es iracunda y exigente), el marido parece ser obtuso, carente de percepción, y a menudo incapaz de comprender las necesidades emocionales de su mujer.

En cierto sentido, todos los matrimonios son algo incompatibles. Sería ridículo presentar la incompatibilidad como causa de divorcio. Dos personas elegidas al azar resultarán ser incompatibles en cierta medida, y este hecho se intensifica en esa relación única, apretada y cotidiana entre el hombre y la mujer. El marido y la mujer son incompatibles desde el principio debido a que tienen fines, tendencias, necesidades emocionales y condicionamientos ambientales radicalmente distintos. La mujer quiere ser el factor más importante de la vida del hombre, pero al propio tiempo también quiere que él tenga éxito en la vida, lo que implica que el trabajo tendrá que convertirse en el aspecto más importante de su vida. A menos que el hombre sea capaz de equilibrar estas dos cosas, de modo que pueda saciar la necesidad de su esposa de ser su principal interés, y al mismo tiempo tener éxito en su vida laboral, puede suceder que ella llegue a aborrecer el trabajo del marido tanto como podría aborrecer a una querida o cualquiera otra, competidora.

Esta verdad se puede ilustrar con el caso de un joven cabeza de familia que me dijo que su esposa y él estaban teniendo problemas con los niños. Yo le dije:

—Ese problema casi siempre proviene de una madre dominante y controladora.

Poco tiempo después me enteré, para bochorno mío, de que el marido le había contado a la mujer nuestra conversación, palabra por palabra, citándome a mí como autor de la frase. Yo conocía y apreciaba a la esposa, y supuse que dirigiría su furia contra mí.

Pero, por el contrario, toda su indignación se volvió contra el marido:

—Es posible que yo sea una madre dominante y controladora, pero si cuando vienes del trabajo por la tarde te mantuvieras en pie lo suficiente como para hacer de padre de estos niños, en lugar de tumbarte en el sofá, tal vez yo dejaría de ser una madre dominante.

Siguió diciendo que la imagen que ella y los niños tenían de él era la de un hombre derrumbado, siempre echado en el sofá.

Recordando esta conmovedora observación, el marido me dijo:

—A partir de aquel mismo momento decidí presentar una imagen diferente a mis hijos. Mi mujer tenía razón.

No hay duda de que él estaba cansado tras un día de intenso trabajo, y tenía derecho a creer que se merecía un descanso, pero las necesidades del hogar tomaron a partir de entonces prioridad sobre su deseo de descansar. En este caso, sus necesidades personales eran incompatibles con las de la familia. En lugar de permitir que su hogar se destrozara por una "incompatibilidad", resolvió el conflicto decidiendo qué era lo más importante para él. No sólo son el marido y la mujer incompatibles, sino que además en el interior de cada uno de ellos existen necesidades y tendencias conflictivas, que deben resolverse de algún modo.

Algunos matrimonios están destinados al fracaso desde el principio debido a las necesidades neuróticas de una o de las dos partes. En cierta ocasión una señora me preguntó si podía hacerse algo por su sobrina, que a la sazón se encontraba en una profunda depresión y bajo tratamiento psiquiátrico. Hacía tan sólo unos meses que se había casado, y su depresión iba empeorando progresivamente. En la primera entrevista que tuve con la joven me di cuenta de que había tenido una infancia traumática. Había tenido un padre brutal y rechazador, y sus hermanos mayores habían convertido su vida en un infierno. En cuanto tuvo ocasión se marchó de su casa y durante algún tiempo vivió sola.

Algún tiempo más tarde se casó con un joven que provenía de un ambiente en el que el marido era la fuerza dominante del hogar. El actuó de la única manera que le era familiar, y ella lo interpretó como un carácter dominante, a semejanza de su propio padre y hermanos. Inconscientemente, desde luego, había elegido un tipo de varón capaz de volver a crear el género de clima emocional que le era familiar. Tras un cierto número de entrevistas para aconsejarla, y de participar en charlas de grupo, llegó a perder mucho de su miedo patológico hacia la gente, y se vio capaz de expresarse con mucha más libertad. A medida que fue expresando algunos de sus sentimientos de hostilidad, su depresión comenzó a disminuir. Llegó a alcanzar tal soltura que pronto empezó a enfrentarse a su marido con frecuencia creciente, y a menudo con gran violencia. En entrevistas sucesivas le expliqué que debemos aprender a aceptar nuestras emociones coléricas, al igual que lo hacemos con el amor, y ser capaces de expresarlas, si bien con el fin de preservar su matrimonio le sería necesario también aprender a controlar algunos de sus sentimientos aunque sin llegar a negarlos. Estando yo enterado de sus violentas explosiones, y percatándome de que ella estaba al borde de una crisis, la insté a que mezclara algo de amor y consideración con su recién descubierta libertad de expresión. Lo intentó durante algunos días, pero algo más tarde me telefoneó para informarme de que otra vez estaba cayendo en la depresión, temiendo que tendría que ser hospitalizada si no podía dar rienda suelta a sus sentimientos. Estaba en la encrucijada de la necesidad de violentarse con su marido y la necesidad de defender su matrimonio, cosa esta última que implicaba poner un control a su ira. Pero cuando ejercía este control caía en una terrible depresión. Su marido le había dicho que si no se controlaba la dejaría, y esta posibilidad significaba para ella una amenaza real, dado que no podía soportar la perspectiva de ser abandonada.

Un día me dijo:

—Mi marido debe aprender a llenar mis necesidades. No me comprende. Tiene que hacerlo, eso es todo. En realidad no le amo, pero no puedo soportar que me abandone. No quiero verme sola en el mundo.

Lo que aquella esposa intentaba era vengarse de su padre y sus hermanos castigando a su marido como sustituto. Tenía tanta hostilidad hacia todos los hombres que le parecía absolutamente imposible poder elaborar una relación matrimonial satisfactoria con cualquier hombre, a no mediar una buena dosis de asesoramiento. Tenía mucho miedo de sus emociones, hostilidad hacia todos los hombres, incertidumbre respecto a su propia identidad en cuanto mujer y un profundo temor de vivir sola.

Como resultado de su participación en un grupo Yokefellow, junto con algún asesoramiento ocasional, fue capaz de solucionar su profunda aversión a los hombres. Aunque todavía necesita crecer más, ahora ya es capaz de relacionarse con los hombres de una forma mucho más relajada, y ha establecido una relación satisfactoria con su marido. Su futuro es brillante.

La personalidad neurótica busca —y necesita— un amor absoluto e incondicional. Nadie puede dar constantemente un amor incondicional. Un matrimonio aceptable debe basarse sobre algo más estable que la satisfacción de necesidades neuróticas. Del mismo modo que hay matrimonios que nunca debían de haberse realizado, así también hay situaciones conyugales en las que el divorcio es aparentemente la única solución posible. El problema aparentemente no está en si uno "cree en el divorcio". Una unión que no esté bendecida por Dios no tiene por qué durar.

Con frecuencia encontramos matrimonios tan

destrozados que da la impresión de que no queda más remedio que la separación o el divorcio, como única respuesta a una situación intolerable que nunca se debía haber producido. No obstante, muy a menudo se observan conflictos, aparentémente insolubles, que se prestan a una acción persistente e inteligente. Un caso muy a propósito es el de Rebeca y Tomás, que tenían ocho años de matrimonio. Eran unos jóvenes típicos de las afueras de una ciudad, muy adinerados y con una vida social muy activa. Rebeca hubiera dicho que su matrimonio era perfectamente feliz, hasta que se produjo el estallido. Un día le llegaron rumores de que Tom había sido visto frecuentemente en compañía de una mujer de dudosa reputación. Se procuró los servicios de un detective, y con las pruebas que éste aportó presentó la demanda de divorcio. Se rellenaron los papeles necesarios para tramitar el divorcio, y ya se habían llevado a cabo largas discusiones para pactar el divorcio, cuando un pariente les instó para que vinieran a verme.

En nuestra primera entrevista él estaba indiferente y sombrío. Ella tensa y hostil. Empecé preguntándole a ella si tenía algún interés en promover una reconciliación. Ella dijo:

—Sí, creo que me gustaría hacer un intento.

Hice la misma pregunta al marido. El se encogió de hombros. Entonces dije:

—¿A su modo de ver qué posibilidad hay de reconciliación? ¿Una de cada diez, una de cada cincuenta o una de cada cien?

—Tal vez una de cada cien. Como puede ver, no tengo mucho interés— respondió.

Les expliqué que celebrábamos unas reuniones en las que se trataban problemas conyugales y otros tipos de problemas personales, y les dije:

—Aun en el supuesto de que no se resuelva su problema matrimonial, descubrirán en estas reuniones quiénes son ustedes mismos, y así la próxima vez tendrán más suerte. ¿Les gustaría probar?

Tomás contestó:

—Sobre esa base podemos hacer un intento, porque en realidad yo no sé quién soy, y me gustaría descubrirlo.

El y Rebeca acordaron asistir a la reunión del grupo programada para la semana siguiente.

En la primera reunión Rebeca se estrenó con una terrible diatriba:

—¿Saben por qué he asistido a esta reunión? preguntó mirando en torno suyo—. ¡Quiero vengarme de este hombre! Su infidelidad y sus mentiras me han puesto en manos del psiquiatra, y apenas si he conseguido conservar la razón. ¡Lo único que quiero es hacerle sufrir!

Durante algunos minutos continuó descargando su ataque. Tomás escuchaba sin ningún interés. En las reuniones subsiguientes ella continuó bombardeándole sin piedad, en tanto que él se mostraba unas veces aburrido y otras ligeramente intrigado por su ferocidad. En una entrevista privada que tuve con ella le pregunté si pensaba que su actitud podía coadyuvar razonablemente a crear una atmósfera en la que se pudiera llegar a la reconciliación. Entonces descargó su ira sobre mí.

Durante los doce meses siguientes sus ataques disminuyeron un poco, hasta que una noche manifestó ante el grupo que había descubierto que Tom había estado manteniendo y viviendo con otra mujer desde hacía varios años. Su furia rompió todas las barreras. Tom escuchaba, y por fin, por primera vez, reaccionó como una persona.

—De acuerdo —dijo—, vayamos al grano. Hace tanto tiempo que estoy viviendo un mundo de mentiras que me alegra sacarlo todo de mi interior. He dicho cinco mentiras para tapar una, y luego diez para tapar las cinco, y luego cientos para tapar este maldito lío.

Con toda sinceridad contó la historia de su duplicidad. Por fin se había decidido. Cuando terminó el relato quedó como nuevo. Además indicó, con indudable sinceridad, que se alegraba de poder romper aquella relación. Ahora sentía el deseo de reanudar su relación con Rebeca, basándola en una completa honradez y confianza. Después de la reunión y acabada ya la larga historia de la infidelidad de Tomás, éste expresó su profundo pesar por el daño que había causado a su esposa. Una de las señoras asistentes a la reunión se acercó y abrazándolo le dijo:

—Tomás, quiero decirte que te aprecio mucho. Has sido honesto, y la honestidad es hermosa, aunque revele algo feo.

La señora lo volvió a abrazar, y en aquel abrazo había algo de redención y curación. Uno de los hombres le puso la mano en el hombro y le dijo:

—Estupendo, Tom. Creo que ahora todo irá bien.

Otro le cogió la mano apretándosela en silencio, como expresión de profunda comprensión y amor cristiano. Aquello significó el principio de algo. Fue preciso todo un año para que se establecieran firmemente unos cauces abiertos de comunicación, y para que las comprensibles dudas de Rebeca quedaran definitivamente arrumbadas. Al cabo de año y medio se reconciliaron por completo y empezaron a experimentar un matrimonio mejor que lo normal. En la actualidad siguen mejorando en todos los aspectos.

A la luz de muchos casos como el de Tomás y Rebeca, me resisto a perder la esperanza, por mucha hostilidad que se haya engendrado. A pesar de ello, no parecía haber esperanza alguna para solucionar el problema de Benito y Eugenia. En este caso fue Benito quien tomó la iniciativa, pues Eugenia no tenía interés alguno en continuar el matrimonio. Eran jóvenes y tenían varios hijos. En su primera entrevista conmigo me revelaron que ambos habían tenido aventuras extramatrimoniales. El caso de Benito había sido una aventura frustrada con la mejor amiga de Eugenia, y por su parte, Eugenia se había enamorado de un hombre casado mucho mayor que ella.

En nuestra primera entrevista ella se mostró hostil e indiferente, y tiempo más tarde confesó:

—Me avine a la entrevista sólo porque pensé que ayudaría a guardar las apariencias. Yo no quería a Benito y deseaba separarme de él. Lo único que quería era continuar mi imposible y neurótica aventura amorosa.

Además del problema matrimonial, su situación económica se encontraba en un verdadero lío. El trabajo de Benito no era seguro, y por otra parte los niños reaccionaban mal ante la tensión del hogar. Les animé para que vinieran a verme tantas veces como creyeran conveniente, pero les expliqué que podrían obtener mucha ayuda asistiendo a las reuniones de un grupo en el que se debatían las relaciones matrimoniales y otros problemas personales. Eugenia no quería dar un paso que le parecía completamente inútil, pero al fin se avino con desgana. El grupo que les asigné, consistente de unas ocho personas, les recibió con los brazos abiertos, y tan buena era la atmósfera que al poco tiempo Benito empezó a compartir sus temores, dudas e incertidumbres. No acusó de nada a Eugenia, pero habló de sus propias deficiencias de un modo masoquista. Eugenia dijo despreciativamente:

—Con todo esto pretende apuntarse tantos, pero a mí no me engaña en absoluto. Yo sé como es él por dentro en realidad.

Los detalles de cómo llegaron a solucionar sus problemas no tienen importancia, pero los miembros del grupo recordarán durante mucho tiempo las delicadísimas historias que semana tras semana iban revelando, a medida que sacaban a la luz nuevos aspectos de su enredada vida. Benito, Eugenia y los demás sabían que en la cariñosa intimidad del grupo estas historias quedaban bien guardadas. Nadie contaría jamás fuera del círculo las cosas que allí se compartían, como tampoco hubieran revelado sus secretos familiares, pues en realidad se trataba de un verdadero y amoroso grupo familiar.

La hostilidad exterior de Eugenia tardó unos tres meses en romperse, o mejor dicho, en deshacerse en lágrimas. Se transformó en una persona tierna y receptiva. Benito cedió algo en su actitud autopunitiva, y los dos aprendieron el arte de la comunicación. Ya no quedaba nada que no pudieran revelarse el uno al otro. La honradez existente en el seno del grupo fue trasladada al hogar, y la comunicación se mantuvo día tras día en el intervalo de las reuniones semanales. A los seis meses el matrimonio se había salvado. Todo quedó perdonado, el amor reemplazó a la hostilidad, y los dos cónyuges adquirieron madurez emocional y espiritual.

Al año, aproximadamente, de su primer contacto con el grupo, no sólo habían logrado un matrimonio notablemente hermoso, sino que además la situación económica de Benito se había arreglado y había conseguido la más grande aspiración de su vida al obtener un nuevo tipo de trabajo. La relación matrimonial se había resuelto, no porque ellos hubieran aprendido nuevas técnicas, sino porque habían crecido espiritual y emocionalmente.

En el transcurso del año que habían pasado con el grupo, cada uno de los asistentes se sometió a uno de esos exámenes de crecimiento espiritual que con frecuencia se utilizan como ayuda para comprenderse a uno mismo. Benito descubrió, con gran desaliento, que en el aspecto de dominio propio se puntuación era de cuatro sobre cien. Esta, y algunas otras puntuaciones reveladoras, le sirvieron de punto de arranque para su propio crecimiento espiritual. El test de Eugenia puso de relieve algunas áreas de su personalidad que precisaban atención. A medida que se fueron esforzando para vencer aquellos reductos de inmadurez dentro de su vida, se fueron percatando de que automáticamente iban logrando una mejor relación en el hogar. En lugar del criticismo, recriminación, acusaciones y contraacusaciones, apareció el esfuerzo de cambiar su forma de ser. También los niños se beneficiaron del cambio de atmósfera.

Benito, Eugenia y el resto del grupo llegaron a comprender muy pronto en sus reuniones semanales, que existe una ley universal de la mente y el espíritu, dividida en tres partes. Se la aprendieron de memoria:

1. Yo no puedo cambiar a otra persona con una acción directa.

2. Yo no puedo cambiarme a mí mismo.

3. Cuando yo cambio, los demás tienden a cambiar por reacción.

Hay muchos que al oír esta ley por primera vez se muestran conformes en aplicarla, pero con frecuencia la emplean sólo como un modo de manipulación.

Cierta esposa dijo:

—Durante dos semanas enteras hice unos cambios radicales en mi conducta, y ni tan siquiera una sola vez observé un cambio en él.

El grupo la ayudó a comprender que los cambios los debía hacer dentro de su personalidad, no para sobornar a su marido, sino *porque era necesario hacer esos cambios,* tanto si él cambiaba como si no. A sus acusaciones, el marido respondió con un seco comentario:

—Ya ha hecho muchos cambios que duran diez días o dos semanas, pero no creeré que va en serio hasta que vea cambios permanentes.

Hay tres tipos fundamentales de situaciones conyugales: el imposible, el personal y el situacional. Cuando trato con las parejas que vienen a verme en busca de consejo, procuro descubrir tan pronto como puedo en qué categoría se encuentra su matrimonio.

La situación "imposible" la definiría como aquella que se da en una pareja que, para empezar, nunca se debería haber casado, y en la que se observa poca o ninguna voluntad en una o en las dos partes, para hacer un cambio significativo en sus personalidades o procedimientos. He tratado a muchas personas de este tipo, generalmente gente demasiado joven cronológicamente o demasiado inmadura desde un punto de vista emocional, para darse cuenta de los principios más elementales de la reciprocidad. Me refiero al tipo de marido sádico y brutal con el que ninguna mujer en sus cinco sentidos consentiría en convivir; o a una esposa tan neuróticamente apegada a su padre, que ningún otro hombre puede satisfacer sus fantásticas demandas y expectaciones; o un marido tan pasivo y profundamente dependiente de su madre que es incapaz de establecer una relación madura con otra mujer; o una joven emocionalmente dependiente cuyos celos rayan en lo patológico y convierte la vida de su marido en un continuo tormento. Posiblemente, con muchos años de psicoterapia, cada una de estas personas podría madurar lo suficiente como para tener éxito en el matrimonio, pero estas personalidades egocéntricas e inmaduras rechazan cualquier insinuación referente a ir en busca de consejo. Lo único que quieren es que alguien obligue a sus cónyuges a adaptarse a sus neuróticas exigencias.

La segunda categoría de dificultades conyugales está formada por las llamadas "personales", es decir, las de aquellos individuos con problemas de personalidad, que son lo suficiente realistas como para esforzarse por alcanzar la meta de un mayor crecimiento emocional. Cuando estos individuos se muestran dispuestos a someterse al asesoramiento o a la terapia de grupo, sus problemas personales se pueden resolver por lo general. Cuando ya son lo bastante maduros para poder prestar atención a sus propias "islas de inmadurez", sus matrimonios empiezan a funcionar con más suavidad. Si no llegan al matrimonio ideal, sí que, por lo menos, pueden llegar a una relación satisfactoria y aceptable. Tomás y Rebeca, y Benito y Eugenia, cuyos problemas parecían insuperables, pertenecen a esta categoría. Aunque habían experimentado graves dificultades en sus matrimonios, estaban lo bastante abiertos como para emprender una acción positiva. En ambos casos los resultados fueron excelentes.

La tercera categoría comprende a los "situacionales", donde el marido y la mujer son fundamentalmente maduros, razonablemente emparejados en cuanto a temperamento y trasfondo, pero desconocedores de algunas de las importantes técnicas, mediante las cuales se pueden resolver los problemas cotidianos.

En una reunión de hombres se centró la charla en el tema del matrimonio. Los hombres son mucho más reacios a hablar de sus matrimonios y de sus compañeras que las mujeres. Con mucha vacilación aceptaron mi proposición de que compartiéramos algunos de nuestros problemas conyugales. Por último un joven se decidió a hablar y dijo que su mujer y él habían tenido algunos problemas. Ella se había vuelto muy rara, estaba muy deprimida, y a la más ligera provocación se salía de quicio. Incluso les gritaba a los niños, cosa que nunca había hecho.

—No sé qué es lo que le pasa —dijo el marido—. Ella era dulce y apacible, pero últimamente es terrible vivir con ella. Se me está acabando la resistencia. Cada vez busco más pretextos para quedarme en la oficina todo lo que puedo. Detesto ir a casa.

—¿Por qué fue la última discusión? —pregunté.

—Creo que fue cuando decidimos hacer algunos arreglos y mejoras en la casa. Resulta que yo soy un poco artista, y mi sentido de los colores es mucho mejor que el de mi mujer. Tuvimos una verdadera batalla para decidir los colores de las diversas habitaciones. El estallido fue concretamente por nuestro dormitorio. Yo lo quería de un color y ella lo quería de otro. Me resistí a ceder en este punto, en parte porque ella no tiene muy buen gusto para estas cosas, y en parte porque, aunque soy ligeramente pasivo, no quiero que me dominen. No quiero perder mi propia identidad.

Los demás miembros de la reunión estuvieron discutiendo durante algún tiempo esta situación, y por último yo le pregunté cómo se sentiría si su mujer se presentara en su oficina, cambiara los muebles de lugar, contradijera las instrucciones dadas a la secretaria, y le hiciera ver todas las decisiones equivocadas.

—Eso no lo soportaría ni un minuto —dijo.

Entonces le expliqué que del mismo modo que su trabajo y su oficina eran una extensión de su propia personalidad, así el hogar y todo lo que pertenece al mismo es extensión de la personalidad de la esposa.

—Por ejemplo —dije—, si usted fuera a casa y tratara de cambiar las cosas de la cocina, fundándose en que su sistema es mucho más eficiente, ella sentiría lo mismo que si hubieran intentado cambiar su personalidad.

Un asistente a la reunión preguntó que por qué las decisiones referentes al hogar no se podían tomar de mutuo acuerdo. Yo respondí: —Muy bien si se pueden poner de acuerdo, pero la esposa debe tener el derecho al veto. A ella le gusta tener la aprobación y el interés del marido si es posible, pero ella ha de tener la última palabra.

—¿Por qué nadie me ha dicho eso hasta ahora? —preguntó el joven, asombrado—. Pero ¿y si su gusto para decorar es inferior al mío? —añadió luego, como defendiéndose.

—Si ella quiere pintar el dormitorio de color negro déjela, y descubrirá que su mujer cambia —le dije.

—Iré a casa y le diré a mi mujer que puede hacer lo que quiera en la casa —dijo—. Ese es su territorio y debe tener las manos libres.

Un miembro de la reunión añadió una advertencia final:

—Pero si lo haces así, asegúrate de que no te quejarás cuando sus decisiones no te gusten. Acéptalo con buenos modos.

A la semana siguiente, cuando empezó la reunión, el joven dijo:

—Quiero dar un informe. Fui a casa y le dije a mi

mujer que en adelante la casa era su territorio y que podía hacer lo que quisiera, porque yo no intervendría. Ella quedó asombrada, casi sin darme crédito, y entonces dijo: "¿Te han dicho los hombres del grupo Yokefellow que hagas esto?" Yo le dije que me habían convencido de que estaba cien por cien equivocado. Entonces ella dijo: "¡Esos hombres se merecen que les dé un beso a cada uno!" Y, sabéis amigos, ¡desde entonces es una mujer distinta!

—Y por cierto, Gary, ¿de qué color querías tú pintar la habitación? —preguntó alguien.

—De rojo brillante —dijo.

2. Diferencias entre hombre y mujer

*En nuestra civilización los hombres
tienen miedo de no ser lo bastante hombres,
y las mujeres tienen miedo
de que se las considere sólo como mujeres.*
Theodor Reik

HAY UN ANTIGUO MITO griego que dice que la tierra estuvo poblada en otros tiempos por seres que eran medio hombre, medio mujer. Cada uno de ellos era completo en sí mismo, y se consideraban perfectos. Por su soberbia se rebelaron contra los dioses, y entonces Zeus, enfadado, los partió por la mitad, derramando las distintas partes sobre la tierra. Desde aquel día, sigue diciendo el mito, cada mitad va en busca de su otra mitad. Este anhelo de estar completo y hallar la plenitud mediante el encuentro con "el otro yo" es lo que llamamos amor.

Existen tantas diferencias mentales, emocionales y físicas entre el varón y la hembra de nuestra especie, que parece sorprendente que la institución del matrimonio haya sido capaz de sobrevivir como fundamento de nuestra civilización, a no ser que entendamos que hay un sutil fragmento de verdad en el mito griego.

Una de las diferencias emocionales fundamentales entre los sexos consiste en que los hombres son básicamente "hacedores" en tanto que las mujeres son "existentes". Es evidente que esos rasgos pueden variar de una persona a otra, pero se encuentra una prueba de esta fundamental diferencia en el hecho de que los hombres son esencialmente los realizadores, mientras que las mujeres prefieren el papel menos activo del ama de casa. Incluso en las profesiones y actividades que normalmente se consideran femeninas, como el cocinar, la costura, la música y otras muchas esferas, los hombres se convierten en figuras dirigentes. Este hecho puede atribuirse a la mayor agresividad del hombre, y a su tendencia a ser realizador en lugar de mero "espectador". Por lo general las mujeres no poseen la tendencia de agresividad que las empuje a alcanzar la cima en sus actividades, aunque hay raras excepciones. No es que carezcan de la capacidad. Les falta la tendencia. El varón es el experimentador, el explorador, el director, el constructor, el creador en muchas áreas del esfuerzo humano, si bien es cierto que hay mujeres que individualmente igualan o sobrepasan a los hombres en muchos casos. El hecho de que esto no suceda con mayor frecuencia no implica, en modo alguno, una deficiencia o una inferioridad. Se trata simplemente de que a la mujer le parecen más importantes otras cosas, en lugar de ciertas realizaciones altamente competitivas.

La mujer encuentra más su plenitud en el "ser", y a menos que rechace la verdadera feminidad, su feminidad esencial se expresa en ser aquello que Dios la ha destinado a ser: una "ayuda". Con esto no se insinúa que ella tenga un papel secundario. Su plenitud en cuanto mujer se da cuando ella es persona, madre, esposa y salvaguarda de los valores espirituales y morales. Se ha observado con frecuencia que las mujeres tienen una mentalidad más espiritual que los hombres. Las mujeres asisten más a la iglesia que los hombres. Por lo general es la mujer la que acude en busca de ayuda para salvar un matrimonio que se hunde, y con frecuencia se ve frustrada por un marido incomprensivo, que usualmente muestra una actitud completamente irrealista en estos asuntos.

Los hombres son más inclinados que las mujeres a correr riesgos y asumir responsabilidades. Las mujeres no son incapaces de tomar un papel directivo, pero cuando lo hacen así de un modo notable, es o bien porque les ha sido impuesto por las circunstancias, o bien porque han adquirido alguno de los llamados rasgos masculinos.

Una esposa dijo: "No comprendo por qué un hombre está dispuesto a asumir la responsabilidad de mantener una familia. ¡Jamás asumiría yo esa responsabilidad!" Y sin embargo muchas mujeres, viudas o divorciadas, han cargado con la ardua responsabilidad de trabajar, mantener la casa y criar los hijos, realizando a un tiempo la función de padre y madre. No obstante, cuando esto sucede, aunque queda demostrada su capacidad innata para desempeñar esa enorme responsabilidad, siempre tienen la sensación de que algo va mal, lo cual, efectivamente, es así.

En la mujer hay una tendencia básica de carácter emocional y biológico para engendrar hijos, criarlos y cuidar del hogar. Aun cuando trabaje fuera de casa, ya sea por gusto o por necesidad, su interés primario y básico no es su trabajo sino su casa. Hay tendencias masculinas y femeninas profundamente arraigadas, ya sean de tipo emocional o biológico, que son fundamentales. Una de las metas femeninas es traer hijos al mundo, criarlos y cuidar de la familia. Ella produce los hijos, él produce los medios para mantenerlos. Ella encuentra su plenitud en los hijos, él en el trabajo. Sin embargo, ninguno de los dos encuentra una plenitud *total* en estas esferas, pues los dos tienen otras necesidades y metas.

La mujer contempla a veces con asombro y admiración, e incluso inconscientemente con celos, las actividades de su marido. El desaparece cada día en lo que parece ser un mundo excitante de retos e infinita variedad, en tanto que ella se queda con lo que, para muchas mujeres, es la aburrida rutina del monótono trabajo del hogar, con las muchas interrupciones de los niños.

El marido considera con asombro y maravilla el nacimiento de los hijos. Su esposa hace algo que está más allá de su poder. Pero también se da la circunstancia de que a menudo regresa al hogar después de un fatigoso día de trabajo, envidiando en silencio a su mujer, la cual, si está cansada puede por lo menos interrumpir la monotonía con un programa de televisión.

Estela, una mujer casada y con cuatro hijos, aborrecía el trabajo de la casa, y tan pronto como los hijos tuvieron edad suficiente, ella se buscó un empleo. El marido preparaba la cena, la hija mayor hacía la casi totalidad del trabajo de la casa, y Estela apenas si asumía responsabilidad alguna en la dirección del hogar. A pesar de esto, en las entrevistas que tuvimos, y que se extendieron por un período de dos años, ella nunca hizo referencia a sus actividades en la oficina. Su interés se centraba en la familia, en el marido, los hijos y en ella misma. La familia era una extensión de sí misma y su interés primario.

Un hombre, por otro lado, cree que su trabajo es extensión de *su* personalidad. Lo más importante en su pensamiento es su trabajo, su futuro y sus relaciones. Este interés es normal y no hace sino subrayar la división del trabajo, que a su vez está fundamentada en las diferencias emocionales de los sexos.

El marido de Estela, un varón típico, asistió durante algunos meses a un grupo, en un esfuerzo para resolver sus problemas matrimoniales, pero pronto lo dejó. No tenía especial interés en los "sentimientos" o en inquirir en las interioridades de la personalidad. El hallaba su plenitud en su trabajo, que por añadidura le ocupaba casi todo el tiempo y atención. Si su esposa quería intentar mejorarse, él lo encontraba bien. Pero por su parte no sentía ningún interés en cambiar. En realidad todo aquello le parecía muy ridículo. Pero Estela continuó asitiendo a las reuniones del grupo, pues ella veía que nunca podría realizarse si su matrimonio y las relaciones del hogar no mejoraban. Si lo tenía que hacer sola, así estaba dispuesta a hacerlo.

Las diferencias de los sexos se perciben claramente en los niños y niñas. Los niños construyen, exploran, tienen juegos agresivos, luchan, escarban, trepan y se desafían unos a otros para realizar hazañas. Las niñas se unen a veces a estas actividades, y se pueden sentir rechazadas si no se les permite hacerlo, pero en general sus actividades son menos agresivas. Desde muy temprana edad empiezan a jugar a casas y a "ser mamás". Los intereses de los niños se centran principalmente en las actividades, en tanto que el de las niñas tiene que ver con la crianza.

Muchas mujeres se encuentran desplazadas e inciertas acerca del papel femenino en la cultura moderna, dado que nuestra sociedad es de tipo activista. Casi todos los aspectos de la vida están empapados de una atmósfera de vertiginosa actividad. En cierto sentido este mundo es de los hombres, como dicen con frecuencia las mujeres, y los hombres son los "hacedores". Debido a que las mujeres son esencialmente "ser", y hallan mejor su realización en ser lo que han de ser, esta moderna insistencia en la actividad las hace sentirse molestas. La tendencia básica de la mujer a "ser" puede abarcar la maternidad y el establecimiento de un hogar, con innumerables actividades, grandes y pequeñas, pero a lo largo de todo el proceso ella lleva a cabo estas tareas porque está siendo lo que debe ser. En el desempeño de su papel, la mujer puede incluso llegar a ser más activa físicamente que su marido. Pero su "hacer" brota de su sentimiento de "ser". A menos que una madre masculinizada la haya convertido en persona neuróticamente activa, sus mejores momentos son los que ella emplea en el arte de vivir, de ser lo que debe ser.

Existen dos razones básicas para pensar que las mujeres no pueden ser comprendidas. La primera es que ellas no operan en la misma longitud de onda lógica que los hombres, cosa que las hace incomprensibles al hombre que está determinado a apoyarse en la pura lógica para llegar a un entendimiento. La segunda razón es que la mujer se encuentra en situación óptima cuando se dedica al arte de ser el ser puro. Y para el hombre, el hombre activo, esto es incomprensible a menos que sea artista, poeta o místico. No hay nada misterioso en las mujeres. Son simplemente "diferentes". Al varón le parecen misteriosas únicamente porque no comprende cómo puede haber alguien que sea capaz de manifestar un "ser" emocional o espiritual que no se puede analizar lógicamente.

Una interesante diferencia entre el hombre y la mujer es que mientras el hombre tiende a "exteriorizar", la mujer tiende a "interiorizar". Los hombres, por lo general, tratan con el mundo exterior de los negocios, la industria, los sueldos, hechos, cifras, política y conceptos generales.

Las mujeres son perfectamente capaces de funcionar adecuadamente en cualquiera de estas esferas, pero por naturaleza y preferencia tienen una tendencia mucho más fuerte a "interiorizar", o sea, a abordar las cosas al nivel del sentimiento. O, sea por decirlo simplemente, para verse plenamente realizada una mujer necesita introducirse en las emociones de un hombre, casarse, quedar en estado, tener hijos, poseer un "nido" debidamente arreglado y asegurarse, mediante comprobaciones, de que su marido será lo bastante fuerte como para cuidar de ella y de sus hijos.

Estas tendencias femeninas funcionan por lo general a un nivel totalmente inconsciente. Son tendencias instintivas, con profundas raíces en la estructura emocional.

La mayoría de los hombres, aunque en diversos grados, necesita conquistar y lograr algo Tanto si se encuentra ascendiendo los escalones del éxito en una determinada esfera, como si está ascendiendo por una montaña o cortejando a una mujer, el instinto es el de conquistar.

La mujer, por su parte, al tener menos de ese· espíritu de conquista, desea ser conquistada con suavidad y fortaleza. Tal vez sea ella quien haga la selección inicial, e incluso manipule sutilmente para empujar a un varón remiso a una situación en que éste proponga el matrimonio; pero lo que en realidad quiere ella es ser arrebatada y conquistada. Las excepciones, naturalmente, son las mujeres demasiado dominantes, y los hombres demasiado pasivos, que tienden a invertir sus papeles.

Se observa también una sutil diferencia entre los sexos en el hecho de dar y recibir regalos. Cuando un hombre entrega a una mujer un regalo sustancial, esto significa para ella que él está dispuesto a asumir algún género de responsabilidad. Pero cuando una mujer hace un regalo a un hombre, ella quiere significar que le agradaría pasar a ser responsabilidad de él.

Los regalos, en general, independientemente de su valor, significan cosas diferentes para el hombre y la mujer. Para la mujer los regalos son importantes y son aceptados, no principalmente por su carácter ornamental o valioso, sino porque son un tributo a ella en cuanto persona. Constituyen una expresión de amor e interés. Ella imagina que el hombre le da al regalo la misma importancia que ella le da, y que para él tiene el mismo significado que para ella, cosa que raramente sucede.

La buena disposición de un marido para comprar un regalo a su mujer, previamente sugerido o elegido por ésta, tiene para ella mucho menos interés que si él lo hubiera pensado por sí mismo. La gran necesidad de la mujer de ser mimada se ve satisfecha si su marido tiene la previsión de llevarle algún regalo inesperado o invitarla a cenar de vez en cuando. Si tiene que ser ella quien inicie estas cosas, su disfrute disminuye por ese mismo hecho. "Eso lo tendría que haber pensado él", razona ella.

Si ella, no obstante, por razones válidas o no, ha criticado, atacado, despreciado o desafiado al hombre, éste pierde todo interés en sorprenderla con un regalo. Normalmente el hombre piensa así: "No vale la pena molestarse en hacer regalos a mi mujer si ella sigue haciendo las cosas a su manera." En este caso los dos cónyuges contribuyen al fracaso con sus actitudes.

Por lo general las mujeres son más vulnerables a las críticas en ciertas cuestiones, mientras que en otras lo son mucho menos que sus maridos. Si un hombre cocina y le sirve un filete a un amigo, y el amigo le pregunta: "¿De dónde has sacado este filete?", el hombre responderá: "Del supermercado." Pero si un marido le pregunta a su mujer: "Dónde has comprado este filete?", ella replicará: "¿Por qué? ¿Qué tiene de malo?"

Los hombres y las mujeres son vulnerables a la crítica en *puntos diferentes*. Puede decirse, en general, que la mujer es vulnerable en aquellas cuestiones que pertenecen a sus quehaceres femeninos: conseguir un marido, criar a los hijos y conservar su apariencia física. La imagen que ella tiene de sí misma puede quedar dañada en alguno de esos puntos. Las mujeres se sorprenden frecuentemente al descubrir que sus maridos parecen marcadamente sensitivos. Debido a la mayor agresividad del hombre y a su mayor capacidad para vencer obstáculos que a las mujeres les parecen amenazadores, ellas imaginan que los hombres deben ser menos sensitivos. Pero lo hombres también son vulnerables en esferas tales como la capacidad para ganarse la vida (tener un trabajo, tener éxito), o en las cuestiones de actividad sexual, o en cualquier esfera que suponga un reto a su imagen varonil. Como es natural esa vulnerabilidad varía de una persona a otra, pero hasta cierto punto cualquier varón normal es sensible a las críticas cuando se le reta o presiona en estos puntos.

Una mujer puede humillar a su marido exponiéndole al ridículo, o despreciándolo, criticándolo y retándolo. Esto lo puede conducir a un ataque de ira, o hacer que se retire en el silencio de su propia soledad cuando entiende que en alguna observación hay un ataque o un desafío. A la mujer esto le parece mera puerilidad.

Una atractiva e inteligente mujer casada me vino a ver durante un retiro, y me dijo:

—Necesito tener una entrevista con usted. Creo que se me avecina un problema.

Por la expresión de su cara pude adivinar la verdad y le dije:

—¿Se ha enamorado usted de alguien?

—Sí, pero no quiero que esto vaya más lejos.

—Lo mejor será que concertemos la entrevista ahora, o puede hacerse daño, y dañar también a su marido.

—Bien, ya le telefonearé.

A pesar de sus últimas palabras tuve la sensación de que se proponía andar tan cerca del precipicio como le fuera posible; y puesto que sentía afecto tanto por ella como por su marido, deseé que me llamara pronto, aunque tenía dudas al respecto. Aproximadamente un mes más tarde me llamó, y por el tono de su voz advertí que se había lanzado por el precipicio. Vino a verme pero no mostraba el remordimiento que era de esperar. En su lugar manifestaba una sorprendente reacción:

—En realidad no me siento culpable de nada —dijo—. Fue algo hermoso. Yo misma me sorprendo de no sentirme culpable, excepto en lo que concierne a mi marido. Pero nada en cuanto a mí.

Me describió la experiencia, y me preguntó por qué no sentía nada del profundo remordimiento que imaginaba que la embargaría. Yo le dije:

—Esto se debe a una extraña ley que ya he observado en otras ocasiones. De un modo crudo se puede enunciar en los siguientes términos: El flujo de hormonas sexuales interrumpe la circulación de oxígeno en el cerebro.

Ella rió y a continuación me preguntó si más adelante se sentiría culpable. Yo respondí:

—Usted es culpable, tanto si lo cree como si no. Usted ama a su marido, pero le ha traicionado, y también se ha traicionado a sí misma. No la estoy juzgando: me limito a presentar los hechos. Lo único que puede hacer ahora es emplear lo que aún le quede de su capacidad de pensar. Termine esa relación o destruirá su matrimonio. Y además, la culpabilidad que ahora no siente de un modo consciente, reclamará su paga de alguna otra forma. Usted se volverá en persona dada a tener accidentes o desarrollará síntomas de tipo físico o emocional. La culpabilidad requiere un castigo, y usted se castigará a sí misma.

Ella me dio las gracias y dijo:

—Sé que tiene razón, y tenía la esperanza de que me dijera precisamente esto, porque no tengo la fortaleza para obrar sin esta ayuda.

Un marido puede herir a su esposa si omite hacer algún elogio de una comida que ella ha elaborado con ilusión, o si omite expresar su aprobación por un vestido o sombrero nuevos. Recuerdo a un marido, con mucha lógica pero algo obtuso, que dijo:

—Mi mujer no le da mucha importancia al sueldo que llevo a casa después de haberme matado para conseguirlo; ¿por qué ha de esperar que yo salte de alegría y éxtasis por un plato que ella ha preparado en veinte minutos?

Desde un punto de vista lógico él tenía razón, pero en el matrimonio hay que contar con los sentimientos, y no sólo con la lógica; y uno de los mejores ingredientes para un buen matrimonio es el descubrir las necesidades emocionales de la otra parte, y hacer todo lo posible para satisfacer esos sentimientos, tanto si parecen lógicos como si no.

Comúnmente las mujeres son más sensibles a las críticas provenientes de algún ser íntimo: el marido, un amigo o un pariente. Hay muchas que se resisten a admitir la derrota en una discusión, y cuanto mayor sea su inseguridad, más se resistirán. Este rasgo no está en absoluto limitado a las mujeres, pero la mayor inseguridad del sexo femenino hace más difícil la posibilidad de aceptar la crítica o aceptar la derrota. Un anciano me dijo:

—En mis cincuenta años de matrimonio no he visto nunca a mi mujer dispuesta a reconocer que estaba equivocada. Desde mi juventud aprendí que todos cometemos errores, y el único enfoque realista es admitir la equivocación y seguir adelante. Mi mujer preferiría morir antes que reconocer que está equivocada.

—Esa es la medida de su inseguridad —le respondí—, y en ese sentido usted haría bien en aceptarla y acostumbrarse a ello, del mismo modo que ella se ha adaptado a algunas de sus actitudes que tan difíciles le son de comprender.

Una esposa se quejaba de que su marido montaba en cólera cada vez que ella intentaba hacerle ver sus errores.

—Yo soy más culta que él —dijo—, y si intento corregirle la gramática, o hago la más leve insinuación al respecto, él se vuelve loco de rabia.

—Usted le hace pensar en su madre —le dije—, y se desahoga con usted.

—Sí, su madre tenía un carácter dominante, y gobernaba a todos con mano firme —contestó ella.

—No le podrá borrar su temor a las mujeres dominantes —repliqué—, pero si inconscientemente asume las funciones de madre, él siempre reaccionará de ese modo. Cuando usted le hace pensar en su madre, toda la rabia reprimida de su juventud se dirije contra usted. No intente cambiarlo, corregirlo ni darle la vuelta.

Acéptelo tal como es. Usted está ganando todas las batallas pero está perdiendo la guerra. Deje el papel de madre y sea simplemente su esposa.

Una diferencia fácil de observar entre los sexos es que las mujeres necesitan una reafirmación más frecuente. Cierto marido, evidentemente con muy poca imaginación, se quejaba diciendo:

—Mi mujer siempre me está preguntando si la quiero. Le he dicho mil veces que sí, pero todavía continúa preguntándomelo. ¡Me entran ganas de colgar un certificado en la cocina indicando que la quiero y que la seguiré queriendo hasta que el certificado sea revocado!

—Cuando una mujer pregunta a su marido si la quiere —le dije—, no está pidiendo información, sino confirmación. En parte es un esfuerzo para volver a crear algo del pasado sentimiento romántico de la juventud, que con el tiempo va desapareciendo, y en parte porque siendo mujer necesita frecuentes reafirmaciones.

Las mujeres, que tienen tendencias y necesidades emocionales mucho mayores que los hombres, son más "fluidas" desde el punto de vista emocional; los estados de su ego tienden a variar más, y pueden perder con más rapidez el sentido de su propia identidad. Las reafirmaciones frecuentes, realizadas de diversas formas, las ayudan a mantener su sentido de identidad.

Una mujer que había sido constantemente despreciada, condenada y humillada por un marido alcohólico, me dijo:

—Me ha dicho tantas veces que soy una estúpida que en realidad ya no sé si lo soy o no.

Lejos de ser estúpida aquella mujer era muy inteligente, y muy madura desde el punto de vista emocional, y sin embargo había llegado a dudar de sí misma a causa de las constantes críticas de su marido. En el transcurso de subsiguientes entrevistas, pude devolverle la seguridad en sí misma, y ella consiguió recuperar su propia identidad sin dificultad.

Si bien es cierto que las mujeres tienden a perder su propia identidad con mucha rapidez, también es verdad que la pueden recuperar antes que los hombres. Aquel marido alcohólico había perdido la confianza en sí mismo y el respeto por su propia persona, y necesitó varios años para recuperarlas. Cuando por fin lo consiguió, renunció al alcohol y llegó a ser un hombre respetado y venturoso. Cuando se vio libre de sentimientos de culpabilidad y de rechazamiento, no sintió necesidad de condenar y criticar a su esposa.

Freud afirmaba que para que un matrimonio sea feliz es esencial que la esposa desarrolle algunas actitudes maternales hacia su esposo. Es comprensible que muchas mujeres reaccionen a su afirmación diciendo: "Yo no quiero ser la madre de mi marido." Y sin embargo, en cierto sentido el hombre se casa con una "esposa-madre", y la mujer se casa con un "marido-padre". En realidad la cuestión es mucho más compleja aún. La mujer se casa con un "marido-padre-hijo", en tanto que el hombre lo hace con una "esposa-madre-hija". En ocasiones uno de los cónyuges se traslada de un estado del ego a otro. Un ejemplo típico podría ser el siguiente: Una esposa le sirve el desayuno a su marido y cariñosamente le pregunta si se encuentra mejor de su resfriado (papel de madre). El contesta que se encuentra algo mejor, pero que le gustaría hacer gárgaras antes de marcharse al trabajo, pero que no encuentra la botella del medicamento (papel de hijo). Ella le encuentra la botella, mientras murmura maternalmente: "Los hombres nunca encuentran nada." Después del desayuno él se encuentra mejor y se prepara para salir al trabajo. "No te olvides de recoger mi traje de la tintorería" (papel de marido). "Sí, querido" (papel de mujer).

Al terminar la jornada el marido regresa a casa y halla a su mujer enfadada y deprimida. "¿Qué te pasa?" (papel de marido). "Oh, nada" (papel de mujer). "Bueno, algo será. Estás demudada. ¿De qué se trata?". Ella rompe a llorar (papel de hija). "Pero por favor, ¿qué es lo que te pasa?" (papel de padre). Las lágrimas remiten. "Hoy he ido a la Asociación de Padres y Profesores y una mujer me dijo cosas terribles. Estaba haciendo un informe y ella puso en tela de juicio algunas de las cosas que yo dije, e incluso insinuó que yo era una embustera. Yo no pude demostrar los hechos, y jamás me he sentido tan avergonzada y furiosa." Más lágrimas (papel de hija).

"No te enfades, cariño. No permitas que una mujer estúpida te amargue la vida con sus críticas. No hay para tanto. Dame los detalles y los haremos en forma. Te presentas en la próxima reunión y les das el remojón" (papel de padre). "Pero tú no te haces cargo. Después de la confusión, y de aquella mujer que me lo discutía todo, estoy tan avergonzada que no me hallo con fuerzas de volver otra vez" (papel de hija).

"Mira, ya hablaremos después de cenar. Me encuentro tan cansado que me parece que no puedo pensar bien si primero no tomo un bocado" (papel de marido). Después de la cena hablan del problema, y habiendo desaparecido algo de la tensión emocional de la mujer, la conversación se convierte en la normal entre marido y mujer, a un nivel entre personas adultas.

En realidad existen tres estados distintos del ego en cada uno de nosotros: el padre (conciencia, autoridad, disciplina); el hijo (espontáneo, primitivo, exigiendo gratificación inmediata, a veces petulante); y el adulto (la personalidad madura). La función de la personalidad adulta consiste en armonizar las tendencias opuestas de las otras personalidades. El adulto puede llamar la atención a un padre castigador, o reprender al niño egoísta. Cada uno de estos tres estados del ego tiene una función válida. En ocasiones es muy posible que los tres pretendan dominar la situación. Es nuestro niño interior el que desea ir de excursión, correr por la

playa, jugar y también enfadarse fuera de medida. Es el
padre, la razón, el que le recuerda a uno que lleva
demasiados kilos encima, y que lo mejor será eliminar
los postres; o que debe abrir una cuenta de ahorro, o
presentar excusas tras una discusión. Es el adulto interior quien puede llamar la atención a un padre
demasiado estricto, y quien puede decidir, en última
instancia, cuál de los tres ha de ser el presidente del
comité de las personalidades en un momento dado.

Un marido que se enfrenta a su esposa estando ésta
dominada en ese momento por la niña interior, se ex-
trañará y enfadará si no sabe cómo debe tratar ese estado del ego. Una esposa se confundirá y mostrará
furiosa cuando el hijo interior de su marido empieza a actuar de un modo que a ella le parece fuera de
lugar.

Si cada uno de ellos pudiera estar alerta para detectar los rápidos cambios del ego del otro, su percepción
les ayudaría enormemente para lograr una relación más
armoniosa. Cada uno de los cónyuges puede resbalar de
un estado del ego a otro, interpretando el papel de
niño, padre o adulto de vez en cuando. Si podemos
descubrir cuál de las tres personalidades está controlan-
do en un momento determinado a la otra persona,
podremos hacernos cargo de la situación con mucho
más realismo. No hay que esperar que nuestro cónyuge
sea siempre maduro, considerado, cuidadoso y razonable. Esto sería muy irrealista. Todos podemos tener
períodos "bajos", o sea momentos de depresión o
desaliento.

Cierto marido me dijo en una entrevista, que siempre se sentía ligeramente hostil cuando su esposa se
ponía enferma.

—Me desalienta por completo —dijo—. Sé que
esto no es razonable, pero me veo incapaz de
solidarizar. Sólo pienso en salir de casa, y mientras
dura su enfermedad me encuentro deprimido. Es como
si sintiera que se enferma para fastidiarme, y esto, ya lo

sé, es ridículo. Ella se siente herida y rechazada cuando yo reacciono de este modo.

Investigué un poco en su infancia y descubrí que su madre había estado parcialmente inválida y enferma durante mucho tiempo. Siendo niño le habían dicho muchas veces que tal vez su madre no viviera mucho, aunque en realidad vivió hasta los noventa y tres años. También recordaba que le decían que si hacía mucho ruido podía causarle la muerte a su madre; y vivió con el constante temor de que si ella moría, él sería el responsable. Esto suponía una responsabilidad aterradora para un niño, y ahora, en la vida adulta, se encontraba simplemente desarrollando uno de los conflictos infantiles que había quedado sin resolver. Tan pronto como fue capaz de recordar conscientemente aquellas situaciones casi olvidadas, pudo reaccionar normalmente cuando su mujer se ponía enferma. Este cambio no se produjo, desde luego, de la noche a la mañana, puesto que se tenía que esforzar en pensar que cuando el antiguo sentimiento de impotencia y depresión se apoderaba de él, era una rémora de su infancia, y ahora estaba libre para actuar como un adulto.

Comentando este problema con su esposa consiguió descargar una buena parte de la ansiedad y culpabilidad que sentía, y ella, por su parte, también consiguió comprender su conducta.

Existe una interesante diferencia entre la forma de observar que tienen los hombres y las mujeres. En general casi todos los hombres normales tienden a mirar a las muchachas. El hombre encuentra placer en contemplar una cara bonita o una figura atractiva. Su interés no implica ninguna deslealtad a su mujer. ¡No por haberse casado ha quedado ciego! Su nuevo coche, por ejemplo, le entusiasma y le parece hermoso, y sin embargo también mira con notable apreciación a otros coches que pasan. Su estimación aprobatoria de los demás coches no implica que los prefiere al suyo. Lo único que hace es apreciar algo que es altamente atractivo al ojo varonil.

Las mujeres, sin embargo, no miran a los hombres en la misma medida y manera. Una mujer casada se puede percatar de que pasa un hombre atractivo por la calle, e incluso tomar nota mentalmente de sus anchos hombros y sus proporciones masculinas, y también puede hacer una rápida comparación mental con su propio marido, pero en general su forma de mirar a los hombres es mucho más discreta y sutil. Se avergonzaría mucho si la sorprendieran mirando directamente a un hombre, como los hombres suelen hacer para mirar a las mujeres.

En cualquier reunión social una esposa típica, leal y amante, estará charlando animadamente con cualquiera, y al propio tiempo se puede fijar momentáneamente en un hombre —como un relámpago— y preguntarse interiormente qué clase de marido será. Si el hombre parece apuesto y culto, ella puede recordar algo de la vulgaridad de su marido. Si el hombre parece gentil y considerado ella puede —mientras continúa hablando— recordar la terrible discusión que tuvo con su marido por su falta de consideración, o lo mucho que sufrió cuando a él se le olvidó que era su aniversario.

En términos generales la diferencia entre la manera de mirar de los hombres y las mujeres consiste en que el hombre tiende a mirar a la mujer como hembra, en tanto que la mujer mira para evaluar al hombre en términos de material para marido. El hombre tiende a ser un espectador a corto plazo; la mujer es una compradora calculadora, parada ante un escaparate aunque no tenga intención de comprar.

Hay otra sutil diferencia entre los sexos. Cuando una mujer entra en una sala, al instante mira a las demás mujeres allí presentes. Aun en el caso de que hayan hombres también, su atención se fija primero en las mujeres. Se compara con ellas. Se trata de un cálculo impersonal, de un inventario instantáneo que comprende la ropa, el rostro, el tipo y la personalidad de las otras mujeres. Aunque ella tenga encanto, belleza y elegancia, la comparación la realizará de todos modos. Este instinto es tan universal e inconsciente que algunas mujeres no se percatan casi de que se trata de una respuesta automática. La mayoría de las mujeres, sin embargo, se dan cuenta de ello y se extrañan de que a los hombres les parezca raro. Si otra mujer lleva un vestido o un sombrero idéntico, la desgracia no puede ser mayor. Recuerdo que cuando era joven salí a pasear con una muchacha que casualmente estrenaba un vestido. Al rato vimos venir de frente otra joven con un vestido idéntico. Las dos muchachas se miraron con esa fría y calculadora mirada que las mujeres aceptan como normal, y entonces la muchacha que se cruzaba con nosotros dijo, en un intento de ser condescendiente:

—¡Yo lo compré primero, querida!

Recuerdo que, en mi juvenil ignorancia, pregunté:

—¿Qué importancia tiene que dos mujeres lleven vestidos idénticos?

La muchacha me respondió:

—No lo entenderías.

Shakespeare se refiere a esta tendencia femenina, incrementada por los celos en el caso de Cleopatra, cuando ésta pide a Alexis:

Descríbeme los rasgos de Octavia, sus años,
Sus inclinaciones; que no se omita
El color de su cabello. Tráeme pronto noticias...
Dime si es esbelta.

Después en el palacio de Cleopatra:

¿Has contemplado a Octavia?
¿Es tan alta como yo?
¿La has oído hablar? ¿Es estridente o grave?...
¿Hay majestad en su porte? Recuerda,
Si alguna vez has visto la majestad.
Adivina sus años, te lo ruego,
¿Llevas su rostro en tu mente? ¿Es alargado o redondo?

Y cuando le dicen que es redondo:
En su inmensa mayoría, necias las que son así.
¿Y su pelo, de qué color?

Cuando un hombre entra en una sala llena de gente, nunca mira a los hombres. No le interesa cómo visten los demás, ni si son más apuestos y altos que él. Mira a las mujeres. No le inquieta lo que los demás hombres estén pensando de él, sino más bien piensa en la impresión que puede causar a las mujeres atractivas que allí se encuentran. Los hombres compiten entre sí en la industria y los negocios. Las reglas están prefijadas y son tan firmes y rígidas como en los antiguos torneos. Las mujeres compiten con las mujeres. El hombre se siente incómodo sólo cuando la mujer empieza a competir con él. El hombre entiende que en ese caso la mujer se ha salido de su papel femenino. La hostilidad del varón en este punto no se fundamenta en el miedo de que una mujer le supere en su propia esfera, sino en que no sabe si tratar a la mujer como tal, con cortesía, deferencia, y suavidad, o como lo haría con un competidor varón. Siente lo mismo que uno que se dispone a jugar a tenis, y descubre que su contrincante se dispone a jugar a *badminton*. El cambio lo confunde e irrita.

No sólo hay diferencias psicológicas, fisiológicas, emocionales, espirituales y sociales entre los dos sexos, sino que además existen otras diferencias tan sutiles que todavía no se han podido medir ni nombrar. Nadie sabe, por ejemplo, por qué razón las mujeres viven 7 ó 9 años más que los hombres, o por qué tienen el 38 % menos de enfermedades orgánicas que los hombres. Su mayor longevidad es una victoria inútil, como pueden atestiguar millones de viudas. Sea la mayor tensión ocasionada por nuestra competitiva sociedad, o sea porque hay otros muchos factores en operación, el caso es que nada se sabe.

Las diferencias se pueden observar muy pronto en la conducta de niños y niñas. Los estudios realizados demuestran que los niños provocan más peleas, hacen más ruido, se arriesgan más, piensan con más independencia y son más difíciles de educar. Y sin embargo pertenecen al sexo más frágil. El número de varones concebidos es mayor; el número de fetos varones abortados es mayor. En el primer año de vida mueren más varones, y lo mismo sucede en las décadas subsiguientes. Hay más niños tartamudos que niñas, y los niños son más dados a tener problemas para aprender a leer. Las niñas son más dúctiles, pero los niños tienden a ir retrasados un año o dos, respecto a las niñas, en el desarrollo físico.

Las niñas suelen ser más robustas físicamente, y sin embargo son más dependientes, más maleables y menos arriesgadas. Su interés se decanta más por las *personas* que por las *cosas*. Sus estilos para aprender son diferentes. Las niñas sobresalen por su capacidad verbal, en tanto que los niños se destacan más en el pensamiento abstracto. Los niños son más creativos e independientes. La hembra tiene una composición de cromosomas que parece predisponerla a estar protegida contra las enfermedades e infecciones. Los científicos del Instituto Nacional de Salud Mental, de los Estados Unidos han observado criaturas inmediatamente después del nacimiento, y en las semanas siguientes, y han detectado diferencias entre los niños varones y las hembras que por su importancia no pueden atribuirse al ambiente.

Las investigaciones demuestran que las niñas son más conscientes, mientras que los niños son los más discutidores y jactanciosos. Pero aunque resulte paradójico, hay más niños que niñas con tendencia a ser introvertidos y solitarios. Un psicólogo cita las palabras de un maestro que siempre prefería a las niñas porque aprendían con más facilidad y eran más obedientes: "Durante muchos años me esforcé en impedir que los chicos molestaran a sus compañeros. En un experimento consistente en enseñar a niños y niñas por separado, descubrí que los niños se pueden concentrar incluso cuando hacen ruido. Siempre me habían gustado las niñas hasta que tuve una clase llena de ellas. Al fin me di cuenta de que no pensaban por sí mismas. Igual que papagayos repetían lo que el maestro les decía. Me pregunté qué sería lo que las hacía tan conformistas." Por separado, los niños hacían mejor su trabajo, y las niñas se volvían más creativas e independientes en su pensar.

Otros estudios han demostrado que, como dice un científico: "Las mujeres son especialistas socio-emocionales, en tanto que los hombres se orientan más hacia el trabajo. Las mujeres muestran una percepción social mucho mayor que los varones, y eso desde muy jóvenes."

Algunas de estas diferencias, tanto las innatas como las adquiridas, afloran más tarde en la vida matrimonial. Aunque los niños parecen mejor equipados para el pensamiento abstracto y tienen tendencia a correr riesgos, en el matrimonio es normalmente la mujer quien toma la iniciativa para intentar establecer una mejor relación. Es más, con frecuencia ella tiene el enfoque más realista, tanto si se trata de cuestiones matrimoniales como de otros problemas.

Una esposa vino a consultarme acerca de su esposo. Este se había dado a la bebida a consecuencia de un fracaso en los negocios. Su orgullo masculino había quedado tan malparado que incluso se le hacía difícil salir a buscar trabajo. Se pasaba el tiempo en casa haciendo tareas insignificantes, en lugar de enfrentarse al problema de buscar trabajo. Ella veía claramente que se estaba desintegrando emocionalmente. Por medio de un amigo mutuo la esposa consiguió que se le hiciera una proposición de trabajo, sin que el marido supiera que ella había intervenido; pero como el empleo no era tan bueno como el que había tenido, se negó a acudir a la entrevista. Percatándose la esposa de la creciente depresión y desaliento del marido, le propuso que asistiera a unas reuniones para recuperarse, pero él se negó en redondo. Aquí tenemos el ejemplo de una esposa con todas las razones para sentirse insegura en cuanto al panorama financiero, y tomando forzosamente la iniciativa, aunque fracasando continuamente debido al terco orgullo de un hombre tan inseguro de sí mismo que no podía aprovechar las oportunidades que se le presentaban.

En nuestra civilización existen presiones que predisponen al varón a pensar que nunca debe fallar, y que siempre debe ser un superhombre capaz de vencer todos los obstáculos. Hay muchos casos de hombres que se niegan a ir al médico cuando están enfermos; hay millones de hombres que preferirían enfrentarse al divorcio antes que acudir a un asesor matrimonial o a un pastor para resolver un problema conyugal.

El número de hombres neuróticos de este tipo es equiparable al número de mujeres neuróticas que llevan en la mente el concepto de un juvenil matrimonio romántico, y que se casan con la creencia de que "el puro amor de una buena mujer puede cambiar a cualquier hombre" rechazando así el desarrollo propio y la adquisición de las responsabilidades propias del adulto. A muchas parejas les resulta una verdadera sorpresa el descubrir que el matrimonio no es algo que simplemente se "consuma", sino que se trata de algo que hay que trabajar, martillear, llevar en oración y sufrir. Muy a menudo los dulces sueños de novela dan paso a las crudas realidades de los pañales, los trabajos de casa, las deudas y la desesperación. Pero donde hay cierto grado de madurez, una disposición para enfrentarse a los hechos y una humildad para admitir que la culpa puede estar en ambas partes, se puede, por lo general, conseguir un buen matrimonio.

3. Necesidades y problemas de las mujeres

Una mujer ha de ser un genio
para crear un buen marido.
Balzac

LUCILA era una mujer encantadora cuando por primera vez entablé relación con ella y su marido. Era una anfitriona perfecta y gustaba de recibir en casa. Su marido, hombre apacible y amable, ostentaba un alto cargo en una organización nacional.

Durante los años que siguieron a nuestro primer encuentro, el marido cambió varias veces de trabajo, y empecé a observar señales de que el matrimonio se venía abajo. Lucila me comunicó algunas de sus preocupaciones por los frecuentes cambios de trabajo de su marido. Percibí también que en él se había producido un cambio. Parecía estar inseguro de sí mismo, y todo indicaba que bebía mucho. Una noche Lucila me telefoneó y me dijo que Jorge estaba detenido acusado de conducir embriagado. Conseguí su libertad provisional, y a raíz de aquello pasé a ser un activo auditor de sus asuntos matrimoniales.

Vinieron a verme para unas cuantas entrevistas de asesoramiento, y en el transcurso de las mismas Lucila se dedicó casi exclusivamente a echarle en cara el vicio de la bebida, su falta de propósito, y su fracaso como marido. En una de las entrevistas, después de escuchar en silencio, le pedí a Jorge que hablara. El dijo:

—Me ha dicho diez mil veces que yo tengo la culpa de todo. Me señala con el dedo y empieza cada frase diciendo: "A ti lo que te pasa es...", y he oído eso tantos miles de veces que ya estoy harto.

Les pedí que se hicieran un sencillo test psicológico, cosa que se hace frecuentemente en estos casos para determinar las necesidades y rasgos emocionales. A la siguiente entrevista miramos juntos los resultados. Uno de los items de los resultados del test se refería a la autoconfianza. La puntuación de ella era noventa y dos, mientras que la de él era doce. Le pregunté a ella si creía que él estaba falto de confianza en sí mismo cuando se casaron.

—No —dijo—. Estaba seguro de sí mismo y lleno de confianza. No sé qué es lo que le ha pasado.

—Lucila, parece ser que alguien ha destruido su confianza en sí mismo a través de los años. Me pregunto quién ha sido —le dije.

—Imagino que habré sido yo —dijo sorprendida.

Jorge entró en erupción:

—¡Ahora tienes razón! Yo tenía confianza en mí mismo, pero tú me las has quitado señalándome con ese dedo tantas veces, que ahora ya no sé ni quién soy. Si vuelvo a oír más críticas tuyas, me marcho.

Ella se encaró con él despidiendo chispas de cólera:

—A ti lo que te pasa es...

Jorge se levantó pausadamente y se marchó. Lucila se sentó aturdida. Con toda la suavidad de que fui capaz le dije:

—Lucila, yo no sé si tú tienes más culpa que Jorge de este enredo conyugal, pero si quieres que tu matrimonio dure, tendrás que hallar la manera de devolverle la confianza en sí mismo. La solución no consiste en atacarle. El necesita seguridad y no condenas.

Discutimos este asunto durante un rato, pero quedé con la impresión de que ella no tenía intención de abandonar sus métodos de ataque y amenaza.

Ya no volvieron a pedir otra entrevista, y comprendí que a Lucila la parecía una amenaza la posibilidad de dar un cambio a su personalidad. Su carácter dominante y su necesidad de cambiar y controlar a Jorge eran tan intensos que no podía aceptar el hecho de que ella también necesitaba cambiar.

Pasaron cinco años sin que se produjera ninguna variación apreciable en la situación, y durante este tiempo cortaron prácticamente toda relación con sus amigos. Al fin Jorge pareció sacar fuerzas de algún rincón de su interior, Lucila se apaciguó algo y se volvió menos dominante a medida que Jorge adquiría más confianza en sí mismo. Por último aceptó un empleo que un pariente le proporcionó en otra ciudad, y se trasladaron de residencia. Me dio la impresión de que se habían producido algunos cambios, sutiles pero importantes, en sus personalidades, y esto había repercutido en su relación.

¿Qué es lo que determina que una esposa se vuelva excesivamente dominante y que el marido se mantenga pasivo? En aquel caso parece ser que la mujer siempre había sido algo más dominante que su marido, y sus frecuentes cambios de empleo crearon tal ansiedad en ella que se volvió todavía más controladora y crítica. A medida que ella criticaba, se quejaba y amenazaba, él iba perdiendo la confianza en sí mismo, hasta que empezó a beber para escaparse de la zahiriente lengua de su mujer y apuntalar su tambaleante ego.

Una de las más importantes necesidades emocionales que la mujer tiene es la de la seguridad. La palabra seguridad no se refiere meramente a seguridad económica, aunque eso es uno de sus aspectos. Idealmente, la mujer obtiene seguridad de un marido al cual ama y admira en el cual confía, y además de la fe en sí misma como persona. Cuando el marido comienza a tambalearse, si tiene considerable ansiedad y dudas respecto a sí misma, se desencadena entonces todo tipo de inseguridad en ella.

El sentido de seguridad de una mujer se ve amenazado cuando su marido empieza a fallar en su trabajo o empieza a beber excesivamente. Si en lugar de dejarse dominar por el pánico, ella se convierte en una ayuda, dispensando amoroso apoyo emocional, el marido tendrá más probabilidades de recuperarse.

El mundo de los negocios es altamente competitivo. Un hombre puede permitirse sólo un cierto número de equivocaciones antes de que el hacha le caiga encima. Lo último que el hombre necesita en el mundo actual es llegar a casa para encontrarse con un montón de críticas e inculpaciones. Su mujer necesita seguridad y amor, y si no recibe las debidas dosis, puede caer fácilmente en la trampa de ser el peor enemigo de su marido, y un enemigo que causa más daño que ningún otro en un momento en que, por encima de todo, el marido precisa el fuerte apoyo emocional de su mujer.

En cierta ocasión Freud dijo: "Después de treinta años de estudiarlas, me pregunto: ¿Qué es lo que las mujeres quieren?" Su perplejidad es reflejada no sólo por los hombres, sino también por las mismas mujeres, pues muy pocas de ellas podrían ponerse de acuerdo en cuanto a lo qué quieren, aparte de generalizaciones tales como "amor", "seguridad" y "comprensión".

La dificultad de lograr un buen matrimonio se intensifica aún más por el hecho de que los hombres y las mujeres son básicamente incompatibles, en el sentido de que tienen fines, necesidades, emociones y tendencias que no se ajustan a los del sexo opuesto.

Las mujeres, por ejemplo, son más "personales" que los hombres. En tanto que los hombres tienden más a tratar los valores y conceptos intelectuales en términos de cosas materiales, las mujeres se interesan más por las personas y los sentimientos. No es que carezcan de la capacidad para el pensamiento abstracto, o que no tengan interés por las cosas materiales. Lo que sucede es que para ellas la vida consiste más en personas que en cosas. Lo que los hombres a menudo califican de chismorreo femenino es simplemente la manifestación de su interés por las personas hasta un grado que no sólo es incomprensible, sino también desalentador para los hombres.

Esta tendencia a interesarse profundamente por las personas y los sentimientos, induce a las mujeres a tomar las cosas de un modo muy personal. Un hombre alzó la mirada de la revista que estaba leyendo y le dijo a su esposa:

—Aquí dice que lo que les pasa a las mujeres es que se lo toman todo muy personalmente.

Su esposa replicó inmediatamente:

—¡Pues *yo* no!

En *La psicología del sexo* Oswald Swarz da una lista de los rasgos femeninos más observados, y menciona: "pasividad, emocionalidad, falta de intereses abstractos, mayor intensidad de relaciones personales, receptividad, sumisión, tacto, realismo práctico, sexualidad, vanidad, inclinación a la envidia y a los celos, sentido moral más débil, timidez, recato, melindrería, compasión, coquetería, juguetonería, gusto por los niños, castidad, modestia, hipocresía..."

En esta lista, como sucede con cualquier conjunto de generalizaciones, tienen que haber excepciones y objeciones. Una de las principales características de las mujeres es su tendencia innata a "identificarse" con las personas y las cosas, en lugar de mirar la vida desde fuera. Las mujeres tienen una capacidad de sentirse unidas a la naturaleza, a la gente y a los acontecimientos, que no tienen la mayoría de los hombres. Este rasgo lo poseen también los niños antes de perder su sentido del asombro, y los pueblos primitivos que viven cerca de la naturaleza. La naturaleza emocional del hombre evoluciona mucho antes que los centros cerebrales superiores, y las mujeres están esencialmente más próximas a los aspectos básicos y elementales de la naturaleza, y al núcleo sustancial de los humanos. Es este sentido de sentirse "identificadas" con otra persona lo que da origen a la creencia en la intuición femenina, rasgo que con frecuencia deja perplejos a los hombres. Sin embargo, como Birchall y Gerson señalan, se trata más de una inconsciente percepción de pequeños detalles que pasan desapercibidos para el hombre, que de una intuición; y puesto que se trata de un proceso inconsciente, la mujer no sabe de qué modo ha llegado a sacar sus conclusiones.

Pero, entendiendo por intuición lo que normalmente se entiende, es frecuente que las mujeres lleguen a unas conclusiones "sabiendo y siendo" a un mismo tiempo. Por lo general la mujer no se apoya en un laborioso análisis, reduciendo una situación a sus diversos elementos, y deduciendo de ahi unos hechos, tal como hace el hombre; sino que "percibe" una persona, cosa o circunstancia mediante un proceso completamente diferente. La mujer "siente la cosa", "se hace una con ella", sin percatarse de lo que está haciendo y por consiguiente obteniendo un "sentimiento" que no es resultado de un puro proceso lógico.

El hombre, sin embargo, se deleita en intentar reducir las cosas a sus principios básicos. Se esfuerza en comprender las cosas desmenuzándolas en sus partes integrantes, en tanto que la mujer se identifica con la persona o situación, se siente parte de ella, y reacciona basándose en sus "descubrimientos" emocionales. Luego puede sentir la necesidad de racionalizarlo dando unas cuantas explicaciones lógicas, pero la respuesta intuitiva se produce mucho antes de que ella empiece a explicar "por qué" siente lo que siente.

La mujer, por instinto y por intuición, quiere *ayudar* a su marido, y puesto que no hay hombre sin defectos, ella se impone la tarea de ayudarle a cambiar. Así, puede sentir la necesidad de ayudar a su marido en cuanto a las responsabilidades financieras, la religión, conceptos morales básicos, o cualquier otra esfera en la que ella crea ver una deficiencia.

Ella quiere mejorarlo, hacer de él una persona mejor y un marido mejor. Tal vez se trate de hacerlo más atrevido, o más reservado si no siente inhibiciones; menos precavido con el dinero si es ultraconservador. Si es descuidado en asuntos económicos, ella intentará hacerlo más responsable. En cualquier esfera en que él esté deficiente, ella intentará automáticamente que se supere.

Muchos hombres necesitan esta madre-esposa, y sacan provecho de sus desvelos; pero si ella intenta ayudar con excesiva prisa o con críticas directas, o sin tacto, la relación conyugal puede resultar seriamente dañada.

¿Cuáles son los rasgos femeninos que más valoran los hombres? En general, la mayoría de los hombres desean estas características:

1. *Cordialidad y afecto*. Cabría suponer que los hombres, dado que son los que ganan el sueldo, han de considerar la seguridad como la más grande de todas sus necesidades; pero los tests y las encuestas demuestran que su mayor necesidad es de cordialidad y afecto. Los estudios realizados muestran que muchas mujeres solteras son o demasiado tímidas o demasiado agresivas, y que los hombres tienden a evitar ambos tipos, debido a una inconsciente necesidad de encontrar ternura y calor en una mujer.

2. *Simpatía*. Se refiere esto a la cualidad de genuina vivencia; de estar enamorada de la vida. Implica una cierta espontaneidad, en oposición a enfocar la vida con miedo.

3. *Una feminidad auténtica y natural*. La mayoría de las revistas femeninas hacen hincapié en los aspectos externos y superficiales de la feminidad: ropa, maquillaje, peinado, estilo, sociabilidad, etc. Cualquier mujer moderna puede hacer uso de los adecuados recursos de belleza, pero la verdadera feminidad es mu-

cho más profunda. La mujer con verdadera feminidad no compite con los hombres, ni aun inconscientemente. Lo malo de la competencia femenina (la llamada protesta masculina) es que cuando una mujer tiene esa tendencia, no se da cuenta de ello. Una mujer verdaderamente femenina se acepta como mujer y como persona. Tiene la suficiente madurez emocional como para no necesitar ser dominante o agresiva, y a la vez posee suficiente estimación de sí misma, para sentirse segura. Este tipo de mujer tampoco tiene que esforzarse para ser femenina. Ni es tímidamente reticente, ni agresivamente femenina. Un hombre lo expresó de esta manera: "Cuando estás con una mujer así, te sientes hombre."

4. *Fuerte capacidad de amar.* En este sentido el amor no está limitado al amor romántico, sino que comprende toda la gama del amor: amistad, afecto, amor cristiano, amor a los niños, a la naturaleza, a la vida y a Dios. No son las apariencias externas lo que hace a una mujer femenina, sino la ternura y el preocuparse por los demás. En el caso de una mujer dominante, su preocupación por los demás se puede transformar en algo controlador, empalagoso y obligatorio. La mujer verdaderamente femenina posee un tipo de amor y ternura que respeta la personalidad de los demás, y les permite ser como son, *sin intentar cambiarlos*, aun cuando sea obvio que necesitan cambiar.

5. *Inteligencia.* Contrariamente a la muy divulgada opinión de algunas mujeres cultas, los hombres no tienen resentimiento contra la mujer inteligente. De lo que los hombres se resienten es de la mujer inteligente *agresiva* y *competidora*. Por desgracia, la mayoría de las mujeres que son agresivamente competidoras con los hombres no se percatan de este rasgo inconsciente. Si una mujer utiliza su inteligencia para dejar a un hombre en ridículo, o demostrarle que está equivocado, o vencerle en una discusión, es probable que él se busque una compañía más segura y confortable.

Del mismo modo que las mujeres gustan de estar en compañía de un hombre que las haga sentir que son mujeres, así también los hombres disfrutan de la presencia de mujeres que les hacen sentirse más hombres. Si un hombre llega a casa para encontrarse con un muro de críticas, discusiones y enfados, llegará el momento en que irá a casa con verdadera desgana, y empezará a dedicar más tiempo a asuntos que le mantengan fuera. En Génesis leemos que habiendo creado Dios a Adán, le hizo "ayuda idónea para él". En lo más profundo, una mujer verdaderamente femenina quiere ser una ayuda, y no el jefe. Será igual en todas las cosas, pero se percatará de cuáles son las esferas en las que es más necesitada y valorada.

Hay momentos en la vida de toda mujer en los que ella se siente insegura e incierta. Habiéndosele asignado un papel secundario durante miles de años, se vio repentinamente emancipada. En su lucha por la igualdad, las mujeres más agresivas se propusieron demostrar que estaban al mismo nivel que los hombres. Por lo general, a un nivel inconsciente, tenían un cierto sentimiento de competencia y una necesidad de demostrar que no eran inferiores. En su esfuerzo por dejar esto demostrado, llegaron a adquirir con frecuencia rasgos y modos masculinos. Una mujer masculinizada es tan ridícula y falta de atractivo como un hombre afeminado. Lo que ha sucedido es que a menudo la mujer no sabe *cómo* desempeñar su papel de mujer.

Para complicar aun más la situación, la sociedad moderna descarga muchas veces sobre la mujer tareas y responsabilidades que normalmente asumían los hombre. Como madre, esposa, ama de casa, matrona, o directiva de un club o de una iglesia, intentaba encontrar su identidad, y con frecuencia se daba cuenta de que ni obtenía satisfacción para sí misma, ni para su marido. Si se ponía a trabajar, se veía en medio de un mundo en el que predominaban los rasgos y valores

masculinos. No hay que extrañarse de que con tanta
frecuencia se viera confundida.

La mujer normal puede experimentar a veces algo
de incertidumbre acerca de su capacidad de desempeñar
su función de esposa, ama de casa, madre, adminis-
tradora del presupuesto, compañera sexual y parti-
cipante de las actividades sociales. Puede tener dudas
acerca de su atractivo, especialmente con relación a las
mujeres que su marido trata cada día. Puede estar insegura de su feminidad, hasta el punto de vestirse de modo que resalte su sexualidad, o de galantear intentando
demostrarse a sí misma que no ha perdido su atractivo.
Este galanteo puede salirse a veces fuera de los raíles, y
entonces puede encontrarse enredada en una aventura
extraconyugal que amenace con arruinar su matrimonio.

En un capítulo anterior se hizo referencia al
penetrante comentario de un marido que dijo que "las
mujeres son insaciables y los hombres son obtusos".
En esta observación hay algo de verdad. Por lo general
la mujer va al matrimonio con muy elevados ideales y
esperanzas. Quiere desesperadamente que el matrimonio sea un éxito. Pero si sus esperanzas son irreales,
se verá frustrada y amargamente desilusionada. Del
mismo modo que ella quiere suavidad y fortaleza en su
marido, él quiere ternura y calor en ella. Si la mujer,
esperando una satisfacción instantánea de todas sus
necesidades emocionales, descubre que su marido no es
suave y fuerte como ella había esperado, es fácil que se
sienta desilusionada. Es irrealista suponer que un hombre va a colmar todas sus necesidades, al menos inmediatamente. Quizá no exista ninguna persona que pueda
colmar todas nuestras necesidades, y por tanto siempre
habrá una cierta insatisfacción.

Ni el marido ni la mujer deben concentrarse en una
persona como si fuera un ideal, y esperar que el otro le
sacie en todas sus esperanzas. Esto es inútil y siempre
terminará en desilusión. Si la esposa está determinada a

conseguir una dicha perpetua y la más absoluta plenitud, si es insaciable en sus demandas de que todas sus necesidades sean colmadas, y si presiona, exige o amenaza, el matrimonio terminará en algo amargo, o en un jaque mate, o en un divorcio.

¿Qué puede hacer una esposa si su marido es obtuso, incomprensvo, incapaz o indeseoso de satisfacer sus necesidades emocionales de amor y seguridad? Una alternativa es la de volverse exigente. Otra es la de retirarse, interiorizando la hostilidad; pero ninguna de las dos es solución creativa.

Recuerdo dos casos parecidos en los que la esposa guardó la hostilidad en su interior, y se puso emocionalmente enferma. En uno de los casos el marido era un carpintero, extrovertido y enérgico, que se propuso construir su propia casa, pagándola a medida que la iba haciendo. Cuando tuvo terminadas las tres cuartas partes hicieron la mudanza, y continuó trabajando para terminarla, durante los fines de semana. Una mañana me telefoneó y me dijo que su esposa necesitaba ayuda. Se encontraba en un estado de aguda depresión, sentada sin aliento en una silla. Contestó a mis preguntas con lentitud, sin ningún sentimiento o expresión. No sabía por qué estaba deprimida. Su marido me dijo que lentamente había ido perdiendo interés por la casa y por los niños, hasta que por último se pasaba el día sentada en una silla completamente desesperada.

La sala de estar estaba terminada, pero pude ver, por una puerta abierta, que la cocina estaba sin acabar. Le pedí al marido si me permitía ver su trabajo. En la cocina había una confusión espantosa. Era la única dependencia de la casa que estaba sin terminar. Los armarios no estaban instalados, y los platos y demás utensilios estaban amontonados en las sillas y mesas. El fregadero sólo estaba a medio instalar.

Le pregunté al marido que cuánto tiempo le costaría terminar la cocina. Me dijo que se le había acabado el dinero y que no estaba dispuesto a incurrir en deudas.

Tal vez tendría que esperar otros seis meses hasta reunir el dinero para comprar los materiales necesarios. Entonces le dije:

—Joe, tan sólo quiero dar mi discreta opinión sobre este asunto. Mi impresión es que debes pedir un préstamo al banco para terminar esta casa. Tu mujer se pasa todo el día en este lugar; tú vienes sólo al terminar la jornada. Ninguna mujer puede sentirse feliz trabajando en esta cocina. Me parece muy probable que su depresión es simplemente el resultado de lo que se llama "hostilidad interiorizada". Ella es demasiado buena y conformada para quejarse, pero sin embargo se siente frustrada y hostil por tener que vivir en una casa sin terminar. Ella ha reprimido estos sentimientos y los ha enterrado muy hondo. Pero ahora han salido a la superficie con esta profunda depresión. Tienes que elegir entre pedir dinero prestado para tratamiento psiquiátrico, que puede ser muy largo y caro, o para acabar la casa.

Joe tenía la obsesión de no tener deudas, e intentó convencerse a sí mismo de que ella sería capaz de "superarse". Yo contesté:

—Puedes hacer la prueba, pero creo que será una imprudencia y además estarás jugando con la salud mental de tu mujer.

Quedó bastante impresionado por estas palabras, y a regañadientes se avino a pedir el préstamo.

Poco después de que Joe se pusiera a trabajar en la cocina, su mujer mejoró considerablemente. Cuando la cocina quedó completa, ya estaba totalmente restablecida. Su profunda depresión era simplemente una protesta interna contra lo que, para una esposa, representaba una situación intolerable: un marido cariñoso y honrado, pero obtuso, que simplemente no se había dado cuenta de la importancia del hogar para la esposa.

El otro caso tuvo que ver con la esposa de un ejecutivo de una empresa. Había estado hospitalizada y la habían sometido incluso a electroterapia. Los resuitados fueron negativos y volvió otra vez a su casa. Durante varios meses había estado viviendo en tal estado de depresión, que me dijo:

—Estoy sencillamente en el infierno. Es como si hubiera una cortina que me separara del resto de la vida.

Investigué en su vida pasada, en sus relaciones, en sus emociones y en su situación presente. Hablamos de sus sentimientos hacia su marido, y ella me aseguró que era muy bueno y considerado. Fue aquí donde ella me hizo perder la pista.

La única insatisfacción que pude descubrir se refería al hecho de que el marido había seleccionado la casa antes de que ella se trasladara a la nueva residencia, y la casa nunca le había gustado. La describió como inconveniente y desoladora. Insistió no obstante, en que no tenía ningún resentimiento contra su marido, ya que él había hecho las cosas lo mejor que sabía.

Yo le sugerí que le pidiera a su marido que hiciera el favor de venir a verme. Ella cumplió, pero él se negó violentamente. En la siguiente entrevista le dije:

—Parece ser que estamos atascados. Pero, si los buscamos, encontraremos otros recursos disponibles. ¿Puede seguir unas sencillas instrucciones?

—¡Lo intentaré!

—Magnífico. Vaya a su casa y concéntrese en una cosa: la perfecta, gloriosa y maravillosa voluntad de Dios. El desea nuestra felicidad y bienestar más que nosotros. No vaya en busca de curación, no pretenda cambiar a su marido, ni ninguna otra cosa, sino únicamente conocer la voluntad de Dios para ustedes dos.

Yo oraré por lo mismo.

Ella se mostró conforme.

Aproximadamente una semana más tarde recibí una llamada telefónica del marido. Me preguntó si podía verme. Aquel día salió del trabajo más temprano y vino a mi despacho. Empezó a hablarme con tranquilidad:

—Soy totalmente responsable de la enfermedad de mi mujer. He sido orgulloso y egoísta. Esta semana pasada me he visto tal como soy. Soy terco y exigente, un perfeccionista. Según veo ahora, la enfermedad de mi mujer es el resultado de su imposibilidad en llegar hasta mí, y de recibir algo de calor y de afecto sincero.

Continuó hablando durante un buen rato. En realidad no se estaba reprendiendo, sino mirándose a sí mismo sinceramente por primera vez. Cuando hubo terminado, yo le pregunté:

—¿Estaría dispuesto a comunicar estas cosas a su esposa?

—Desde luego. Está esperándome en el automóvil.

—¿Quiere decirle que entre?

El la hizo entrar, y sentado en el brazo de su sillón le dijo todo lo que, en esencia, me había dicho a mí. Habló suave y tiernamente, y con profunda humildad. Tan profunda era la depresión de su mujer que no fue capaz de responder de inmediato. Ella apenas le oyó, pero cuando él terminó, ella le dio las gracias. El entonces me dijo:

—Yo acostumbraba a asistir a la iglesia cuando era un muchacho. Pero hace años que no voy. Tal vez existe un vacío espiritual en nuestra vida, especialmente en la mía.

Entonces les propuse un esquema para que siguieran un plan de acción: asistencia a la iglesia, participación en la vida de la iglesia, y lectura específica que tratara sobre el lado espiritual de la naturaleza humana. Los dos se mostraron de acuerdo.

Ella no se curó instantáneamente. Transcurrieron varias semanas hasta que pudo salir de su profunda y desesperada depresión. Cuando por fin salió, observé que era una persona deliciosa, llena de alegría y capaz de gozar de la vida al máximo. Su asistencia y participación en la vida de la iglesia continuó, como también su crecimiento emocional y espiritual. El llegó a ser miembro del consejo de la iglesia, y dedicó largas horas a la participación activa en la vida de la iglesia. Las amistades de la esposa comentaron que se le veía mucho más madura, como persona, que antes de caer enferma.

El problema fundamental, en este caso, no era que el marido había comprado una casa que ella detestaba, aunque aparentemente éste era un factor contribuyente. Lo que sucedía en realidad era que su matrimonio empezaba a zozobrar. No existía una comunicación ni un profundo entendimiento. Incapaz de expresar su insatisfacción, ella la había enterrado y rehusaba aceptar el hecho de que sentía hostilidad hacia su marido. Esto equivalía a una negación de sus verdaderos sentimientos, y cuando se niegan los sentimientos, éstos tienden a esconderse para salir más tarde en forma de enfermedad emocional o física.

La electroterapia no la había sanado, ni tampoco la psicoterapia, a pesar de que había estado en manos de un buen psiquiatra. La solución vino como resultado de su disposición a aplicar la sencilla fórmula de Jesús: "Buscad primeramente el reino de Dios y su justicia, y todas estas cosas os serán añadidas" (Mt. 6:33). En lugar de enfocar su atención sobre los problemas, obsesionándose por ellos, ella la enfocó en la bondad de Dios y en Su deseo de curarla. El problema fundamental no estaba en su enfermedad emocional. Aquella sólo era un síntoma. La principal dificultad estribaba en la personalidad del marido, en la separación de Dios y de su marido, y en la negativa a afrontar sus verdaderos sentimientos y hablar de ellos.

Experimentar resentimiento es cosa normal. Todas las emociones nos han sido dadas por Dios por alguna razón específica. La ira es una de ellas. En varios pasajes se nos habla de la ira de Jesús. "Entonces mirándolos alrededor con enojo, entristecido por la dureza de sus corazones..." (Mar. 3:5), es un ejemplo. Es importante que nos percatemos de la emoción del enojo, pues si la negamos, nos engañamos a nosotros mismos.

El enojo, e incluso el resentimiento leve, debe ser admitido conscientemente. Hay que decidir en cada caso si es apropiado expresarlo o interceptarlo. Pero interceptarlo no significa *reprimirlo*. Este último término significa una negación y ocultamiento del sentimiento, lo cual puede producir unos síntomas. Pero con frecuencia es apropiado, e incluso necesario, suprimir el enojo. A veces es más positivo tratarlo abiertamente, discutiéndolo con las personas involucradas. Por la experiencia se descubre cuándo es apropiado y positivo hacerlo así.

La forma en que las parejas se casan y se ven empujadas a desempeñar el papel de marido-mujer, y el de padres, se parece a una pesadilla en la que uno se ve empujado para salir a un escenario, ante un gran auditorio, para interpretar un concierto de violín sin haber estudiado jamás música. Hay una fuerza invisible que nos manda tocar. La creencia completamente irracional de que se puede tener éxito en el matrimonio y en el desempeño del papel de padre sin haber tenido más preparación que la experiencia emocional de haberse enamorado, es algo que raya en lo absurdo. No existe relación más compleja y difícil que la del matrimonio, y la suposición de que se puede triunfar en ella sin una buena preparación; es semejante a la creencia de que uno puede ser perito químico sin estudiar química.

Nuestra sociedad, por desgracia, no ha llegado todavía a la conclusión de que la preparación intensiva para el matrimonio y la paternidad es tan importante como los cursos de tiro de arco, filosofía o idiomas. Las generaciones futuras leerán con asombro e incredulidad acerca de nuestra insistencia en aprender idiomas, mientras que no se proporciona ningún curso en el arte de la comunicación y en los elementos básicos de las relaciones humanas. Cuando se llega al punto en que una pareja está con las espadas en alto, suele ser demasiado tarde para conseguir la reconciliación. Los asesores matrimoniales son pobres sustitutos de cursos completos acerca del matrimonio.

Un importante descubrimiento realizado por Freud consiste en lo que él denominó complejos de Edipo y de Electra. El complejo de Edipo se refiere a lo que parece ser necesidad universal del niño de relacionarse y "poseer" a su madre, convirtiéndola en el único objeto de su afecto, y ganársela al padre. El complejo de Electra es la misma tendencia por parte de la niña, que siente una gran necesidad de conquistar a su padre. La niña fantasea y se ve crecida y casada con su "papaíto", mientras que la madre desaparecerá, se perderá o morirá. Debido al sentimiento de culpabilidad respecto a su madre, a la cual desplaza en su fantasía, este recuerdo queda enterrado en el inconsciente.

En un sentido muy sutil, este acto de conquistar al progenitor del sexo opuesto parece ser un importante factor para ayudar al niño a conseguir un sentido de su virilidad, y a la niña de feminidad. Cuando una niña fracasa en "conquistar" a su padre, sea porque éste no es afectuoso, o porque la rechaza, o por cualquier otra razón, con frecuencia llega a ser una mujer que duda de su feminidad, debido a que ésta no fue "ratificada" en su infancia. A este tipo de mujer le falta algo en su faceta sentimental. Esta reacción no es necesariamente inevitable y universal. A veces concurren otros factores que reducen esta pérdida de identidad femenina.

Algunas veces, en un fuerte intento de conquistar a su padre, la niña se identifica con él tan intensamente que extrae de él algunos sentimientos de índole masculina, que pueden determinar una cierta masculinización de la niña, ya sea física o emocionalmente, o ambos a la vez.

Por ejemplo, una mujer soltera que nunca había sentido especial atracción por los hombres recordaba que siempre quería estar con su padre. El la llamaba: "Mi niño bonito." Ella tenía hermanos mayores que, a su entender, le parecían favorecidos, e inconscientemente se puso a competir con ellos para atraer el afecto y atención del padre. Casi siempre llevaba ropa de muchacho. Apenas hablaba a su madre, la cual pasó a un segundo plano en cuanto factor de su desarrollo emocional. El resultado fue que aquella niña llegó a ser una mujer con una débil identidad femenina, insegura de su feminidad, y sin saber siquiera si deseaba casarse. Su mentalidad trabajaba mecánicamente, y la idea de tener que depender de un varón la dejaba fría.

Otra muchacha intentó atraer la atención de su padre constantemente, pero no tuvo éxito. En su persistente intento de conquistarlo, empezó a imitar sus gestos, sus andares, su forma de hablar Mirándola como mujer no se veía nada femenino en ella, hasta que empezó a escarbar en las raíces de su infancia y descubrió la razón de su falta de sentido de identidad femenina. La consecuencia fue que comenzó a hacer un esfuerzo consciente para vestir y actuar de un modo más femenino, y por primera vez empezó a sentirse a gusto entre los hombres.

Una variación del complejo de Electra es el caso de la niña que cree que ha fracasado en conquistar a su padre, y al llegar a adulta se va al extremo de aparecer excesivamente femenina. Esos extremos para demostrar su feminidad proporcionan a menudo la pista para detectar sus dudas inconscientes respecto a su feminidad.

Las mujeres dadas a la promiscuidad sexual no tienen una sexualidad exagerada, sino que buscan desesperadamente asegurarse de que son atractivas. La seguridad que obtienen en sus actividades es efímera. Ninguna mujer puede adquirir un sentido permanente de ser verdaderamente femenina mediante la promiscuidad sexual, ni mediante ocasionales aventuras extramatrimoniales.

La estructura emocional de la mujer es mucho más fluida que la del hombre, y en consecuencia puede perder su sentido de identidad con más facilidad que el hombre. Si tiené dudas acerca de su feminidad, deseará y buscará una constante reafirmación. Incluso las mujeres que no tienen dudas a este respecto pueden llegar a sentir una intensa necesidad de reasegurarse y de ver reafirmada su personalidad femenina.

En el matrimonio deseamos completar lo que en nosotros está incompleto, o sea, encontrar nuestro complemento, la otra parte de nuestra persona. Muy por debajo del nivel de lo consciente, la mujer siente la necesidad de tener lo que no posee.

El amor y la atracción entre los sexos tiene su origen en una envidia inconsciente de lo que el otro posee, y en un deseo de tenerlo. "Si yo no lo tengo", se piensa, "lo encontraré en otro. El me dará lo que a mí me falta". La envidia se transforma así en necesidad, la necesidad en deseo, el deseo en afecto, y el afecto en amor.

Por desgracia este rasgo se observa en muchas mujeres, y al no percatarse de esta enraizada envidia al varón, buscan la forma de posesionarse de él y luego derrotarle. La mujer, completamente ignorante de lo que está haciendo, puede, a un mismo tiempo, amar al hombre en cuanto persona, y aborrecerlo en cuanto varón. Quiere las cualidades que él posee en cuanto varón, pero detesta el hecho de que no las posee en sí misma; por tanto, de una forma muy sutil, buscará la manera de enfrentarse a él, confundirlo y derrotarlo, en nombre del amor.

Una mujer excesivamente agresiva casada con un hombre intelectual, de carácter pasivo, se ponía en rídiculo y se mostraba ofensiva con sus maneras retadoras y ofensivas. Cuando le dirigían preguntas a él, ella contestaba en su lugar, mientras que él fumaba pacientemente su pipa, esperando que ella acabara. Además le corregía y criticaba en público, y parecía completamente indiferente ante la incongruencia del papel excesivamente dominante que estaba desempeñando.

Otra mujer, de parecidas características, casada también con un hombre pasivo, asistió durante cuatro años a unas sesiones de g.upoterapia, y en todo momento reprendía a su marido por su pasividad. Ella le interrumpía constantemente y le exigía que adoptara una actitud más masculina, pero cuando él intentaba hacerlo, ella volvía a la carga y le encontraba defectos. Al fin los puse en grupos distintos, de modo que él se sintiera menos acorralado y pudiera expresarse debidamente. En este caso él tenía tanta culpa como ella. Los dos eran incapaces de hallar su propia identidad como hombre y como mujer. Después de más de cuatro años se operó una transformación, más o menos al mismo tiempo en los dos. Cuando ella cedió en su actitud hostil y exigente, él se vio capaz de exteriorizar más sus rasgos masculinos. La relación desembocó en una hermosa y feliz vida matrimonial.

La perspectiva de tener que dedicar cuatro años, o incluso uno, a desarrollar un matrimonio satisfactorio, desanima a muchas personas. Lo que buscan es una solución fácil y rápida para una difícil situación.

Durante los primeros cinco o seis años de la vida, cuando se forma el fundamento de la personalidad, quedan registrados y archivados miles de incidentes y emociones. Más del 99 % de todo lo que acontece en esos primeros años queda enterrado en el inconsciente; pero esos sentimientos y reacciones nos afectan a todos en cada momento de nuestra vida. El modo de reaccionar ante una situación determinada a los treinta o cuarenta años está en gran parte determinado por los cinco primeros años de la vida. La herencia, sobre la cual se apoya el ambiente, ha predeterminado nuestras reacciones y el matiz de nuestros sentimientos. Podemos modificar, cambiar, corregir y alterar esas reacciones mediante un esfuerzo consciente, pero el efecto de lo que nos ocurrió en los primeros años de la vida nunca se puede borrar por completo. No somos, sin embargo, víctimas indefensas de los genes, las hormonas y el ambiente. Una conciencia iluminada, además de la percepción, la determinación y la gracia de Dios, nos pueden deparar un destino mejorado. Para algunos esto puede significar un gran choque o sea, un esfuerzo determinado para cambiar las reacciones ante la vida. En realidad sólo nos podemos cambiar nosotros mismos, pero cuando cambiamos, los demás tienden también a cambiar como reacción.

Por lo general las mujeres son más idealistas que los hombres. Son más conformables, más realistas, y más determinadas a conseguir un buen matrimonio. Puesto que sus estructuras emocionales son más fluidas y susceptibles al cambio, la mujer suele asumir la responsabilidad principal para lograr una buena vida conyugal. Teniendo en cuenta que el matrimonio y el hogar son extensiones de la personalidad de la mujer, se comprenderá que para ella esas cosas supongan más. Esto no excluye la responsabilidad del marido en esta esfera, pero los hombres aprenden desde la niñez a reprimir sus emociones, y por esa razón se muestran más remisos a emprender cualquier acción que pueda involucrar a un asesor matrimonial, o grupoterapia, o un esfuerzo para aprender el arte de la comunicación.

Cierto marido, recién incorporado a un grupo, manifestó que su esposa le había instado para que fueran a un psiquiatra.

—Durante un año fui con regularidad —explicó—, y en cada entrevista le echaba un jarro de agua fría. En el fondo me resistía mucho. Luego recurrimos a la grupoterapia, también a instancias de mi mujer. Lo aguantamos sin recibir mucho beneficio; y por último se le ocurrió asistir a este grupo Yokefellow. La verdad es que vine aquí con la misma actitud mental con que fui al psiquiatra y a la grupoterapia.

—No obstante —continuó diciendo—, estoy empezando a ver la luz. Me estoy dando cuenta de las cosas que no he hecho bien como marido y como persona, a causa de los condicionamientos de mi infancia.

Ahora estoy progresando, aunque mi mujer no lo vea; y pienso seguir hasta el final.

En este caso la mujer había tomado la iniciativa las tres veces. Las dos primeras habían producido resultados negativos; pero seguía determinada a esforzarse en pro de la relación matrimonial, y al fin empezaron a cosechar algún fruto.

La mayoría de las mujeres tienen mucho menos miedo de sus sentimientos que los hombres. El caso de Enrique y Alicia nos proporciona un ejemplo en este sentido. Hacía poco que se habían casado y ya se empezaban a observar tensiones y tiranteces. El era tranquilo, pasivo e incomunicativo. Ella era espontánea. Por petición propia asistieron a grupos distintos. Una noche Enrique dijo en su grupo:

—Hay que hacer algo con las mujeres. Mi mujer siempre me anda pulsando los botones rojos con el único objeto de conseguir una respuesta. Creo que no le interesa mucho el tipo de respuesta que obtenga, con tal de que yo reaccione. El otro día presionó tanto que le tuve que gritar que me dejara en paz. Ella sonrió como si le hubiera llevado un ramo de flores. Entonces dijo: "Normalmente no consigo sacarte ningún sentimiento. Prefiero que me grites antes que verte ahí sentado."

Algunas mujeres del grupo le explicaron la razón. Una de ellas dijo:

—La mujer quiere ser amada y ver una correspondencia a sus sentimientos. Si no puede conseguir una respuesta positiva, se decidirá por la negativa, con tal de que no se le ignore. Tu esposa quiere que le hagas sentir que es necesaria, que es femenina; quiere que te des cuenta de sus sentimientos. Pero cuando te sientas como una masa de protoplasma, se siente rechazada. Seguirá pulsando tus botones hasta que sacies sus necesidades emocionales.

—De acuerdo, estoy dispuesto a aprender —dijo Enrique—, pero no será fácil. Tengo miedo de mis sentimientos, sobre todo de los sentimientos de hostilidad y ternura. Pero por primera vez me veo capaz de identificar mis sentimientos, y hasta cierto punto los estoy empezando a aceptar. Tal vez con el tiempo pueda satisfacer sus necesidades emocionales. Si el matrimonio requiere eso, mejor será que empiece a practicarlo.

Enrique y Alicia comenzaron en la primera época de su vida matrimonial, y en consecuencia empezaron a arreglar sus problemas en el primer año. Una de las cosas que descubrieron es que un buen matrimonio no viene prefabricado por la simple razón de que dos personas estén enamoradas. Para los dos supuso una tremenda sorpresa descubrir que el matrimonio se ha de hacer. Antes de llegar al primer aniversario consiguieron una relación más venturosa que la de muchas parejas en sus primeros diez o veinte años, principalmente porque empezaron a esforzarse por salvar el matrimonio antes de que el desastre llegara.

Cierta mujer divorciada, muy inteligente y agradable, con tres matrimonios en su haber, se unió a uno de nuestros grupos llevando consigo a un hombre con quien tenía intención de casarse. Nos enteramos de que sus tres anteriores maridos habían sido alcohólicos. Cuando se casó no había ninguna señal de alcoholismo, pero cuando se presentaron las tensiones, ellos se dieron a la bebida. En una de las sesiones del grupo la mujer se hizo un test de personalidad, y quedó horrorizada al ver que su puntuación en dominancia era de noventa y uno. También tenía una puntuación alta en agresividad. Aunque exteriormente era femenina, no se daba cuenta de que tenía esos rasgos. Se empezó a percatar de por qué se había casado con tres hombres que habían acabado alcoholizados. Los bebedores habituales son por lo general individuos pasivos y dependientes. Los que tienen capacidad para la hostilidad podrían denominarse pasivos-agresivos. Debido a su necesidad innata de controlar a alguien, había elegido

inconscientemente a hombres pasivos; y éstos, por su
pasividad y dependencia habían buscado inconscientemente en ella la fortaleza que les faltaba. Conscientemente, ella quería un marido fuerte y amable. Inconscientemente buscaba uno que fuera lo bastante débil
para poderlo controlar. El resultado era que todos sus
matrimonios terminaban en un desastre.

Constanza había vivido veinte años de disputas
conyugales, hasta que por fin pidió el divorcio. En las
entrevistas que tuve con ella descubrí que, en cierto
sentido, estaba tratando con dos mujeres en lugar de
una. Al principio desplegó una personalidad tranquila,
pasiva y martirizada. Durante varios meses manifestó
esta forma de ser, coincidiendo con el tiempo que estaba separada de su marido. Cuando el marido volvió e
intentaron empezar de nuevo, la personalidad pasiva y
suave empezó a desaparecer. En su lugar comencé a
descubrir una personalidad fuerte, intratable, terca y
dominante.

Cuando no estaba con su marido le gustaba ser toda una persona, pero cuando estaban juntos, debido a
la hostilidad y agresividad de su marido, sentía la
necesidad inconsciente de sacar a relucir otro aspecto
de su personalidad, con el fin de mantener su identidad.
Estaba atrapada. El se había casado con ella por las
cualidades que vio en un principio, pero su naturaleza
hostil hizo brotar un aspecto de la naturaleza de ella
que él no podía soportar. El matrimonio acabó en divorcio. Los dos cónyuges buscaron ayuda de muchas
maneras, y los dos se esforzaron con diligencia por
conseguir un matrimonio aceptable, pero la realidad es
que no podían vivir bajo el mismo techo. Está todavía
por ver si alguno de los dos podrá alguna vez realizar
un matrimonio satisfactorio con alguna persona.

No me cansaré de repetirlo: las mujeres necesitan
que sus sentimientos se vean correspondidos y aceptados. Les interesa más la comprensión que las soluciones. Más adelante, quizá, llegará el momento de las

soluciones; pero cuando una mujer está decaída, lo único que quiere es que se le preste atención. Si su marido la escucha con un ojo puesto en la televisión o en el periódico, o con una mirada ausente, no arreglará nada. En nuestra civilización el amor está tan exclusivamente identificado con el galanteo o con lo sexual que propendemos a olvidar el significado más profundo de la palabra.

En su sentido más profundo el amor puede suponer, por ejemplo, que una esposa tenga la consideración de no empezar a descargar todas sus frustraciones sobre su marido en el momento en que éste entra por la puerta. Cierto marido dijo: "Cuando regreso a casa por la noche, lo primero que deseo hacer durante una media hora es tomarme un respiro. Cuando mi mujer me sale al encuentro con historias de lo que los niños han hecho, y supone que voy a escuchar todas las dificultades que ha tenido durante el día, me pide más de lo que puedo resistir. No sólo no me interesa, sino que me siento hostil. He empleado todas mis energías en el trabajo, luego he luchado con el tráfico para regresar a casa, y si uno llega allí para encontrarse con un montón de problemas, casi prefiere quedarse más tiempo en la oficina para posponer el suplicio de tener que escucharlos."

Tan intensa es la necesidad de la mujer de tener una estrecha relación, que si no la puede conseguir de una forma, lo intentará instintivamente de otra. Si sus esfuerzos de comunicación se ven frustrados por el silencio del marido, recurrirá a toda una serie de alternativas: se enfadará por cualquier cosa, acusará, se deprimirá, etc. De un modo casi desesperado intentará forzar algún tipo de comunicación, y para ello pulsará todos los botones de su cuadro de mandos; si, por fin, el marido estalla de cólera, ella pensará que, al menos, ha conseguido *alguna* respuesta. Hay mujeres que enferman debido a su esfuerzo inconsciente por atraer la atención. Con frecuencia se trata de una enfermedad imaginaria, o de una manifestación de melindrosidad, pero en definitiva es un grito de todo el organismo: "¡Fíjate en mí! ¡Préstame atención!"

Algunas veces, en ciertos tipos de mujeres, puede desarrollarse una tendencia a tener accidentes, que al fin y al cabo es otra argucia para llamar la atención. A un nivel completamente inconsciente la esposa piensa: "Quiero un amor de primera clase. Si no consigo eso intentaré llamar la atención y despertar compasión. Si eso falla, recurriré a algo que le duela a mi marido: tendré un accidente o me pondré enferma." Y otras mujeres, las que están desesperadas por ser amadas, pensarán en lo más hondo: "Si no puedo atraer la atención de mi marido, atraeré la de *cualquier otro* hombre." Entonces empieza a tener alguna aventura, o por lo menos algún galanteo, por su necesidad de demostrarse a sí misma que no ha perdido su atractivo.

Puesto que el hogar es el nido de la mujer, el descuido de un marido por el hogar equivale a un desprecio a su persona. Una tubería que gotea, o una habitación que necesita una mano de pintura representa para el varón, simplemente, un trabajo que hay que hacer. Hacerlo hoy o el mes que viene no tiene gran importancia. Pero para la esposa, este descuido en hacer la reparación significa un desprecio que se le hace a ella.

Este asunto se suscitó durante una charla en un grupo. Un mecánico de mentalidad muy práctica dijo:

—Bueno, la cosa es muy sencilla. Si una mujer quiere que le arreglen las cosas, debe hacer una lista y dar a cada cosa un número de orden. En nuestra cocina tenemos una pizarra donde siempre apuntamos todo lo que hay que hacer.

Su mujer respondió:

—¡ de qué sirve! Nunca pasas de la mitad, sea cual sea el orden de prioridad que yo les dé.

El sonrió, y ella instintivamente le cogió la mano, sonriendo también. El grupo tuvo la sensación de que ella había llegado a aceptarlo tal como era.

Entra aquí en juego un principio básico. En un matrimonio feliz cada uno de los cónyuges trata de satisfacer las necesidades del otro, pero como es muy difícil que todas nuestras necesidades queden satisfechas en ésta o en cualquier otra relación, debemos aprender a aceptar este hecho con un buen espíritu.

4. El hombre

Uno se destroza los nervios
siendo amable cada
día con el mismo ser humano.
Disraeli

EN UNA CARICATURA se ve a un marido malhumorado leyendo el periódico, mientras su agraviada esposa permanece en pie ante él. El marido dice: "¿Es necesario que intentemos salvar nuestro matrimonio, ahora que estoy leyendo la página deportiva?" Esta reacción hace referencia a una de las quejas más comunes de las mujeres: "Mi marido no me habla."

Cierta inteligente esposa dijo: **"Mi marido regresa a** casa del trabajo, pone en marcha la televisión y la mira hasta la hora de cenar. Durante la cena no parece escuchar lo que le digo. No me responde. Después de la cena lee la página deportiva, y luego vuelve a mirar la televisión hasta la hora de ir a la cama. Nunca salimos a ningún sitio, a menos que yo haga los planes y le anime. Me da la sensación de que yo tengo la responsabilidad de la casa, de los niños, del presupuesto y de todos los planes para el futuro. El trae a casa el dinero, me lo entrega, y a continuación se retira de la vida.

Esta mujer resultaba ser precisamente una esposa muy madura y nada quejosa. Su marido reconoció que ella nunca protestaba. No se trataba pues, de un hombre que se retiraba de una mujer malhumorada. Se trataba simplemente de un individuo incomunicativo, virtualmente incapaz de mantener una conversación.

Hay otras situaciones familiares en las que vemos al marido huyendo de la locuacidad de la mujer. A este tipo de mujer se le puede describir o comparar a un comité de quejas de una sola persona, en sesión permanente. La únicas alternativas del marido son las de escuchar pacientemente noche tras noche, lo que suele ser una tarea imposible; o decir claramente que está haciendo el papel de mártir; o cambiar de tema si es que puede; o decir que no está dispuesto a llegar a casa noche tras noche para encontrarse con un torrente de quejas; o retirarse. Si se trata de un individuo pacífico y más bien pasivo, elegirá esta última alternativa. La consecuencia será que su mujer se quejará de que su marido nunca le habla.

Otra causa de la falta de comunicacion del varón es que después de que dos personas han vivido juntas durante algunos años "ya se ha dicho todo". Esto sucede mucho más en el marido que en la mujer. Los hombres tienden preferentemente a tratar las cosas en términos de ideas, conceptos, hechos y opiniones. Cuando ya han expresado todo eso, a algunos hombres les queda muy poco que hablar. Las mujeres, por su parte, están mucho más en contacto con sus sentimientos, y se interesan más por las personas y su ambiente. En consecuencia tienen más cosas que hablar.

En un restaurante es muy fácil detectar a las parejas casadas. Independientemente de la cuestión de la edad, las personas casadas se identifican fácilmente por el simple hecho de que generalmente hay poca conversación entre ellas. Y la que hay es casual.

Las parejas de novios, dándose cuenta de este fenómeno, y en contraste con su vivaz conversación, se prometen que su matrimonio nunca sera tan aburrido y falto de interés. Un marido dijo:

—A veces mi mujer me despierta a sacudidas y me dice: "¡Háblame!"

"¿Que te hable? ¿De qué?

"De lo que sea. Pero háblame.

"Es que no tengo nada que decir.

"¿Cómo te encuentras?

"¿Que cómo me encuentro? Cansado. Tengo sueño. Un poco enfadado porque no me dejas tranquilo.

"Bueno, ya es algo. Dime algo más. ¿Qué es lo que sientes en realidad?"

Al fin, explicó, hablando por su insistencia reconoció que había estado sintiendo un poco de ansiedad por la posibilidad de quedarse sin trabajo. Ella se sintió feliz de que se lo dijera y de este modo poder compartir su vida. Un par de días después ella volvió a insistir en saber qué sentía. Por fin, un poco irritado por su insistencia, reconoció que tenía miedo de la gente. Durante una hora estuvieron hablando de este tema.

—¿Qué es lo que hace —me preguntó— que las mujeres quieran bucear en nuestros más íntimos secretos? ¿Qué es lo que quieren?

—Quieren conocer a sus maridos —le respondí—. Tu mujer tenía la sensación de que en realidad no te conocía. Tú sólo le decías lo que te parecía bien, y te guardabas tus temores y ansiedades. Ella lo intuía y quería que tú te abrieras con ella.

—Pero yo no quería molestarla con mis preocupaciones personales —dijo el marido.

—¿No querrás en realidad decir que no querías que ella descubriera que tenías miedo?

—Si, creo que era eso. Yo necesitaba preservar la imagen de varón fuerte, silencioso y completamente competente. Me parece que sentía que sería vulnerable si le revelaba a ella mi debilidad.

—¿Y cómo se lo tomó cuando le hablaste del miedo que tenías?

—Le gustó mucho.

Durante el noviazgo y los primeros años del matrimonio hay bastantes cosas de qué hablar. Ambas partes creen que esta situación durará siempre. Al principio tienen que ajustarse el uno al otro e intercambiar opiniones acerca de muchas cosas. Pero con el paso del tiempo casi todos los tópicos se han discutido, todos los aspectos de sus respectivas vidas se han explorado, y sucede que ya no queda nada de qué hablar, a menos que desarrollen algunas aficiones comunes, o compartan sus sentimientos. Una esposa decía:

—Mi marido me da su opinión escueta, o gruñe, o responde con "sí" o "no", y nunca sé qué es lo que en realidad siente. Preferiría que se enfureciera o que me pegara. Cualquier cosa antes que esa personalidad sin emociones, plácida y muerta. Parece que no fuera real porque nunca muestra ninguna emoción.

Este comentario pone de relieve una de las principales diferencias entre los sexos. Las mujeres perciben las personas y cosas sintiéndolas e identificándose con ellas. Los hombres adoptan un enfoque más prosaico para analizar las personas, cosas o circunstancias.

Algunas mujeres, dotadas de un elevado grado de tolerancia y comprensión, miran a sus incomunicativos maridos con divertido afecto. Otras se ven frustradas y se vuelven hostiles. Les parece que las han estafado en su matrimonio que ellas imaginaban como medio siglo de dichosa compañía. Pero todas estas esposas preferirían tener más comunicación.

Un marido, después de sufrir durante veinte años lo que él calificó de "un montón de pequeñeces" cada noche cuando llegaba a casa, dijo al fin:

—Mira querida, cuando llego a casa vengo cansado, y si no se trata de una verdadera catástrofe no hay nada que me interese. Si me das media hora para recuperarme y mantienes a los niños un poco apartados te escucharé. Pero ahora estoy desinflado. No quiero forzarme para interesarme en lo que has hecho durante todo el día, como he estado haciendo desde hace veinte años. Quiero escucharte con verdadero interés, y lo haré si puedo disfrutar de treinta minutos de paz ininterrumpida.

Ella dijo:

—¿Quieres decir que has tenido que esforzarte para soportar mi conversación durante estos veinte años? ¿Por qué no me lo dijiste? No sé si has sido demasiado cortés y considerado, o demasiado mudo para expresar tus necesidades. Si necesitas media hora, o una hora para recuperarte y luego desempeñar tu papel de padre y marido, ¡muy bien! No tengo ningún inconveniente. Me alegra de que me lo hayas dicho.

Le dio un beso, y él sonrió con inocencia.

—Es que nc quería ofenderte.

Ella se volvió a preparar la cena, mientras murmuraba:

—¡Estos hombres!

El problema se complica más cuando el marido no puede comunicarse. A veces los hombres son incapaces de expresarse como lo hacen sus esposas, y llegan a sentirse desarmados. En nuestra civilización los hombres aprenden, en su niñez, a suprimir sus sentimientos. Una de las consecuencias de esto es que el varón es incapaz, frecuentemente, de comunicarse, especialmente cuando entiende que la conservación incluye sentimientos. En estos casos puede retirarse dentro de sí mismo, a modo de autoprotección, a fin de evitar todo lo que tenga relación con los sentimientos.

El hombre con tendencias donjuanescas plantea un grave problema. El verdadero Don Juan practica la promiscuidad sexual, es soltero e incapaz de experimentar verdadero amor. No obstante, en la práctica, muy a menudo acaba casándose, puesto que, como un hombre dijo, "Se necesita una base de operaciones." Este tipo de hombre ha sido por lo general hijo único o el preferido de su madre, y de pequeño se le consideraba como "un niño guapo". Al llegar a ser adulto posee casi siempre un cierto encanto superficial que

emplea para conquistar a las mujeres. Su constante
búsqueda de conquistas es un esfuerzo para reasegurarse de que es amado, deseado y verdaderamente
masculino. Y sin embargo es incapaz de amar verdaderamente. A un nivel más profundo está castigando
a su madre por haber entregado su amor al padre,
privándole a él de un amor y atención exclusivos. En
esencia pretende conquistar a toda mujer deseable. Su
motivación primaria no es ni el sexo ni el amor, sino su
necesidad de conquistar continuamente. Sólo se siente
seguro cuando conquista a una mujer. El verdadero
Don Juan es relativamente escaso, y se crea tal reputación que cualquier mujer que esté alerta se apercibe
de inmediato; pero tan grande es su necesidad de conquista y el encanto que despliega, que muchas mujeres
desoyen los consejos y sucumben.

El síndrome de la madurez no es tan fácil de comprender o de detectar. Resulta interesante, a efectos de
definición, establecer la edad madura entre los treinta y
cinco y los sesenta y cinco, aunque está demostrado
que el período de mayor peligro es la cuarentena.
A veces, un vestigio de donjuanismo, en estado latente,
espera hasta la madurez para manifestarse. Y para
complicar aun más la situación, puede decirse que existen suficientes pruebas para indicar que hay, cuanto
menos, un residuo aletargado de promiscuidad en todos
los humanos. Esto se puede atribuir en parte al hecho
de que no existe ninguna persona que pueda satisfacer
completamente nuestras diversas necesidades: emocionales, espirituales y físicas.

Alberto estaba en la primera mitad de la treintena
cuando empezó a dar señales de desviación. Amaba a
su mujer, pero sentía una extraña e indefinible necesidad de relacionarse con otras mujeres. Era casi una
compulsión. Esa relación no suponía, a veces, más que
simple conversación, pero con frecuencia iba mucho
más allá. Su esposa, lógicamente, estaba muy molesta.
En mis entrevistas con ellos, juntos y por separado, in-

tentamos resolver el problema. Alberto manifestó que él sentía francamente que no estaba "atado" por el matrimonio, y que el matrimonio no le ofrecía lo suficiente para hacerlo tan valioso.

Investigamos en su niñez. Había tenido cuatro o cinco padrastros, y con ninguno se había llevado bien. Su madre trabajaba muchas horas, y recordaba que había pasado largos ratos de soledad y aislamiento. Sintiéndose rechazado por su madre, y sin una figura paternal apropiada a la cual identificarse, puede decirse que Alberto salió bastante bien librado después de todo. Al fin, como resultado de un intenso asesoramiento, consiguió dar un cambio espiritual y deseó conocer y hacer la voluntad de Dios. En lo más profundo de sus sentimientos tenía la sensación de que le estaba reservada más plenitud y felicidad buscando la voluntad de Dios, que tratando de encontrarla por sí mismo.

Pero tan pronto como Alberto dejó sus antiguas andanzas, su esposa perdió el interés en lograr una reconciliación y tramitó el divorcio. No le había sido muy difícil soportar su infidelidad, pero le fue imposible aceptarlo con su nuevo conjunto de valores. Antes de que el divorcio se consumara, ella empezó a tratar mucho a un amigo de Alberto, que precisamente tenía los mismos valores que aquél. De este modo puso de manifiesto sus tendencias masoquistas. No obstante, la relación con el amigo de su marido no duró mucho, y siguió buscando, sin mucho éxito, la forma de reconciliar su necesidad consciente de un marido fiel, con la necesidad inconsciente de sentirse rechazada por alguien.

Una víctima típica del síndrome de la madurez puede ser la causada en parte por una necesidad del hombre de ver reafirmada su masculinidad, y en parte por el conocimiento de que ha perdido su juventud y teme la madurez; y también en parte por la necesidad de revivir una parte de su adolescencia. Si durante la adolescencia no se rebeló, una parte de su hostilidad latente contra la autoridad puede emerger en la madurez bajo la forma de una rebelión contra su esposa-madre.

Aun cuando la intuición de una mujer le diga (si es que no lo han hecho sus amistades) que es arriesgado casarse con cierto hombre, su vanidad le puede hacer sentir que ella es la única que puede cambiar y comprender a ese encantador varón.

Una inteligente y deliciosa mujer estaba casada desde hacía doce o quince años con un hombre a quien amaba profundamente. Los dos se declaraban su amor verbalmente y de otras maneras. Llevaban una estrecha y satisfactoria relación. El había estado casado cuatro veces anteriormente, y cada matrimonio había terminado en un desastre. Por primera vez en su vida, dijo, estaba total y completamente satisfecho. Tenían intereses comunes y no había falta de comunicación. Se daban todas las razones para creer que el matrimonio había de durar. Un día, sin embargo, él le comunicó que quería divorciarse. Se había enamorado profundamente de otra persona. Hasta aquel momento ella no había sospechado que él no era feliz o que se había estado viendo con otra mujer. La cuestión de si hay que clasificar a este hombre como un Don Juan, como una víctima del síndrome de la madurez, o como un varón enamoradizo, no es importante. Lo que sí es cierto es que era arriesgado casarse con él. Sus cuatro matrimonios anteriores demostraban su dificultad para formar y mantener una relación permanente. Como es lógico, ella había creído que todo se debía a que no había encontrado "la mujer apropiada".

Existe una "crisis masculina" que se corresponde con la menopausia en las mujeres. Se trata, sin embargo, de algo fundamentalmente emocional y no fisiológico. El final de la treintena y principios de la cuarentena representa un período de peligro tanto para hombres como para mujeres. Es durante esa edad intermedia cuando muchos hombres y mujeres empiezan a experimentar lo que alguien llamó "ganas de flotar libremente". La preocupación de un marido por su trabajo puede hacer que su mujer no se sienta amada, y ella puede reaccionar con quejas que todavía le induzcan más a ocuparse de su trabajo. En esa situación el hombre es mucho más susceptible a cualquier amabilidad o simpatía que le muestre alguna "comprensiva mujer".

En 1850 la longevidad media era de cuarenta años para los dos sexos. En 1900 era de cuarenta y ocho para los hombres y cincuenta y uno para las mujeres. Hoy la longevidad de los hombres es de sesenta y seis, y la de las mujeres de setenta y cuatro. La vejez se ha pospuesto. En la actualidad cuarenta años (año más o menos) es la mitad del camino entre la niñez y la vejez. A los cuarenta empezamos a abandonar algunas de las irreales esperanzas y aspiraciones de la juventud, y simultáneamente empezamos a preguntarnos dónde están las ricas recompensas que soñábamos en la juventud. La vida se encauza en una rutina. Descubrimos que la felicidad no es una cosa perpetua, sino que consiste en fugaces momentos, y que una gran parte de la vida tiene color gris. Si hemos alcanzado nuestras metas, comprobamos que no siempre nos dan la intensa satisfacción que imaginábamos. Si no las hemos alcanzado, quedamos desilusionados. La carrera de un hombre puede dejarle sin la satisfacción que esperaba. El matrimonio, para la mujer, puede haberle negado la dicha continua que soñaba en su juventud. No hay que extrañarse, pues, de que los cuarenta sean años críticos para muchos hombres y mujeres.

Cierto marido, en la primera mitad de sus cuarenta describía así sus sentimientos acerca de su matrimonio:

—Cinco noches por semana llego a casa y encuentro un alboroto total. Siempre parece que ha pasado un ciclón. En realidad se trata sólo de nuestros tres críos. Trato de abrirme camino entre los trastos, y entonces mi mujer me sale al encuentro con una lista de quejas triviales: lo que han hecho los niños y lo mal que se han portado; lo que los niños de los vecinos les han hecho a nuestros niños; lo ocupada y atosigada que ha estado todo el día...; y entonces yo me encuentro pensando en las tranquilas, eficientes y bien organizadas muchachas de mi departamento en la oficina. Ya sé —continuó— que no está bien comparar aquellas dulces jóvenes de la oficina con mi mujer, o comparar nuestra bien organizada oficina con una casa con tres niños. Pero el contraste es demasiado grande, sobre todo cuando me encuentro con la fuerte dosis de quejas, y lo que en realidad necesito es un poco de consuelo para mi fatigado ego.

Se quedó un momento pensativo:

—Para serle sincero, hay una muchacha en la oficina que cada día me hace más gracia. Es dulce y comprensiva. Pase lo que pase nunca se altera. Es eficiente y bien organizada, y contempla la vida con una divertida tolerancia. Créame, después de estar todo el día con ella, mi desorganizada y quejumbrosa mujer no me parece tan perfecta como cuando me casé con ella.

A la semana siguiente su mujer vino a verme:

—Los tres niños vinieron muy pronto —dijo—, e imagino que yo no estaba preparada para todo lo que supone la maternidad. A veces me he sentido sobrecargada y como si se abusara de mí. Durante bastantes años he estado atada todo el día a los niños; y cuando mi marido llegaba a casa, yo tenía ganas de hablar. Pero lo único que le sacaba eran gruñidos. Supongo que yo apretaba mucho para sacarle alguna respuesta. Tal vez lo único que conseguía era apartarlo más. ¿Pero qué podía hacer? Ahora los niños ya son mayores, pero en la adolescencia pueden ser todavía un problema mayor. Yo tengo que tomar casi todas las decisiones. Si le pido ayuda a mi marido, él me responde: "Yo ya he terminado. Encárgate tú de los problemas menores." A mí me gustaría una cooperación para educar a los niños. Ellos necesitan un padre, además de una madre.

En el transcurso de nuestras entrevistas conseguimos establecer una base de comunicación. En mi presencia les era más fácil discutir las cuestiones espinosas de su relación, pues en casa ella rompía a llorar, y él, se retiraba en silencio. Los dos pudieron llegar a comprender las necesidades del otro, y empezaron a esforzarse para satisfacer las necesidades mutuas, en lugar de exigir que el otro le complaciera.

En uno de nuestros grupos un marido contó una experiencia que ilustra un problema peculiar de los hombres. Estaba un día reparando el suelo de la sala de estar, y se había arrodillado sobre un pedazo de alfombra que había sobrado del alfombrado de su dormitorio.

—Mi esposa vio que yo estaba arrodillado en aquel trozo de alfombra y me gritó: ''¡No se te ocurra usar ese trozo de alfombra nueva. Lo quiero guardar. Lo vas a ensuciar!'' Yo me levanté ciego de rabia y tiré el pedazo de alfombra a la otra punta de la habitación. Le dije algo fuerte, no recuerdo qué fue, y durante dos o tres días todo fue silencio en la casa. Entretanto empecé a darme cuenta de que yo había reaccionado mal. Ella había hecho igual que mi madre, e igual que todas las maestras que había tenido en el colegio. En aquel momento había sido para mí la pura imagen de la autoritaria madre-maestra, hostil y estridente, que yo había conocido en mi niñez. Creo que también ella estaba un poco desquiciada; pero yo soy el único que puedo cambiar. Así, en su debido momento, fui y cogí el trozo de alfombra, me lo puse bajo las rodillas y terminé el trabajo. Cuando ella empezó a decir algo, yo simplemente contesté: ''Mira, no te voy a estropear este trozo de alfombra. Si lo hago entonces será el momento de quejarse. Tranquilízate y olvídalo.'' Haciendo las cosas así reclamé mi hombría y dejé de reaccionar como un niño que recibe una reprimenda de su madre.

En nuestra civilización existe una grave y peligrosa falacia, que puede resumirse en la frase: ''Es tan *buen* niño.'' Los padres y parientes quieren decir con esto

que el niño no crea problemas, que es sumiso y obediente. Tiene que aprender desde el principio de su vida
a reprimir su hostilidad. Le querrán sólo si es "bueno",
o sea, si es tranquilo, si no da guerra y nunca contesta
mal. Pero al forzarlo a ser un "buen niño" se están
poniendo los fundamentos para una rebelión posterior
cuando sea adulto, o para algún tipo de neurosis. Todos
los niños necesitan el derecho de expresar su hostilidad
sin que se les castigue. El enojo es una emoción dada
por Dios, es un factor de supervivencia, y a menos que
se pueda expresar de forma adecuada durante la niñez,
saldrá a la superficie de una manera inapropiada más
adelante. El enojo reprimido puede entrar en erupción
de mil maneras, desde la criminalidad hasta el asma o
los ataques de corazón.

Un eminente psicólogo dijo: "No me esfuerzo en
intentar que mis hijos sean 'buenos'. Lo que quiero es
que sean felices, y así obrarán de la forma debida. Son
siempre los niños infelices y frustrados los que tienen
problemas." Con esto no quería decir que les concedía
todos los caprichos. Había puesto unos límites y se ate-
nía a ellos. Los niños son infelices sin límites, si bien
siempre tratan de comprobar dónde están esos límites.

El hombre que no ha podido expresar su enojo en
su niñez, puede expresarlo en la vida adulta retirándose
en silencio, temeroso de su violenta ira; o puede explotar con rabias absurdas; o esa ira reprimida puede
manifestarse en alguna enfermedad psicosomática: úlce-
ras, asma, artritis, colitis, neurodermatitis, enfermedades del corazón, o muchas otras.

En estos últimos tiempos se ha escrito mucho acerca de la "feminización" del hombre en nuestra civilización. En muchos casos los hombres esperan, a un nivel
inconsciente, ser dominados por sus esposas, tal como
lo eran por sus madres, mientras que en el nivel consciente pueden proclamar su deseo de ser un hombre
fuerte y seguro de sí mismo. El varón pasivo-agresivo,
o sea, el que a la vez sea pasivo y hostil, puede necesi-

tar que su esposa asuma el papel dominante, y al mismo tiempo tendrá resentimiento si lo hace.

Carlos era uno de estos hombres. Era excesivamente pasivo, y se sentía vulnerable en dos puntos: su capacidad de ganarse la vida, y el cumplimiento de su función sexual en cuanto a marido y padre. No se veía capaz de tomar las riendas de la casa, pero cuando su esposa daba instrucciones a los niños, él reaccionaba, como única contribución, oponiéndose a sus indicaciones. El quería que a los niños se les permitiera todo, principalmente porque veía en su mujer a su dominante madre. En cierto sentido se convirtió en otro niño rebelde contra su madre. Tuvimos varias entrevistas en las cuales quedó claro que debían esforzarse en ponerse de acuerdo sobre las reglas para educar a los niños, y que ninguno de los dos contraindicaría las instrucciones del otro. El fue incapaz de someterse porque inconscientemente se identificaba con los niños cada vez que ocurría algo. Había quedado tan tarado por el condicionamiento de su infancia, que interiormente se sentía más como un niño que como un hombre. Incapaz de soportar una situación en la que se sentía como uno de los niños, y dudando de su masculinidad, decidió por fin, poner fin al matrimonio.

Una madre dominante y controladora tiende a producir hijos pasivos e hijas dominantes. Los hijos pasivos, a su vez, tienden a casarse con mujeres dominantes, en tanto que las hijas dominantes generalmente se casan con hombres pasivos, perpetuando así el círculo vicioso.

Hay hombres que tienen una gran dificultad para decidirse a casarse. Manuel estaba ya en los cuarenta y llevaba cinco años tratando a una mujer de edad similar. En nuestras entrevistas trató de poner en claro sus sentimientos ambivalentes respecto a su madre. Estaba casi seguro de que podía "cortar el cordón", pero yo podía detectar muchas señales de su profunda relación emocional con la madre. El interpretaba su hostilidad hacia su madre como demostración de su emancipación. El hecho de que quería casarse pero sin ser capaz de llegar a una decisión definitiva me convenció de que en realidad estaba profundamente vinculado. Necesitamos dos años de asesoramiento tanto a él como a la novia (cuya hostilidad hacia su propio padre le creaba un problema parecido) para que la cuestión se resolviera. Al fin determinaron una fecha para la boda.

Prepararon una boda muy sencilla, a la que sólo estaban invitados los familiares y unos pocos amigos. Cuando apareció la madre del novio, pude entender por qué le había costado tanto cortar los lazos. Entró abruptamente, emitiendo sonidos de ansiedad sin dirigirse a nadie en concreto, y cuando vio a la novia su rostro se ensombreció y le dijo con petulancia:

—¡Oh! ¿Has cambiado verdad? Bueno, supongo que todo irá bien.

Dio un suspiro de mártir, como diciendo:

"Hijo, después de todo lo que he hecho por ti, me has traicionado." Después del casamiento la madre se las arregló para ignorar a la novia, metiéndose en todo e interfiriendo a cada momento. En vista de aquellas circunstancias tuve la impresión de que el novio había hecho muy bien en quitarse de encima aquella carga, aunque le hubiera costado cuarenta años. A pesar de la falta de cooperación de la madre, el matrimonio fue feliz.

La mujer es vulnerable en la cuestión de su capacidad de encontrar marido, crear un hogar y tener y educar hijos. El hombre es vulnerable en las cuestiones de encontrar un trabajo adecuado, tener éxito en ganarse la vida y cumplir sus funciones sexuales como marido y padre. Del mismo modo que un hombre nunca debe criticar a una mujer en aquellos puntos en que ella es más vulnerable, así no debe ser él criticado en sus puntos sensibles. ¡Las comparaciones son odiosas! Ninguna mujer podrá evitar una reacción de resentimiento si su arte culinario es comparado con el de la madre de su marido. Cualquier hombre reaccionará con hostilidad si se compara su capacidad de ganar dinero con la de su suegro o con la de otro vecino. De hecho, las críticas, en cualquier aspecto, constituyen la más pobre de todas las formas de comunicación, y la más destructiva.

El arte de comunicarse es mucho más complejo que aprender a conducir un automóvil o escribir a máquina, y sin embargo esperamos que unos jóvenes de apenas veinte años sean capaces de fundar un matrimonio feliz y sepan cómo deben comunicarse sin tener la más ligera preparación. La personalidad humana es mucho más compleja que un computador electrónico, y no obstante no se nos ocurriría dejar suelta a una persona sin experiencia para que aprendiera por ensayo y error a utilizar una de esas máquinas. La sociedad ha fracasado miserablemente en prepararnos para el matrimonio.

La inmensa mayoría de las mujeres tienden a tratar maternalmente a sus maridos. Freud expresó la opinión de que probablemente éste es un ingrediente necesario en cualquier matrimonio feliz, como ya hicimos constar anteriormente. En parte esto es verdad a causa del instinto maternal de las mujeres, pero también se puede atribuir en parte al hecho de que en nuestra civilización los hombres demandan esta actitud, aunque normalmente no se dan cuenta de ello. La mayoría de los hombres se crían en hogares en los que la madre ha sido el factor controlador, y esto se intensifica cada vez más en una sociedad que, como la nuestra, es cada día más matriarcal.

Queda aún otro factor, que muchas veces se pasa por alto. Las mujeres sienten una fuerte e innata necesidad de agradar a sus maridos. La palabra *altruismo* sería muy débil para expresar este sentimiento. Si una mujer se siente amada y segura, y si es una persona razonablemente madura, sentirá en ella un fuerte deseo de complacer, servir y ser madre de su marido. Un hombre excesivamente pasivo necesitará grandes cantidades de esta actitud, y tendrá que aceptarla como un tributo. Un hombre falto de madurez puede llegar a tener una sed insaciable de este tipo de amor.

Pero el hombre agresivo, fuerte e independiente, reaccionará, por su parte, con sospecha, ante la necesidad de su esposa por servirle. Le permitirá con precaución que le sirva, pero si ella hace funcionar su amabilidad de una manera irregular e impronosticable, él se cerrará e impedirá que ella exprese su amor de esa forma. Por lo general el espíritu fuerte, confiado e independiente del hombre nace de su sentimiento de que está solo y debe enfrentarse a la vida sin ayuda de nadie. Por esa razón puede llegar a desconfiar de los motivos que pueden empujar a alguien a demostrarle ternura.

Cierto hombre de estas características explicó que su mujer acostumbraba a llevarle algo para beber cuando él trabajaba en el jardín en días calurosos. Esto se convirtió en una costumbre regular. Un sábado por la tarde de mucho calor, el marido se dedicaba a cortar el césped mientras su esposa leía sentada a la sombra. El le preguntó si le podía llevar algo para beber. La mujer respondió:

—Estoy a media lectura. Ve y cógelo tú mismo.

A partir de entonces, siempre que ella le ofrecía algo de beber, por mucha sed que tuviera, él lo rechazaba.

—Sé que era pueril —dijo—, pero imagino que soy muy sensible al rechazamiento. De niño tuve mucho rechazamiento y no necesito más. Cada vez que me veo rechazado, sale a la superficie mi total y absoluta independencia, y entonces es cuando yo rehuso la ayuda, el amor o lo que sea, de cualquier persona.

A muchas mujeres les sorprende que los hombres sean tan sensibles. Las mujeres imaginan que porque los hombres son más grandes, físicamente más fuertes, y parecen más inconmovibles, deben ser también menos sensibles. Lo más probable es que los hombres sean igual de sensibles que las mujeres, pero con dos variables: tienden a esconder mejor su resentimiento, y se sienten heridos por cosas que no molestarían a muchas mujeres.

La guerra entre los sexos se viene librando desde hace miles de años. Nos lo demuestra, por ejemplo, la sutil hostilidad de muchos chistes y caricaturas que brotan, como una corriente continua, de alguna desconocida fuente. Aunque el autor de estos chistes es, por lo general, desconocido, se puede estar bastante seguro de que suele ser un hombre. Aquí tenemos, por ejemplo, tres observaciones o chistes típicos, que llevan la marca inconfundible de la mente masculina: "Hay tres palabras que una mujer se complace en oír. Nunca se cansa de oírlas de su marido. Helas aquí: Me he equivocado." El segundo chiste dice: "Detrás de todo hombre feliz hay una suegra sorprendida." El tercero se refiere a una dirigente feminista del pasado, cuya ayudante se quejaba de un fuerte dolor de cabeza. La dirigente feminista dijo: "Querida, vete a casa y ora. Díselo a Dios, ¡*ella* te entenderá!" Estos chistes proporcionan una inofensiva válvula de escape a la subyacente hostilidad entre los sexos.

Del mismo modo que hay muchas mujeres que dudan de su feminidad, hay también innumerables hombres que tienen serias dudas respecto a su masculinidad. Sin percatarse conscientemente de qué es lo que supone la consecución de una identidad masculina, un hombre puede tener dudas de sí mismo. Se pregunta si es "completamente hombre", sea consciente o inconscientemente. Sus dudas se pueden manifestar de diversas formas. Si es tímido y solitario, intentará retirarse aun más a fin de evitar el dolor que le causa que se fijen en él. Probablemente albergará algún secreto sueño de realizar algo tan grande que todo el mundo, asombrado, vuelque sobre él sus alabanzas; pero en su interior sabe que esto es una posibilidad muy remota.

Si se trata de un individuo más agresivo, compensará su sentimiento de inferioridad perjurando, hablando fuerte y ofensivamente, o jactándose. Se puede convertir en un hablador compulsivo que exija completa atención. En las personas más dotadas, la compensación puede adquirir la forma de una tendencia a realizar cosas. Alfred Adler creía que el sentido de inferioridad es la más fuerte de todas las tendencias, y que la "voluntad de poder" es el fundamento de toda obra importante.

Cierto marido, muy falto de madurez emocional, manifestaba su exacerbado sentido de inferioridad masculina exigiendo una obediencia absoluta en el hogar. En el trabajo, donde su irascible temperamento estaba bajo control, las cosas le iban bien, pero en casa se manifestaba despreciativo de todas las opiniones que disintieran de la suya. Nadie se atrevía a discrepar. Los niños recibían violentas reprimendas y castigos por la mínima infracción de sus reglas. Toda la familia estaba tiranizada.

Cuando su mujer lo amenazó con el divorcio y le advirtió que ya había consultado a un abogado, él se mostró herido y sorprendido de que hubiera reaccionado así. Entonces se avino a comportarse con más suavidad, con la condición de que ella renunciara a pedir el divorcio, y durante unos tres meses se comportó como una persona bastante madura. Pero luego volvió otra vez a su antigua manera de ser, y sus enfurecimientos eran cada vez más violentos. Bajo presión aceptó someterse a la grupoterapia, pero tras unas cuantas sesiones dejó de asistir. La amenaza de mirarse a sí mismo era demasiado grande para él.

Esta ilustración pone de relieve otro atributo masculino. Los hombres se muestran mucho más reacios que las mujeres a pedir ayuda para salvar un matrimonio en peligro. En siete de cada ocho casos, es la esposa quien pide ayuda o propone hacerlo. El ego masculino se ve, por lo general, amenazado si se tienen que airear problemas domésticos ante un asesor matrimonial o un psiquiatra. En cientos de casos, sólo puedo recordar dos en que el marido fuera el primero en buscar ayuda. En uno de estos casos la esposa ya estaba determinada a concluir el matrimonio. El otro caso consistía en un hombre pasivo casado con una mujer muy dominante. Cuando por fin conseguimos que ella acudiera para hablar, su comportamiento fue hostil y entorpecedor. En todos los demás casos, a lo largo de cuarenta años, la esposa fue la primera en pedir ayuda.

El hombre llevará su coche al mecánico, se pondrá en manos del dentista, llamará a un técnico competente para que le arregle la televisión, pero cuando su esposa le propone que consulten a un asesor sobre problemas matrimoniales, la respuesta típica es:

—¡No! Ya somos mayores. Esto lo arreglaremos nosotros. ¿Qué nos puede decir uno de esos sabios que nosotros no sepamos ya?

La personalidad humana es, por lo menos, cien veces más compleja que un aparato de televisión, y la relación matrimonial es la más compleja de todas las relaciones. La negativa del marido de buscar ayuda profesional para el matrimonio es una respuesta totalmente irrealista y dominada por el miedo. En esto, como en muchas otras cosas, la mujer es más realista.

Los hombres tienden a "buscar soluciones" en todo, excepto en lo que se refiere al matrimonio. Cuando una esposa está emocionalmente turbada, el marido busca automáticamente una solución. Al esforzarse por detener sus lágrimas, puede llegar a decir cosas tan inadecuadas e inaceptables como: "No te lo tomes así cariño. No hay para tanto." Esto, claro está, significa un rechazamiento de sus sentimientos y de su persona.

A veces el marido intenta detener el llanto de su mujer porque le pone nervioso o le turba. Nadie le ha dicho, por descontado, cómo debe tratar esta situación, y casi todas sus respuestas automáticas están destinadas a ser erróneas. Si pudiera aprender a comprender sus sentimientos, adelantaría un gran trecho en la resolución de su problema. Una buena manera de dar importancia a las emociones de la mujer sería, por ejemplo, preguntarle: "Cuéntamelo todo, querida. ¿Qué te ha pasado?"

Luego, después de oír su relato (tanto si ella llora como si está lívida de enojo), el marido puede expresar aun más su aprecio por sus sentimientos diciendo algo así: Sí, creo que si yo estuviera en tus circunstancias, sentiría lo mismo." En ese momento ella no quiere soluciones, sino comprensión y apoyo emocional.

Es normal e instintivo por parte de las mujeres que intenten cambiar al marido. A todos nosotros nos gustaría cambiar el medio que nos rodea y la gente que hay en él en orden a hacer la vida más agradable. Si podemos conseguir que los demás se adapten a nuestras ideas, la vida se nos hace más soportable. Las mujeres, posiblemente tienden más en esa dirección a causa de su instintiva función maternal, que las induce a controlar y educar a los niños. Algunas mujeres son culpables de intentar, inconscientemente, manipular a los demás. Cierta esposa, muy dada a hacer esto, y que se hubiera indignado si alguien la hubiera acusado de intentar controlar a su marido, acostumbraba a decir, con dulzura y con profunda sinceridad: "Bien, *así* es como debe ser, ¿no es verdad?", cuando se ponía en tela de juicio sus manipulaciones. O sea, si a ella le parecía bien una cosa, ¡entonces todos los demás tenían que verla también así! Y además ella no tenía la más ligera impresión de que estaba manipulando a los demás.

Los maridos reaccionan de formas diferentes a estas manipulaciones. Algunos se dan cuenta de que los están manipulando, y lo aceptan con indulgencia casi siempre, aunque si se trata de un asunto importante pueden reaccionar. Un hombre completamente pasivo se adaptará fácilmente, sin percibir ninguna diferencia con las manipulaciones de su madre, que fueron las que le hicieron pasivo.

Un marido agresivo puede inclinarse a aceptar la manipulación, acumulando material inconscientemente para su próxima explosión. Es entonces cuando su esposa se extraña de su reacción por una cosa sin importancia. Con mucha frecuencia el marido responde con el silencio. Incapaz o sin deseos de hacer un drama de una pequeña cuestión de autoridad, optará simplemente por retirarse en su pensativo silencio, aislándose de su mujer. Otro tipo de respuesta, también inconsciente, es la enfermedad. Según opinan las autoridades del campo de la psicosomática, todas las enfermedades, virtualmente, están relacionadas con nuestras emociones. La enfermedad u operación de hoy puede estar relacionada a la acumulación de una hostilidad inconsciente a lo largo de un período de años. Cuando el organismo alcanza su punto de saturación, la persona da señales de síntomas físicos. Es como si el organismo dijera: "¡Ya no puedo más!", tanto si se trata de asma, como de un ataque de corazón, como de úlcera, o una operación, o casi cualquier enfermedad. La acumulación de la tensión y la ansiedad en el trabajo y en el hogar; la autocondena por no ser lo bastante hombre como para hacer frente a la esposa; el sentido de culpabilidad y fracaso que, en cierta medida, es común a toda la humanidad, son factores que se pagan caros y que pueden manifestarse en cien formas diferentes, física o emocionalmente, o en términos de propensión a tener accidentes.

Entre Gerardo y Elena parecía no haber, prácticamente, ninguna base para un entendimiento. El era un hombre agradable, con poco sentido del humor, y de unos cuarenta años. El aborrecía su propia pasividad, y cuando Elena le presionaba, explotaba con una violenta manifestación de ira. En las reuniones del grupo que frecuentaban, tendían siempre a recurrir a las acusaciones mutuas. No se les podía inducir a que cada uno tratara de resolver su problema individual. El quería zafarse de esta hostil relación, pero no se atrevía a deshacer el hogar por causa de los niños. Ella también estaba harta de la relación, y pasaba el tiempo con la esperanza de que él cambiaría. Estaban en un callejón sin salida, y ninguno de los dos estaba dispuesto a ceder.

La situación se resolvió temporalmente cuando él fue hospitalizado a causa de un ataque de corazón. Durante un tiempo las cosas fueron mejor, estando la familia pendiente de darle las atenciones que su condición requería. Tan pronto como él se recuperó completamente y volvió a incorporarse al trabajo, todo empezó a funcionar como antes, y las relaciones se atirantaron hasta llegar casi al punto de ruptura. Pocos meses después él volvió a tener otro ataque de corazón y murió. No hay forma posible, desde luego, de determinar la relación entre las insoportables condiciones en el hogar y el ataque de corazón, pero lo que sí es cada vez más evidente es que la tensión tiene algo que ver en todas las enfermedades. El organismo de Jerry adoptó, simplemente, lo que para él era la única solución aceptable para salir de una situación imposible.

Nadie recibe bastante amor. Todos, sin excepción, necesitamos amor en grandes cantidades. La *psyche* humana está preparada por Dios para funcionar bien cuando se siente amada. No hay más que escuchar la radio: casi todas las canciones tratan de amor. En el teatro, la ópera, la novela, los grandes temas tienen que ver con el amor en alguna de sus formas. Nos preocupamos tanto del amor porque es vital para nuestro bienestar.

Todos buscamos el amor. Queremos que alguien nos ame, y nos ame incondicionalmente. Cierta joven, que por cierto pesaba unos cincuenta kilos más de lo debido, dijo llanamente:

—Yo siempre he querido que la gente me ame tal como soy. Uno de los asistentes a la reunión contestó:

—Cariño, hay mucho que amar en ti; quizá cincuenta kilos de más para cualquier hombre.

Ella se sintió herida. Pero la realidad es que todos queremos lo mismo: que nos amen tal como somos, con defectos incluidos. Pero no podemos tener siempre amor incondicional. La sociedad demanda un cierto modo de conducta para considerarnos dignos de ser amados, o por lo menos aceptables.

La única forma de recibir amor es darlo. Jesús dijo: "Dad, y se os dará..." (Lc. 6:38). Esto es aplicable a muchas esferas de la vida, pero sobre todo a la cuestión del amor.

Si quieres que te amen, debes empezar a amar. Me refiero, desde luego, a algo mucho más profundo que el amor romántico. Pero también el amor romántico es más factible y más satisfactorio para los que son capaces de dar amor, *agape,* el que, según palabras del Nuevo Testamento "no busca lo suyo" (1 Co. 13:5).

En lugar de esperar a que alguien te ame, impone el deber de amar. Descubre la necesidad de otro y satisfácela. Unas personas aceptan el amor de una forma, y otras de otra. Hay personas que tienen dificultades para aceptar el amor en cualquiera de sus formas, y éstos son precisamente los más interesantes. Descubre la forma de manifestar el amor a otros, de modo que lo acepten.

Una persona amorosa es la que "se entrega" y está dispuesta a decir ¡Sí!, a toda petición legítima. No quiere esto decir que el amor se tenga que comprar con obras amables. No hay que contar las obras que se hacen, ni pesar la cantidad de energía que se emplea en beneficio de éste o aquél, ni que preguntarse si nos pagarán por ello. Se ama de verdad cuando hay tanta ternura, interés y compasión, que se desborda y llena la vida de otros. El amor no calcula preguntando si el receptor es "digno", o si se le recompensará y se le agradecerá. "El amor nunca deja de ser", dice el Apóstol Pablo (1 Co. 13:8). Con esto quiere decir que si tenemos la capacidad de amar, nunca dejaremos de manifestarlo instintivamente y sin pensar. Se puede decir, pues, que si somos personas verdaderamente amantes, "el amor nunca dejará de manifestarse".

Cierta esposa que había sufrido una difícil relación matrimonial, decidió, a instancias del grupo, mostrar amor hacia su marido en lugar de intentar cambiarlo. Una semana más tarde, en la reunión, relató lo siguiente:

—Bien, no ha dado resultado. Durante toda la semana no le he mostrado a ese hombre nada más que amor, y él no lo ha apreciado en absoluto. ¡No da resultado! Alguien le dijo pensativamente:

—Supongo que se lo habrás echado en cara.

Ella contestó:

—Ya lo creo, ¡y mucho!

Una de las mujeres del grupo dijo:

—Carmen, tú no estabas demostrando amor. Tú estabas intentando sobornar a tu marido, y cuando viste que no lo podías sobornar con dulzura y delicadeza, te irritaste. El leyó tus intenciones y comprendió que simplemente estabas recurriendo a otro sistema de manipulación. El Apóstol Pablo dijo: "El amor no busca lo suyo." Probablemente tú estabas intentando salirte con la tuya; y por muy loable que tu acción haya sido, la realidad es que a pesar de que tus acciones eran buenas, tus motivos eran malos.

Carmen lo pensó detenidamente, y al fin reconoció que su "amor" había sido una forma de controlar a su marido. Entonces se decidió a demostrar un verdadero amor, tanto si triunfaba como si no.

Semana tras semana fue informando. A veces desfallecía, pero a medida que fue pasando el tiempo, empezó a apreciar la satisfacción interna de expresar su amor a una persona que no lo aceptaba. Al fin se observó una respuesta gradual y precavida por parte del marido. El matrimonio llegó a arreglarse a su debido tiempo, pero fue así porque ella llegó a demostrar un amor incondicional.

5. Conflictos que afectan el matrimonio

¿Qué tiene de notable el amor a
primera vista? Lo notable es que dos
personas que se han estado
mirando durante años se amen.
Anónimo

UNA MUJER relató una anécdota sobre la hija de seis años de unos vecinos que acababa de escuchar el cuento de la Cenicienta por primera vez. La niña volvió a contar el cuento hasta llegar a su momento cumbre, y entonces preguntó:

—¿Sabéis qué es lo que pasó entonces?

La mujer dijo:

—Que vivieron felices toda su vida.

—No, no vivieron felices, ¡Se casaron! —replicó la pequeña.

Tal como la niña presentía, casarse y vivir siempre felices no son necesariamente sinónimos. Hay innumerables barreras que se levantan ante los humanos, impidiendo la consecución de un matrimonio satisfactorio

Una de las cosas que echa a perder muchos matrimonios es el esfuerzo por conseguir que el cónyuge se amolde a un modelo preconcebido. Durante una reunión Glenda expresó su insatisfacción porque su marido no tenía interés en hacer las reparaciones necesarias en el hogar. Habló de una puerta plegable que estaba sin arreglar desde hacía seis meses, del pestillo de una ventana que desde hacía semanas le había pedido que arreglara, y de media docena de trabajos caseros a medio hacer. Guillermo escuchaba la lista de quejas con aire vagamente culpable.

—No soy muy hábil —dijo—. Tengo las manos muy torpes para arreglar cosas.

—Pero si te interesaras por la casa te cuidarías de esas pequeñeces —replicó Glenda—. Hasta un niño de diez años podría hacerlo: no sé por qué te refugias en tu pretendida incapacidad.

Alguien dijo:

—Glenda, cuéntanos algo de tu padre.

—Era un hombre maravilloso. Le adoraba. Se cuidaba de la casa, al revés que mi marido, que sólo se interesa por su trabajo, la televisión y sus libros...

—Queremos que nos hables de tu padre, Glenda —dijo alguien.

—¡De acuerdo! Papá era un mago en todo lo que hacía. Siempre tenía éxito en los negocios, era activo en la iglesia, presidente de su club, y a pesar de todo siempre se interesaba por la casa. Tenía un taller en el garaje, y todavía le recuerdo trabajando allí los fines de semana, haciendo cosas para mi madre, e incluso haciendo muebles en el taller.

—O sea —dijo otra persona—, que los fines de semana tu padre se los pasaba con una caja de herramientas en la mano, y tú imaginas que ésa es la manera en que todos los hombres deben actuar. Mi padre no hubiera sido capaz de hacer una jaula en la que un pájaro con dignidad hubiera vivido a gusto, y me sorprendió gratamente que mi marido fuera capaz de arreglar un escape de agua. No sé, Glenda, pero me parece que estás tratando de convertir a Guillermo en la imagen de tu querido padre. ¡Déjalo! Si Guillermo te mantiene a ti y a los niños, te ama y es amable, ¿por qué no dejas de presionarle para que cambie?

Glenda se quedó un momento pensativa. En el intervalo Guillermo respondió:

—A veces he pensado que si Glenda dejara de presionarme, si no adoptara los mismos aires que mi madre, y no intentara cambiarme, tal vez me sentiría más inclinado a intentar satisfacer sus necesidades.

Glenda dijo:

—De acuerdo, dejaré de reñirte y veremos qué pasa.

—No —replicó otro—, tu actitud es equivocada. Todavía intentas dominarle. Tienes que aceptarlo tal como es, tanto si él intenta ser más útil como si no.

Algunas semanas después, cuando la conversación recayó de nuevo en la situación de esta pareja, Glenda informó:

—¿Sabéis qué ha pasado? Dejé de reñir a Guillermo y me rendí. Decidí aceptarlo tal como es, y de repente él empezó a interesarse por la casa. De las siete reparaciones que tenía en la lista, me arregló cinco. Quizá cuando dejé de presionarle él se sintió más dispuesto a complacerme.

Guillermo intervino en la conversación:

—He observado una cosa. Lo que a mí me fastidiaba no era las reparaciones que le tenía que hacer a mi mujer. En realidad lo que ella necesitaba era que yo mostrara algo de interés por la casa. La casa es su nido, y por lo visto ella cree que si la amo debo manifestarlo de la misma manera que su padre. Yo no soy muy diestro en mecánica, pero empiezo a darme cuenta de que el amor es algo más que romanticismo. Hay que darle a la mujer un sentido de seguridad. No me había dado cuenta de la seguridad que una mujer deriva del interés de su marido por el nido.

—Cualquier mujer te podía haber dicho eso —dijo una de las mujeres—. Los hombres sois tan mudos.

Este pequeño drama, matizado con muchas variaciones en miles de hogares, ilustra la necesidad femenina de seguridad; y una de las formas en que una esposa recibe esta seguridad es por la certeza de que su marido está profundamente interesado en ella y en el hogar. También ilustra la muy escondida tendencia, totalmente inconsciente, que los maridos y las mujeres tienen de meter a su cónyuge en un molde preconcebido.

En una entrevista de asesoramiento a una pareja, una de las cuestiones que suscitó el marido fue que su mujer no era buena ama de casa.

—La casa parece un corral —dijo—. La ropa sucia está amontonada por todas partes, los juguetes de los niños están esparcidos por toda la sala, y cuando regreso a casa por la noche, tengo que quitar montones de revistas o de ropa planchada si quiero encontrar un sitio para sentarme.

Descubrí que su madre había sido una meticulosa ama de casa. El había sido hijo único, pero su mujer tenía cuatro niños. Su madre no había tenido ocupaciones fuera de casa. Sólo se había preocupado del hogar. Su mujer, por lo contrario, estaba muy introducida en actividades de la iglesia y cívicas, y además tenía dos o tres pasatiempos.

El había llegado al matrimonio con la idea preconcebida de que sólo hay un tipo de esposa y madre: el tipo que dedicaba toda su vida a la casa. Le pregunté si prefería que su mujer dedicara todo su esfuerzo a la casa, o que siguiera siendo la clase de persona abierta, espontánea y activa que evidentemente era. El dijo:

—Yo amo a mi mujer por esos atributos. Es una madre maravillosa y tiene una gran variedad de aficiones. Supongo que la he intentado amoldar a la imagen de mi madre, olvidando los otros rasgos que ella tiene, que fueron los que me enamoraron de ella.

La esposa dijo:

—Yo soy una mala ama de casa, y me aborrezco por ello. Pero con cuatro niños y las actividades que tengo fuera de casa, nunca me puedo poner al corriente.

Se quedó pensativa por un momento, y luego preguntó:

—¿No podría ser que estoy abarcando demasiado y necesito cortar una o dos de las actividades fuera de casa?

Yo miré al marido.

—Cariño —dijo él—, haz lo que tú quieras. Me imagino que por ser ingeniero yo soy un perfeccionista, y eso, según me han dicho, es tener algo de neurótico, especialmente si lo relaciono con la casa. Yo te quiero tal como eres. Supongo que me acostumbraré al desorden de casa...

—Jaime —dijo ella—, es verdad que allí hay mucho desorden... Creo que tal vez me ha dolido siempre que tu madre fuera tan buena cocinera y ama de casa. Yo nunca podré compararme a ella. Tal vez he intentado compensar mi sentimiento de inferioridad comprometiéndome en muchas cosas. Voy a dejar una o dos actividades, y dedicaré más tiempo a ser una ama de casa.

—Como quieras, cariño —replicó Jaime—. Pero no dejes de ser lo que eres. Yo no me casé contigo sólo para que cuidaras de la casa. Además, creo que puedo controlar mis tendencias perfeccionistas en casa. Dejaré mi regla de cálculo en la oficina.

Una de las dificultades más comunes en el matrimonio es la desilusión que se produce cuando una pareja descubre que sus románticos sueños de perpetua felicidad no se pueden cumplir. La novia típica imagina una continuación del noviazgo, y una atención permanente y amorosa del hombre con quien se casa. Ambos se desilusionan cuando aparecen las crudas realidades del matrimonio. El ya no es tan atento. Parece muy diferente, hundido frente a la televisión, contemplando un partido de fútbol. El recuerdo que él tiene, por su parte, de aquella bonita criatura con quien galanteaba, y que tanto afecto y ternura manifestaba, se borra bastante cuando la mira por la mañana, con los rizadores en la cabeza y el rostro sin maquillaje.

Cada uno empieza a descubrir algunos rasgos irritantes que nunca habían detectado. El se vuelve menos galante, más exigente y menos considerado. Ella es menos afectuosa, a veces egoísta, ocasionalmente petulante y de vez en cuando lloriquea o da otras señales de descontento.

"Nunca me llevas a ninguna parte," es una de las quejas más comunes de las mujeres, que esperan que el noviazgo continue inquebrantable. Pero él suele llegar a casa cansado y con ganas de reposar. A ella le gustaría salir entonces de casa, o por lo menos comunicarse con él. Cierto marido dijo: Cuando entro en casa lo primero que quiero hacer es sentarme, olvidarme de todo, y procurar recomponer mi fatigado espíritu. Si mi esposa me diera la bienvenida cuando llego, me ayudaría mucho; pero por lo general lo que sucede es que apenas me he sentado cuando ya me está pidiendo que le haga algo: que saque el perro, que le dé de comer al gato, o que vacie el cubo de la basura. No sé que es lo que pasa, pero cuando una mujer ve a un hombre sentado, no puede dominar su enfado, y pone todo su empeño en ponerle en movimiento. Esta no era precisamente la imagen que él tenía del matrimonio.

Una joven esposa que tenía un empleo dijo: Yo trabajo tantas horas como mi marido, pero cuando llego a casa él ya está echado en el sofá; pero se espera que yo prepare la cena, ponga la mesa y lave los platos después de cenar, mientras que él, dueño y señor de todo, se levanta de la mesa y se pone a mirar la televisión. Yo no tengo ese concepto de una relación matrimonial que lleva las cargas a medias."

Otra de las dificultades más corrientes con que se tropieza en la esfera de las relaciones matrimoniales se refiere al hecho de que las mujeres, en general, se están volviendo más dominantes, en tanto que los hombres se vuelven más pasivos. Cuando hablamos de dominancia no significamos necesariamente "ser dominante". Dominancia se refiere simplemente a la tendencia a "controlar". Se puede controlar de muchas formas: con manipulaciones, con mano fuerte o con suave tacto, con lágrimas de mártir, con amenazas, con críticas, o con un silencioso apartamiento. Cualquier esfuerzo, directo o aparentemente pasivo, por el que se intenta controlar a las personas o a las circunstancias, es dominancia.

A todos nos gustaría controlar nuestro entorno, que esencialmente se compone de personas y acontecimientos. Nos sentimos más seguros y confortables si podemos tener el control e imponer nuestra voluntad. Cuanto menos madura sea una persona, más puede intentar controlar a otros. El individuo egocéntrico espera que todo el mundo cuide de él y de sus necesidades. Un hijo mimado que al hacerse mayor se casa sigue siendo un niño mimado en la relación conyugal.

En nuestra civilización moderna las mujeres hacen muchas cosas que antiguamente eran dominio exclusivo del varón. Hace una o dos generaciones era cosa muy extraña ver a una mujer conduciendo un taxi, jugando al golf, formando parte de un equipo de bolos, o empleada en los distintos tipos de trabajo que antiguamente sólo realizaban los hombres. Esta nueva libertad que las mujeres han adquirido ha tendido a liberarlas y a confundirlas. Al trabajar con los hombres en oficinas, fábricas y tiendas, han tendido a absorber muchos rasgos masculinos. Esto, unido a la "protesta masculina", tan certeramente descrita por Jung, ha conducido a la desfeminización de la mujer. La protesta masculina es un sentimiento femenino, casi siempre inconsciente, de que "el mundo es de los hombres", y que ellos tienen la tendencia a refrenar a las mujeres. Esto se deriva en parte de la inclinación de muchas mujeres a tener resentimiento por el presupuesto masculino de la superioridad.

Un astuto varón llegó a la conclusión de que las mujeres que se dedican a los negocios tienden a imitar las peores características de los hombres, y a empeorar sus propias virtudes. En los negocios, y particularmente si consigue un cargo administrativo, la mujer tiende a renunciar a su propio sentido de los valores reales, y adopta los del hombre: situación, dinero y poder. "El dinero," dijo el mencionado hombre, "no parece perjudicar a las mujeres, pero el poder y la autoridad raras veces les son apropiados. Las mujeres que ostentan el poder se comportan pobremente, pensando probablemente que así es como lo hacen los hombres. Casi siempre emplean más autoridad de la necesaria para ejecutar cualquier trabajo".

Los tests psicológicos revelan que más de la mitad de las esposas analizadas son más dominantes que sus maridos. No es raro descubrir en esos tests que la puntuación en dominancia de una mujer llega hasta los ochenta y noventa puntos, mientras que la de su marido está en los veinte o treinta. Una esposa que acababa de hacer un test descubrió con vergüenza que su puntuación en dominancia era noventa y seis. Su marido puntuó veinticuatro. Ella dijo:

—Yo sabía que tendría una puntuación alta, ¡pero esto es ridículo!

El marido y ella trataron este asunto, tanto en privado como en las reuniones del grupo. La mujer dijo llanamente:

—No quiero ser una esposa dominante. Hay algo en mí que me empuja a controlar, Tal vez es el temor, pero quiero terminar esto. Mi marido va a tomar las riendas.

Cuando se le preguntó si quería decir que iba a dejar que él la controlara, dijo:

—¡No, no! Yo no quiero que nadie me controle y no quiero controlar a nadie. Se trata simplemente de que quiero que él sea la cabeza de la sociedad. *Alguien* tiene que mandar el barco por las aguas matrimoniales, y hemos decidido juntos que sea él. Yo soy el segundo de a bordo.

Su pacífico y tranquilo marido dijo firmemente:

—Yo aborrezco mi pasividad tanto como ella aborrece su dominancia. Estos rasgos se pueden cambiar, y tenemos el propósito de hacerlo.

Las observaciones posteriores fueron confirmando la idea de que podían cambiar aquellas tendencias. El se hizo más extrovertido y agresivo, a la vez que ella le dejaba tomar la iniciativa en aquellas cuestiones que a ambos parecían ser de su competencia.

He podido observar que en algunos matrimonios se han producido cambios, radicales si tanto el esposo como la esposa han sentido la profunda necesidad de mejorar la relación conyugal. A veces también se ha conseguido mucho cuando uno de los dos, por lo menos, se ha esforzado. Recuerdo un caso en el que una pareja consiguió una hermosa relación, después de un mal principio, en menos de un año. En otro caso, una pareja de edad madura tuvo que dedicar cuatro años y medio de grupoterapia y asesoramiento privado antes de llegar a una solución. ¡Pero lo que lograron fue hermoso! A veces les parecía que el esfuerzo era interminable, pero el amor y armonía que ahora experimentan significa un tremendo progreso frente a la constante hostilidad y enemistad que había estropeado su relación durante veinticinco años o más.

En cierta ocasión le dije a una mujer de unos cuarenta años que tardaría dos o tres años en resolver su problema matrimonial. Ella contestó:

—¡Tres años! Para entonces tendré cuarenta y tres.

Yo le contesté:

—Y si no hace nada para arreglar su matrimonio, ¿cuántos años tendrá para entonces?

Ella se rio y dijo:

—¡Empecemos ya!

Uno de los problemas matrimoniales con que a menudo nos encontramos es el que se refiere a la emisión de "mensajes cifrados". Un mensaje cifrado es una comunicación, verbal o de otra forma, que ha de ser descifrada para que se pueda entender debidamente. Por ejemplo, en una reunión de un grupo, una mujer explicó:

—Yo había tenido un mal día, y cuando mi marido llegó a casa, yo necesitaba algo de aliento, o ayuda, o alguna indicación de que me amaba. El me preguntó cómo me habían ido las cosas. Yo rompí a llorar, y él me dijo: "¿Qué te pasa?" Yo le contesté: "Déjame no me molestes." Lo que yo quería era que él me abrazara e hiciera algo para reconfortarme.

El marido habló y dijo:

—Yo no puedo leer la mente. Cuando ella me dijo que la dejara, yo lo hice, con un sentimiento de frustración y rechazamiento. Nos pasamos el resto de la noche sintiéndonos frustrados y rechazados.

Es algo muy corriente entre hombres y mujeres enviarse estos mensajes cifrados, esperando que el otro sea capaz de descifrarlo, interpretarlo y actuar con el fin de satisfacer la necesidad insinuada. Es posible que las mujeres, con sus variables talantes, envíen mayor número de mensajes cifrados, pero los hombres también lo hacen. Las mujeres saben lo que quieren decir, y se sienten frustradas cuando su marido no entiende un mensaje oscuro. Los hombres tienen su propio sistema de comunicaciones defectivas, que a menudo es tan confuso como el de las mujeres.

El mensaje cifrado es, en cierto sentido, un ruego para que alguien satisfaga nuestras necesidades, o se tome la molestia de comprendernos, o se preocupe lo bastante para indagar, estirar, interpretar y por último conseguir el verdadero significado. Pero esto es tan irreal como esperar que alguien comprenda árabe sin haberlo estudiado. La comunicación exige una honesta expresión de los sentimientos y las necesidades.

Uno de estos típicos callejones sin salida matrimoniales, se puede ilustrar con el relato de un hombre: "Yo viajo mucho. Cuando llego a casa mi mujer me hace muchas preguntas acerca de lo qué he hecho, adónde he ido, qué he comido. Pero resulta que cuando llego a casa no me acuerdo exactamente de lo qué hice el martes por la noche, ni de qué cené. Ella se imagina que yo voy por el alegre y maravilloso mundo comiendo en restaurantes de fantasía, asistiendo a fiestas, conociendo a gente interesante y viviendo la gran vida, mientras que ella está en casa con los niños, comiendo lo que ella cocina. Yo lo único que estoy deseando es llegar a casa y olvidarme de este perro mundo. Creo que me hiere su idea de que por ahí todo es una grande, gloriosa y alegre actividad. La verdad es que es horrible. Yo sé que ella lo pasa mal con los niños y con su aburrida rutina, pero a nadie le van las cosas muy fáciles."

Su mujer, por otro lado, desconocedora de las frustraciones que su marido tiene cada día, sólo siente que su propia vida está muy circunscrita. Cuando él vuelve de un viaje, a ella le gustaría que la sacara a cenar, que le ofreciera su compañía, y él precisamente lo único que desea es retirarse a su castillo y relajarse.

Esto plantea una incompatibilidad básica de intereses. La única solución se encontrará en una clase de amor y comprensión que no pregunta: "¿Cómo pueden satisfacer mis necesidades?," sino: "¿Cómo puedo satisfacer las necesidades de mi compañero o compañera?". Es evidente que esta pregunta deben hacérsela los dos cónyuges, en una cariñosa comprensión mutua, y no uno de ellos solamente. La solución presupone que los dos busquen una fórmula simultáneamente. Hay muchas parejas que hallan la respuesta a su dilema participando en las reuniones de un grupo, en el que se pueden discutir libremente las incompatibilidades básicas e innatas entre maridos y mujeres. Hay muchos que encuentran la solución a través de un asesor matrimonial, pero, por desgracia, los hombres son bastante reacios a considerar esta proposición, hasta que el desastre está encima.

Los celos y el sentido de posesión constituyen otro peligro. Una esposa declaró en una reunión que cuando se casó se sentía totalmente abandonada cuando su marido marchaba al trabajo cada mañana.

—Me faltaba madurez y era demasiado dependiente —dijo—, y ahora me doy cuenta. Estaba resentida con su trabajo, igual que si tuviera celos de otra mujer. Pero ahora que ya no soy tan dependiente, me sucede que ya no me intereso tanto por él. No sé si me casé con él porque estaba enamorada, o porque era terriblemente dependiente.

Un marido manifestó en una reunión su sentido de frustración a causa del excesivo sentido de posesión de su mujer.

—Si visito a un amigo que vive en el mismo edificio que nosotros, y no estoy de regreso antes de veinte minutos, ella viene rápidamente a sacarme de allí. No quiere ir a ningún sitio sin mí. ¿Qué es lo que le pasa? ¿O soy yo que reacciono demasiado?

Yo le pregunté:

—¿Qué clase de relación tenía ella con su padre? ¿Estaban sus padres divorciados, o estaba el padre ausente con mucha frecuencia?

El contestó:

—Es interesante que me pregunte eso. El padre abandonó la familia cuando ella era pequeña. ¿Podría eso tener relación con su forma de ser?

Le aseguré que con toda probabilidad había una relación. Ser abandonado, o sentirse rechazado en la infancia, son cosas que originan profundas inseguridades en un niño. Posteriormente se puede manifestar esta circunstancia en diversos tipos de conducta neurótica. Por lo general los celos o el sentido extremado de posesión brota de alguna privación emocional en la infancia.

Es conocido que muchos maridos se muestran locamente celosos si su mujer parece mostrar el más ligero interés por otro hombre.

Cierta esposa se quejaba de que su marido la acusaba de coquetear con los empleados de las tiendas, y le preguntaba adónde iba cada vez que salía de casa. La mujer quería saber si ése era el comportamiento normal de un marido. Yo le aseguré que no era normal, y que aquello tenía sus raíces en un profundo sentido de inseguridad. Le dije que había poca esperanza de eliminar los celos, a menos que él se pusiera en tratamiento. Por desgracia la inseguridad de aquel hombre era demasiado grande para avenirse a ponerse en manos de un psicólogo, o pedir ayuda a un pastor, o probar la grupoterapia. Desde su punto de vista él no tenía ningún problema. En su opinión la única dificultad estaba en su mujer. Ella tenía unas cuantas alternativas: vivir como una prisionera el resto de su vida, dar un ultimátum para que fueran a ver a un asesor competente, o buscar la ayuda divina y suspender la acción hasta que ella sintiera en su interior un sentido claro de dirección.

Es frecuente que personas emocionalmente opuestas se casen entre sí. Un caso típico fue el de una mujer muy extrovertida, sociable y espontánea, que se casó con un hombre bastante pedante y minucioso. Era un cuidadoso perfeccionista. Es evidente que se habían sentido atraídos porque inconscientemente cada uno de ellos buscaba en el otro las cosas que le faltaba. El envidiaba la espontaneidad de su mujer. Ya que no la podía tener en sí mismo, se casaría con esta cualidad. Si ella no tenía una mente ordenada, metódica y lógica, la adquiriría casándose con alguien que la tuviera. Como es natural todas esas decisiones se toman muy por debajo del nivel de lo consciente.

Al fin ella empezó a sentirse profundamente deprimida. Empezaban a llegar a esa parte de la vida —entre los treinta y cuarenta años— en que la frustración empieza a cobrar su salario. Es en esta época cuando puede desarrollarse un verdadero y genuino crecimiento emocional y espiritual. Los peligros externos se han vencido, pero entonces aparecen con toda su fuerza las necesidades emocionales internas. Con ayuda de un buen asesoramiento ella llegó a comprenderse a sí misma un poco mejor, y así pudo aceptarse tal como era. Un curso de lectura y de consejos la ayudó a descubrir en sí misma insospechados e inexplotados recursos. En unas cuantas entrevistas con el marido, éste llegó a comprenderse a sí mismo y a su esposa. El problema matrimonial de ellos no era grave. Su caso era simplemente cuestión de aprender a comprenderse mejor, y de comunicarse con más efectividad, con la ayuda de un curso de estudio y de asesoramiento.

Una pareja joven, que empezaba a sentir la frustración natural de casi todos los matrimonios, explicó en una reunión cómo habían solventado algunos de sus conflictos. El marido era bastante pasivo, y la mujer dominante, pero los dos intentaban corregir este desequilibrio. Habían hablado en casa sobre el hecho de que ninguno de los dos había visto realizadas sus esperanzas. Acordaron escribir una lista de lo que esperaba cada uno del otro, y se propusieron comentarla una semana más tarde. El dijo:

—La ví tomar notas durante toda la semana. Me sentí aterrado al pensar en las docenas de cosas que me iba a pedir. Sabía perfectamente que nunca sería capaz de satisfacer todas sus necesidades y esperanzas.

El también tomó algunas notas durante la semana, y cuando llegó el momento de la confrontación, intercambiaron las listas. El marido explicó:

—Me quedé atónito al descubrir que ella sólo había apuntado cuatro o cinco cosas. ¡Yo esperaba cientos! Creo que puedo aprender gradualmente a satisfacer todas esas necesidades, y sé que ella se siente capaz de cumplir la lista de mis ilusiones.

Tenemos aquí un buen ejemplo de una comunicación efectiva, en la que se observa un realismo práctico y una gran honestidad para revelar los verdaderos sentimientos. Este tipo de honestidad la habían aprendido en el curso de unas reuniones semanales, con otras ocho o diez personas, en las que se trataba de sentimientos y no de conceptos.

Una causa muy común de irritación se encuentra en el caso de las parejas en que uno es como una lechuza y otro como una alondra. A uno le gusta quedarse hasta ver el último programa de la televisión, y se va tarde a dormir; al otro le gusta acostarse temprano y se despierta a primera hora de la mañana, fresco y pimpante. "¿Cómo se puede resolver un conflicto básico de este tipo?," preguntó una frustrada pareja.

Les conté entonces el caso de un hombre que había escrito a una autoridad en jardinería preguntándole qué había que hacer con las malas hierbas. La respuesta que obtuvo fue: "Aprenda a amarlas."

Si se interpreta bien, esto no es una mala respuesta. Hay que aprender a aceptar un problema determinado si queremos resolverlo. La aceptación no implica complacencia, sino contemplación de la situación como un hecho, sin hostilidad. El problema de las lechuzas y las alondras es simplemente una incompatibilidad básica de personalidad o de metabolismo. Por consiguiente se debe aprender a vivir con este hecho. Hay miles de parejas que lo han hecho. Esto requiere que se eleve el nivel de tolerancia. Hay diferencias humanas con las que se debe convivir. En hombres y mujeres se dan numerosas incompatibilidades emocionales. Cuando uno se enfrenta a un problema de diferencias personales, es evidente que hay que llegar a un compromiso. No podemos obligar siempre a los demás a que se doblen ante nuestros deseos. Sería pueril suponer que todo el mundo está estructurado emocional y temperamentalmente como uno mismo. Tanto si se trata de una cuestión como levantarse temprano o levantarse tarde, de ir a la iglesia, de qué programa de televisión hay que ver, o de preferencias personales de cualquier clase, algo que siempre ayuda es *elevar el nivel de nuestra tolerancia*. Cualquier cosa que hagamos para ser más tolerantes con los demás es un paso en la debida dirección. Entonces estamos más abiertos a encontrar una solución de compromiso.

Nuestro nivel de tolerancia se puede elevar de diversas formas:

1. *Buscando el bienestar físico y emocional*. Una esposa, madre también de varios niños, se unió a uno de nuestros grupos quejándose de molestias que ningún médico podía atribuir a causas orgánicas. Había perdido su interés por la vida, reñía a su marido y a los niños, y en general parecía totalmente frustrada. Investigamos en su rutina cotidiana, y dedujimos que estaba emocionalmente exhausta. Los componentes del grupo le aconsejaron que una vez a la semana saliera de casa sin los niños. Sintiéndose un poco culpable al principio, y con muchas reservas, hizo un arreglo con una vecina para intercambiar el cuidado de los niños una vez por semana. En unas dos semanas empezó a sentirse mucho mejor, y se sintió capaz de enfrentarse a la vida.

Una parte de su curación se debió a la oportunidad de comunicar al grupo sus ocultas frustraciones. Al encontrar un grupo comprensivo, sin espíritu de acusación, en el que ella podía manifestar sus sentimientos, pudo experimentar un inmenso alivio. Cuando descubrió la completa e incondicional aceptación del grupo, fue capaz de aceptarse a sí misma.

2. *Obteniendo nuevos recursos espirituales*. El ser humano está hecho a la imagen espiritual de Dios, y para funcionar debidamente ha de tener comunión con el Creador. Sólo hay una Mente, la Mente divina, y cada uno de nosotros puede utilizar de esa Mente tanto como quiera apropiarse. Esta Mente es universal, cósmica, divina. Jesucristo fue la revelación suprema de esta Mente. "Haya, pues, en vosotros este sentir (mente) que hubo también en Cristo Jesús" es la exhortación del Nuevo Testamento. Cuando sinto-

nizamos, mediante la oración y la meditación, dejamos que esta Mente nos llene y nos dirija. "Porque Dios es el que en vosotros produce así el querer como el hacer, por su buena voluntad" (Fil. 2:13).

Nunca se estableció que una hora de adoración a la semana fuera suficiente para mantener nuestro bienestar espiritual, mental y físico. Además de alguna forma de culto público, hay muchos que se están dando cuenta hoy de que necesitan las reuniones en pequeños grupos donde puedan ser abiertos y sinceros, y aprender nuevas técnicas para enfrentarse a los problemas de la vida mediante el empleo de los recursos divinos.

Otra causa de frecuente irritación es la que una mujer mencionó: su marido siempre llegaba tarde.

—No importa qué es lo que hayamos planeado, o lo temprano que nos preparemos para ir a algún sitio. El siempre tiene algo que hacer en el último momento. Siempre llegamos a nuestro destino de diez minutos a una hora tarde. ¿Qué es lo que le pasa?

Tanto los que compulsivamente han de llegar tarde, como los que siempre han de llegar temprano, muestran una inseguridad básica. Además, puede tratarse de una persona desorganizada. Para complicar aun más el problema puede ser también una persona indiferente a las necesidades de los demás, interesada sólo en sí misma y despreocupada del bienestar ajeno. Esto puede ser un residuo de la niñez, y una incapacidad para aceptar las responsabilidades de un adulto.

Las personas de este tipo gustan de poner a prueba a los demás, como diciendo: "Si de verdad me amas, debes aceptar mi conducta. ¿Hasta dónde estás *realmente* dispuesto a condonar?" De vez en cuando descubrimos que algunas de las personas que compulsivamente llegan tarde son sensibles a la autoridad y perciben la necesidad de ser puntuales como una figura abstracta de autoridad. Por ese motivo se resisten a la autoridad del reloj y de las citas. Se trata de personas excesivamente sensibles a la coerción, que interpretan cualquier esfuerzo en darles prisa como un esfuerzo por controlarles o coaccionarles. Al resistirse de algún modo, tratan inconscientemente de afirmar su autonomía.

El matrimonio no resuelve los problemas personales y no es la cura de los desajustes emocionales. En realidad el matrimonio complica la vida de las personas con problemas emocionales. Es muy raro que un psicólogo o un asesor matrimonial oiga decir a alguien: "No estoy cumpliendo mis deberes, ni satisfago las necesidades de mi cónyuge." Casi sin excepción la queja es en el sentido de que es el otro quien necesita tratamiento.

En realidad no se puede cambiar a otra persona, sea por acción directa o abierta, sea mediante manipulaciones. Se puede llegar a cambiar las *acciones* de otra persona por varios métodos, pero nunca la podremos cambiar fundamentalmente con críticas, consejos o correcciones. La crítica, de hecho, es el peor de todos los enfoques. Todos reaccionamos negativamente a las críticas y tendemos a ponernos a la defensiva. Los contraataques son también frecuentes.

Si se pueden mantener abiertos los conductos de comunicación, se llegará a resolver muchos problemas sin necesidad de llegar a una crisis. No es siempre fácil, sin embargo, mantener la comunicación. Los hombres y las mujeres funcionan en diferentes longitudes de onda, y muy a menudo las conversaciones se atascan en un cenagal de confusión. El problema viene en parte del hecho de que los hombres y las mujeres enfocan las cosas desde puntos de vista diferentes. Esto se puede ilustrar con el comentario de un prominente laico que asistía a una convención religiosa en la que los delegados iban a votar acerca de si se debía permitir el voto a las mujeres o no. El dirigente laico se opuso a que se concediera voto a los delegados femeninos, basándose en que "si uno hace frente a la idea de un hombre, sólo se hace frente a la opinión de ese hombre. Pero si se hace frente a la idea de una mujer, se le hace frente *a ella*".

En esencia, esto es verdad. Las mujeres tienden a tomar las cosas personalmente. Las ideas y las reacciones las hacen pasar por el complicado laberinto de sus propias reacciones. Ellas tienden a vivir en un mundo de personas y sentimientos, en tanto que por lo general los hombres viven en la esfera de las ideas y los conceptos intelectuales. Esto no desacredita en lo más mínimo la capacidad intelectual de la mujeres. Se trata simplemente de que los hombres son más dados a atribuir más importancia a los conceptos e ideas que a los sentimientos.

Uno de los valores inherentes a la experiencia que se obtiene en reuniones de grupos pequeños, es que las mujeres pueden ver cómo funciona la mente de un hombre, y los hombres aprenden algo de las sutilezas del disfraz femenino. La mujer puede descubrir que no está casada con un hombre obstinado, obtuso, incomprensivo y sin interés por su bienestar, sino con un hombre normal, muy parecido a los demás. Por primera vez muchos maridos descubren en esas reuniones que sus esposas no son personas ilógicas y excesivamente emocionales, como habían pensado, sino mujeres con una mente que trabaja en otra longitud de onda.

La conducta de todos nosotros es inmejorable durante el noviazgo y los primeros tiempos del matrimonio. En este período la esposa minimiza los defectos del marido, y aumenta sus virtudes. El hace lo mismo con relación a su mujer. Poco a poco, el lento roce del vivir cotidiano va desgastando la romántica capa de la superficie. La pareja empieza a ser lo que realmente es, y se van destapando las áreas de inmadurez. El amor romántico les forzó a dar lo mejor de sí mismos, pero esto es difícil de mantener en la vida diaria. Cuando la esposa se siente insegura, su necesidad de que se le dedique atención aumenta, pero al mismo tiempo puede ser menos amorosa cuando más necesitada está de amor. Muestra un aspecto de su naturaleza que el marido nunca había visto, y éste puede entonces reaccionar rechazándola, hostilizándola o retirándose en silencio. El marido empieza a ausentarse más de casa, encontrando un escape en el trabajo, en las distracciones o en los amigos. Ella se puede sentir igualmente desilusionada cuando la personalidad de su marido sale a la superficie y se revela muy distante de la ideal.

Una pareja joven y confundida vino a verme para consultarme acerca del lamentable estado de su matrimonio. Hablamos de los síntomas extensamente. Había señales de que él empezaba a retirarse, y de que seguiría haciéndolo hasta llegar al divorcio si la situación no mejoraba. Aunque sus problemas eran tan grandes como los de ella, parecía ser ella la que "apretaba los botones rojos", según expresión del marido. Me di cuenta del profundo sentimiento de inseguridad de la esposa. Casi llegaba al pánico. Decidí entrevistarme con ella unas cuantas veces, dado que las mujeres tienden a cooperar más y por lo general están más dispuestas a aceptar las responsabilidades derivadas del clima emocional existente en el hogar.

Los problemas que ellos tenían no eran graves. Se trataba sólo de algunas técnicas defectuosas por ambas partes. En cuanto de ella se trataba, tanta era su necesidad de seguridad y reafirmación que lo que estaba haciendo era sacar al marido fuera de casa. Su enfoque era completamente equivocado. Le expliqué que el principio de Jesús, "Dad, y se os dará..." (Lc. 6:38), es una ley cósmica y universal, aplicable a cualquier situación. La animé para que empezara a satisfacer las necesidades del marido, en lugar de demandar que él satisficiera las suyas. Una medida concreta fue la de salir a recibirle a la puerta con un saludo cariñoso, en lugar de esperar a que él la buscara por la casa. Se preocupó de encontrar otras formas de dar en lugar de exigir, y puso diligencia en ello.

Al cabo de un mes me informó de que su marido había renunciado a su costumbre de pasarse un día o dos por semana fuera de casa, y que se había vuelto más atento.

—He dejado de apretarle los botones rojos —me dijo—, y he empezado a satisfacer sus necesidades. Ahora parece mucho más dispuesto a complacerme. Esta idea de dar surte efecto.

Más del noventa por ciento de los hombre divorciados se vuelven a casar. Las mujeres divorciadas están igualmente ansiosas de volverse a casar, pero la escasez de hombres casaderos les imposibilita el hacerlo. Concediendo que hay situaciones en que el divorcio es la única solución para una situación intolerable, es deber de la mujer en la mayoría de los casos tener en cuenta el principio enunciado por Jesús. Esto no significa que tenga que convertirse en una esclava martirizada, sino que ella debe buscar una solución positiva. Los lamentos, el tener lástima de sí misma, las tácticas de mártir y las exigencias son recursos inapropiados. Hay pocos hombres que le presten atención a esa táctica. De hecho, los sermones y las amenazas producen casi siempre el efecto contrario. Lo mismo puede decirse de cualquier actitud masculina que la esposa considere reprobable.

Una mujer joven, soltera, explicó en una reunión una experiencia que había tenido en la oficina. Durante el descanso para tomar café sus amigas casadas acostumbraban a contarle las intolerables situaciones en sus hogares. Después de escucharlas durante varios meses, un día rompió a llorar y dijo:

—¡Escuchad! Todas os estáis quejando pero os voy a decir una cosa; os cambio el sitio a cualquiera de vosotras, y os libraré de vuestra desgracia. Yo me rompería la cabeza por intentar comprender a uno de vuestro maridos y hacerle feliz.

Se produjo un largo y pensativo silencio. Aquel fue

el último día en que las mujeres comentaron sus desdichas matrimoniales.

Se empieza el matrimonio esperando una plenitud, pero a menudo se halla frustración. Los rasgos neuróticos que producen la falta de madurez se ven aumentados por el hecho de que el cónyuge tiene otro conjunto de tendencias neuróticas. En lugar de buscar nuestra propia satisfacción, la meta principal debe ser *satisfacer las necesidades del otro cónyuge*. Será así como nuestras propias necesidades serán también saciadas.

No hace falta recurrir a demostraciones para afirmar el hecho de que muchas personas "normales" se casan por razones neuróticas. Tenemos un ejemplo en el caso de una excelente esposa, madre de varios niños. La vida se le hacía intolerable en compañía del hombre con quien se había unido, y durante unos meses estuvimos examinando su problema. Resultaba que sus estrictos padres la habían querido obligar a que eligiera para casarse a un protestante, no bebedor, de familia sin antecedentes extranjeros. Además tenía que ser un graduado universitario, con un buen porvenir. Pero ella se había marchado de casa siendo aún bastante joven y se casó con un caprichoso católico, con antepasados europeos, y tan sólo con una educación secundaria. Era empleado de un bar y mostraba señales de falta de madurez emocional.

Hablando con la esposa dije:

—Puesto que es evidente que busca mi ayuda para divorciarse, me gustaría hacerle una pregunta. ¿Tiene una idea exacta de por qué se casó con este hombre?

—Me lo he preguntado mil veces —respondió— Me gustaría saberlo.

—Vamos a repasar el concepto que sus padres tenían de un marido ideal.

Ella quedó pensativa por unos momentos.

—Mi marido es exactamente al revés, ¿verdad"

—Si. ¿Pero tiene idea de por qué eligió inconscientemente a un hombre que es exactamente lo contrario de lo que sus padres pensaban?

—¿Es esto una rebelión contra ellos? ¿Trataba yo de castigarles de este modo?

—Si, y de afirmar su propio sentido de libertad y autonomía. En realidad estaba diciendo a sus padres: "No quiero vuestra forma de vivir, vuestra rigidez, vuestras exigencias ni vuestro control de mi vida."

—Entonces me casé por razones totalmente neuróticas, ¿no es asi?

Toda su educación se oponía a la idea del divorcio. No obstante, al fin, tuvo que pedir el divorcio, no sin haber intentado antes con valentía mejorar la relación. Pero había estado catorce años intentando lo imposible: conseguir un buen matrimonio con un paralítico emocional e intelectual.

Toda mujer se siente culpable ante la disolución de su matrimonio, aun en el caso de que esté segura de que ha hecho todo lo posible. Desde un punto de vista intelectual puede saber que no es culpable, como sucede en los casos en que el marido es un alcohólico perdido o un criminal; y sin embargo puede sentirse existencialmente culpable. En cierto sentido se pregunta: "¿En qué he fallado?" aun sabiendo que la culpa no es exclusivamente de ella.

El hombre que se enfrenta al divorcio puede sentirse destrozado o angustiado, o también abandonado y rechazado; pero cualquiera que sea la mezcla de sus sentimientos, su quebranto raramente es tan profundo como el de la mujer. Algunas veces, una mujer que haya soportado muchos años de frustración al obtener el divorcio puede expresar un profundo sentimiento de alivio, pero generalmente predomina el sentimiento de culpabilidad y fracaso.

Muchos matrimonios pueden salvarse si ambos cónyuges llegan a aprender la forma de dar satisfacción a los sentimientos del otro. Probablemente es más importante que el marido aprenda la técnica, ya que el hombre tiende a tratar las cosas según conceptos lógicos en lugar de sentimientos. El marido se siente con frecuencia incómodo e incompetente cuando tiene que hacer frente a los diversos estados emocionales de su esposa.

En su trabajo los hombres buscan normalmente soluciones para sus problemas. La mente masculina, al tropezar con un problema, intenta automáticamente encontrar la solución. El marido traslada esta mentalidad al matrimonio, y cuando su mujer está turbada, intenta instintivamente ofrecer soluciones, cuando lo que ella quiere simplemente es seguridad y aceptación de sus sentimientos.

Una mujer dijo:

—El otro día estaba trastornada, y mi marido me dijo: "No debías ponerte así por una cosa tan pequeña." En realidad me estaba diciendo que era infantil, y me sentí rechazada. Lo que yo necesitaba que me dijera era: "Cariño, cuéntame qué te ha pasado", y después de que me hubiera descargado en él, me podía haber dicho: "Sí, ya entiendo por qué te sientes así."

Por lo menos ella habría sentido que él la comprendía. Ella no buscaba soluciones. Simplemente quería una reafirmación de sus sentimientos y el apoyo emocional que le pudiera proporcionar un marido comprensivo. Si los maridos entendieran tan sólo este simple hecho, podrían avanzar mucho en la resolución de las crisis matrimoniales.

Una mujer con cinco hijos declaró que siempre se sentía frustrada, irritada y cansada. Nunca podía terminar el trabajo, y descargaba su frustración en su marido. En un artículo de una revista leyó que los maridos también necesitan amor y atención. El consejo del articulista era: "deje de tener lástima de sí misma y dedíquese a su marido. Por muchas quejas que tenga guárdelas en su interior y busque la forma de agradarle. Mátelo a fuerza de cariño."

La mujer dijo que a veces se había sentido con ganas de matar a su marido, y ahora había decidido hacerlo con cariño.

—Dio resultado —dijo—. Al principio supuso un esfuerzo tremendo, pero muy pronto se dulcificó conmigo, y a mi me fue más fácil quererle.

Al fin consiguieron un matrimonio feliz.

En el capítulo trece de 1 Corintios, el apóstol Pablo, en su majestuosa descripción del amor incluye estas palabras: "El amor nunca deja de ser" (vs. 8). Nunca debe abandonarse la esperanza de mejorar el matrimonio, si no se han aplicado los principios fundamentales contenidos en ese capítulo.

6. Incompatibilidad

*El matrimonio es como una
fortaleza asediada: los que están
fuera quieren entrar, y los que
están dentro quieren salir.*
Anónimo

CIERTA MUJER, que describió a su marido como apático e
incomunicativo, vino a consultarme con vistas al divorcio.

—Mi marido nunca lee nada. Nunca me habla; lo
único que hace es sentarse y mirar la televisión.
Cuando le propongo que hagamos algo juntos, me
responde con un gruñido. La perspectiva de vivir con
un hombre así el resto de mi vida me estremece. He
conocido a un hombre en mi oficina con el cual puedo
comunicarme. Tiene una conversación fascinante. Hemos descubierto que tenemos muchas cosas en común:
interés por la música, libros, deportes. Todo empezó de
una forma muy inocente, y nunca me quería reconocer
que inconscientemente lo estaba comparando con mi
apático y frío marido. Yo tenía hambre de compañía y
de hablar con alguien. Cuando un día me sugirió que
saliéramos a cenar juntos, le di una excusa a mi marido
y me encontré con él en un restaurante. Yo no tenía
más propósito que el de disfrutar de su compañía aquella velada; pero inconscientemente tal vez deseaba algo

más. En fin, nos vimos otras veces, y al final pasó lo que tenía que pasar. Supongo que fue inevitable después de cometer la fatal equivocación inicial de salir con él a cenar. Descubrimos que nos habíamos enamorado.

Esta mujer era una cristiana con valores morales muy elevados, pero en su soledad y aislamiento se había dejado atrapar en una situación que ahora le causaba remordimiento y conflictos internos. Deseaba mi ayuda y consejo. ¿Debía intentar revivir su interés por un marido al que ya no amaba ni respetaba? Se negaba a aceptar la idea de pasar el resto de su vida con una persona tan apática y falta de imaginación; y sin embargo la perspectiva de renunciar a los votos matrimoniales y divorciarse de su marido le originaba toda clase de conflictos internos.

Como es lógico, no existe una solución simple y libre de dolor para un dilema de esta naturaleza. Si uno se abrocha mal el primer botón del abrigo, todos los demás botones estarán mal abrochados. En este caso intervenían muchos factores: su sentimiento de que el divorcio era "malo", y el dolor de imaginar cuarenta o cincuenta años de matrimonio con un hombre con quien virtualmente no tenía nada en común y a quien ya no amaba. ¿Y tendría el otro hombre que ahora le interesaba unos rasgos que a la postre le resultaran a ella igualmente inaceptables?

Teniendo en cuenta todas estas circunstancias, yo le aconsejé que no emprendiera ninguna acción de momento. Le expliqué que Dios se interesaba en cada aspecto de su vida (mental, físico, espiritual, emocional y doméstico) y que hay una promesa bíblica que dice: "Reconócelo en todos tus caminos, y él enderezará tus veredas" (Pr. 3:6). La solución de nuestros problemas la encontraremos cuando busquemos la perfecta voluntad de Dios, pues en ella está nuestra más profunda felicidad. La mayoría de nosotros, al igual que los niños, queremos que se nos complazca al instante, y nos gustan las respuestas rápidas, fáciles, y las soluciones prefabricadas. Pero Dios está interesado en que descubramos nuestra verdadera identidad. El se duele de nuestros dolores y desilusiones, pero nos quiere conducir a una madurez espiritual y emocional. Cuando hemos alcanzado una madurez espiritual, nos damos cuenta, en lo más profundo de nuestro interior, de cuáles son las respuestas a nuestras preguntas. "El que quiera hacer la voluntad de Dios, conocerá..." (Jn. 7:17).

Le dije que si repetía una docena de veces al día: "*Quiero* querer la perfecta voluntad de Dios," a su debido tiempo llegaría a conocer esa voluntad a través de un sentido del deber, de una suave impulsión, de un discernimiento del bien. No obstante, frecuentemente necesitamos comprobar nuestro sentido de la dirección de Dios con un amigo de confianza o con un asesor competente, para estar seguros de que estamos oyendo la voz de Dios y no simplemente la voz de nuestros egoístas deseos.

Al cabo del tiempo, a través de asesoramiento privado y de participar en las reuniones de un pequeño grupo, aquella mujer descubrió que tenía unos rasgos en su personalidad que inevitablemente conducían, pronto o tarde, a que los hombres la rechazaran. Gradualmente comprendió que la verdad era que su marido se había retirado simplemente de algunas de sus características por parecerle reprobables. Sirviéndose del grupo como de un espejo, pudo verse a sí misma claramente por primera vez en su vida. Aquel marido que antes no había dado ninguna muestra de simpatía, empezó a responder ante el cambio que se iba operando en ella, y al fin consiguieron un matrimonio feliz.

Durante un retiro de cuatro días, un hombre me pidió, después de una de las reuniones, si podíamos dar un paseo para hablar un poco. Se encontraba terriblemente deprimido por causa de su matrimonio, y estaba pensando en el divorcio, lo cual podía significar además

el fin de su carrera profesional por una serie de razones.
Sentía una fuerte hostilidad hacia su dominante esposa,
y me describió con bastante detalle cómo ella le domi-
naba a él y a toda la familia. La situación parecía per-
dida. No veía la posibilidad de volver a sentir el más
ligero afecto por su esposa, fueran cuales fueran las circunstancias.

Se trataba de un hombre sensible, más bien pasivo,
y reconoció que nunca había hablado de este problema
con su mujer ni le había comunicado sus sentimientos.
Se mostró de acuerdo en que esto era necesario hacerlo,
independientemente del rumbo que tomara después.
Pocos días después de haber regresado él a su casa, yo
recibí la siguiente carta:

"¡La vieja bruja que dejé aquí ya no existe! Le dije
simplemente lo que me había pasado, y que ya no tenía
miedo de su carácter dominante. Le dije que cuando
ella me abrazaba me daba la impresión de que era un
pulpo, y que se había enfadado porque una bonita
muchacha que ambos conocíamos que había abrazado
en la playa. Le dije que me habían amado, y yo había
amado a muchas personas además de a ella, tanto hombres como mujeres.

"Mientras hablábamos descubrí algunas cosas en
ella que nunca había sospechado. ¡La mujer que me
aterrorizaba, *me* necesita para no tener miedo! ¡Las
cosas han cambiado! No hacen falta los tranquilizantes, ni el miedo, ni el pánico. Sólo el amor."

Una semana más tarde recibí otra carta:

"¡Los milagros no tienen fin! El tigre se ha convertido en un gatito. Ya no es ella la que lleva los pan-
talones en la casa, y ni siquiera lo intenta. La atmósfera
de nuestro hogar se ha vuelto tan tranquila que casi es
increíble. Nos comunicamos el uno con el otro como
nunca lo habíamos hecho. Si alguna vez necesita un
testimonio sobre la efectividad de los grupos personales

reducidos para tratar las heridas de tipo emocional, ¡dígamelo! Soy un creyente convencido en los milagros. Afectuosamente, Enrique.''

Hay muchas causas en la ruptura de los matrimonios, pero la más común es una que nunca se menciona entre las quejas de los que pretenden divorciarse: los dos cónyuges están esperando a que el otro satisfaga sus necesidades.

Pablo y Juanita son un ejemplo apropiado. Pablo era taciturno, plácido e impertérrito, hasta que, como él decía, ''ella aprieta el botón rojo y me hace saltar en una ira devastadora''. Pablo estaba persuadido de que debía reservarse para él sus sentimientos, pero Juanita sentía una gran necesidad de comunicarse a nivel de los sentimientos. Ella le rogaba, razonaba con él, le coaccionaba y por último lo atacaba para conseguir que él expresara sus sentimientos. Por fin él se avino a asistir a las reuniones de un grupo con el fin de aprender a comunicarse.

En una de las reuniones ella manifestó sus quejas, que en resumen eran que él no le prestaba atención y que muy pocas veces le participaba sus sentimientos. El dijo:

—Sabía que esto iba a llegar, y he preparado algunas notas que pueden explicar por qué parezco retraído y desinteresado en cuanto a tus necesidades. Yo también tengo necesidades. Por ejemplo, la semana pasada te dije que debía cenar exactamente a las seis para poder coger el avión. Durante todo el día no tuviste nada que hacer, excepto el trabajo de rutina de la casa, pero la cena se sirvió a las 6:25. Cuando se trata de mí sientes la necesidad de retrasarte, pero observo que nunca te retrasas en las cosas que a ti te interesan. El domingo pasado se produjo otro incidente muy parecido. Te había dicho que después de asistir a la iglesia debía regresar inmediatamente a casa para reunirme con unos señores. Se trataba de una importante reunión que había que celebrar antes del lunes. Había cinco hombres esperándome. Pero tú te quedaste veinte minutos hablando alegremente con unos conocidos en el vestíbulo de la iglesia, a pesar de mi insistencia para volver a casa. Incluso llegaste a decir: "¡Ay, déjame tranquila!" El tercer caso se refiere a tus constantes críticas sobre la manera en que tengo el garaje. No está limpio ni nunca lo estará. Reconozco que está desorganizado, y tengo la intención de que continúe así. No quiero pasarme la vida arreglando un garaje. Si lo quieres limpio y ordenado, eres libre de hacerlo, pero no me interesa si lo haces o dejas de hacerlo.

Al llegar aquí Juanita rompió a llorar. Cuando se pudo dominar dijo:

—Recuerdo que hemos discutido por el garaje, pero no puedo acordarme de los otros incidentes.

—Claro que no —dijo Pablo—. Tienes una necesidad inconsciente de castigarme de esa manera por el fracaso que me atribuyes al no "emocionarme" cuando a ti te parece bien. Pues bien, ahora estoy "emocionado". Estoy sencillamente irritado.

Tenemos aquí un caso muy claro de necesidades incompatibles. Juanita deseaba un marido afectuoso y comprensivo, pero se había casado con un hombre calmoso y sin emociones, que era virtualmente incapaz de sacar a la superficie sus más profundos sentimientos. Ella le exigía que aprendiera a satisfacer sus necesidades, intentando comunicarse en el plano de los sentimientos.

Pablo, por su parte, exigía que ella diera satisfacción a sus necesidades. Ahora bien, como las necesidades de ella no se veían saciadas, inconscientemente Juanita había prescindido de su marido y era incapaz de escuchar o de recordar sus peticiones.

Una situación de este género se puede resolver satisfactoriamente con un acuerdo entre el marido y la mujer para cesar de exigirse cosas el uno al otro, y concentrar sus esfuerzos en *satisfacer las necesidades del otro*. El egoísmo clama: "¡Satisface mis necesidades! ¡Amame! Amame aunque yo sea cariñoso,no sea histérico, o incomunicativo, o imposible." El amor dice: "Déjame que intente satisfacer tus necesidades. Dime qué es lo que quieres o necesitas, y haré todo lo posible por complacerte. Si no lo puedo hacer de inmediato, te explicaré la razón, con toda la paciencia que pueda; pero *intentaré satisfacer tus necesidades lo mejor que pueda.*"

Existen dos necesidades básicas que todo individuo tiene: amar y ser amado; sentirse apreciado. Cualquier cosa que hagamos para satisfacer estas necesidades básicas, es un acto de amor. Si se deja de hacerlo, el resultado será la tristeza, la desilusión, la desesperación, y, a menudo, el divorcio.

Los estudios demuestran que en el cincuenta por ciento de los matrimonios, ya sea por el marido, ya por la esposa, se comete adulterio por lo menos una vez. Una de cada cinco esposas tiene una aventura amorosa, y la proporción de maridos es mayor. Algunos de estos matrimonios terminan en divorcio, pero la mayoría no.

Un marido que llevaba más de treinta años de casado, expresó su parecer sobre este asunto:

—Se puede pensar que mi esposa y yo llevamos un matrimonio feliz, pero por mi parte no puedo decir que sea muy feliz. No creo que la haya perdonado completamente por su infidelidad. He hecho todo lo posible por perdonarla, y a veces creo que lo he conseguido, pero de tanto en tanto vuelve a aparecer el antiguo sentimiento.

—¿Qué clase de sentimiento? —pregunté.

que no quiero saber nada de ella, o tal vez, una resistencia a establecer una cariñosa relación con ella.

—¿Ha hablado con ella sobre la cuestión de su infidelidad?

—Sí, y desde luego ella lo negó, pero no le creo. Había demasiadas pruebas en sentido contrario Y además de la aplastante evidencia, hubo un largo período de tiempo en el que ella se esforzó en informarme de sus idas y venidas, aunque yo nunca le preguntaba nada; pero al mismo tiempo dejaba traslucir una actitud furtiva que claramente contradecía la aparente normalidad de sus actividades. Ella supervalora su habilidad de actriz, e infravalora mis facultades de observación. No se da cuenta de lo transparente que es.

—¿No podría ser que usted fuera un poco paranoico, demasiado desconfiado?

—He pensado mucho en esa posibilidad, pero siempre me he encontrado abocado a las pruebas. Ella guarda los secretos muy mal. Sus esfuerzos para engañarme son casi ridículos. Al final dejó de interesarme, y me despreocupé de si tenía una aventura o no. Lo que me sorprendió es que dejara de preocuparme. Seguimos viviendo como antes; pero si un día hubiera llegado a casa y la hubiera encontrado apasionadamente abrazada a otro hombre, fuera extraño o amigo, no me hubiera importado nada.

Le pregunté:

—¿Será tal vez su pasividad la que se interpone para resolver la cuestión? ¿Le cuesta trabajo hablar de sus sentimientos con su mujer?

—Sí, hasta cierto punto me cuesta trabajo. Lo he intentado una o dos veces, pero nunca consigo nada. Jamás reconocerá que ha hecho algo malo. Yo podría perdonarla y continuar como siempre, si ella fuera sincera. Pero tal como están las cosas, nuestro matrimonio es de tercera o cuarta clase No es que sea completamente desgraciado, pero me gustaría tener una relación en la que no hubiera nada que tapar. Ella, por su parte, se siente inmensamente feliz. Disfruta de todas las cosas materiales que una mujer puede desear, y tiene un marido razonable y atento. Cuando de vez en cuando discutimos sobre este doloroso tema, ella gana la batalla; pero ya hace mucho tiempo que perdió la guerra.

—¿Por qué perdió la guerra?

—Porque ya no tengo un interés verdadero en ella, como no sea en cuanto ser humano. Siento por ella lo que podríamos llamar un amor cristiano; pero afectó no.

—¿Qué podría hacer yo para ayudar a resolver esta situación?— pregunté.

—Ya ha hecho algo. Ha escuchado la confesión de mi sentimiento de culpabilidad, culpabilidad porque no puedo amar a mi mujer como me gustaría hacerlo; culpabilidad porque no tenemos una comunicación, como no sea: "hay que cortar el césped;" "hay muchos pájaros en el jardín;" "tenemos que pagar unas facturas dentro de unos días", y cosas mundanas de este tipo. Pero ahora me siento mejor por haber hablado de todo esto. Gracias.

La idea de un matrimonio de tercera o cuarta clase, según su evaluación, es típica de muchos matrimonios. Si cambiamos un poco el escenario y alteramos ligeramente los detalles, tendremos una imagen de millones de matrimonios que exteriormente parecen tranquilos, pero que en realidad carecen de los ingredientes básicos de un matrimonio verdaderamente satisfactorio.

Los maridos y las mujeres tienen aventuras amorosas por diversas razones. Hay hombres y mujeres que piensan que deben tener la aprobación, el amor y la conquista de otros, para asegurarse a sí mismos que son atractivos. El triunfo les proporciona un placer temporal.

La esposa que cree que su marido está envuelto en una aventura ilícita, puede sentir la tentación de vengarse para demostrarse a sí misma que no ha perdido su atractivo. El hombre puede estar motivado por la misma razón.

Un aspecto a veces olvidado en esta cuestión de las aventuras ilícitas es el que se refiere a la necesidad consecuente de autocastigarse. Las personas que tienen una conciencia bien desarrollada encontrarán la forma de castigarse por sus malas acciones. El autocastigo es un proceso completamente inconsciente y puede adoptar la forma de tendencia a tener accidentes, o a tener síntomas de enfermedades físicas o emocionales. Es evidente que hay muchas causas para el masoquismo, como también se denomina al autocastigo o necesidad inconsciente de expiar una culpa mediante una enfermedad o un desastre.

Muchos accidentes automovilísticos están innegablemente relacionados con la necesidad inconsciente de algunos individuos de buscar un castigo de sus malas acciones. Nadie puede saber por qué una persona llega a elegir inconscientemente sufrir un accidente, mientras que otra prefiere castigarse mediante una enfermedad física o emocional, pero la evidencia es incontrovertible. De una forma u otra tenemos la tendencia a castigarnos por nuestras malas obras. A veces un grave accidente, o una sucesión de accidentes leves, o una temporada de pequeñas enfermedades, bastará para hacer que el sistema judicial interno sienta que el pecado ha sido "pagado", por lo menos temporalmente.

El cristiano, que cree que sus pecados han sido pagados, y que puede experimentar un intenso sentido del perdón de Dios, no experimentará una necesidad inconsciente de castigarse a sí mismo; pero por desgracia, lo que la mente cree no lo recibe siempre el alma. He observado un increíble número de situaciones en las que creyentes verdaderamente firmes han sobrellevado durante años su propio castigo por una culpabilidad sin resolver. Esta persona sabe que ha sido perdonada por Dios, pero no puede perdonarse a sí misma, y en consecuencia siente la necesidad de expiar su culpa castigándose ella misma.

Débora vino a consultarme acerca de su situación conyugal. Era una mujer joven, atractiva y vivaz. Me describió a su marido como persona inteligente, ambiciosa y atenta, pero poco interesante. O por lo menos le parecía ahora poco interesante, si lo comparaba con el hombre de quien se había enamorado.

El "otro hombre", a quien llamaremos Gilberto, tenía treinta años más que ella, pero significaba la realización de todos sus sueños. Traté de investigar la relación que ella había tenido con su padre, pero en aquel momento ella no tenía otro interés emocional que encontrar la forma de abandonar a su marido sin herirle, ¡y casarse con Gilberto sin herir a su mujer! Entre las dos familias había siete niños. Esta apasionada aventura amorosa duraba desde hacía varios años. En nuestras entrevistas le hice ver que la única solución posible era terminar con aquella relación ilícita e intentar reconstruir su matrimonio. Pero Débora no podía aceptar esta solución y dejó de venir a verme.

Seis meses más tarde me telefoneó para pedirme una entrevista. No hubiera imaginado un cambio tan grande en ella. Parecía decaída y sin fuerzas. Había perdido mucho de su encanto y vitalidad. Era evidente que estaba al borde de un colapso. En nuestra conversación pasamos revista a las opciones que habíamos examinado antes. Entre otras cosas le dije:

—Con sus convicciones morales y su trasfondo cristiano, si abandona a su marido y a sus hijos creo que el resultado inmediato será que buscará la forma de castigarse a sí misma. O bien sufrirá un derrumbamiento emocional, o tenderá a sufrir accidentes, o buscará alguna otra manera de castigarse.

Ella quedó sorprendida:

—Precisamente he tenido hace poco un accidente y he destrozado el coche. Estoy como para que me lleven a un sanatorio mental.

—Si quiere salir de este conflicto —le dije—, y si quiere seguir viviendo, su única solución es romper esa relación. Sé que será doloroso, pero es su única esperanza.

A la semana siguiente vino con Gilberto, y delante de él volví a decir aproximadamente lo mismo: que aquella relación estaba destrozando a Débora y que si la amaba, debía renunciar a ella. Para los dos fue un momento doloroso, pero al fin él se mostró de acuerdo en no volverla a ver; Débora también aceptó, con lágrimas en los ojos, renunciar a él a fin de sobrevivir.

En aquellas circunstancias no la hubiera podido convencer apelando a sus valores morales y espirituales. Intelectualmente me podía entender, pero su necesidad emocional de tener un amante era tan grande que había perdido todo contacto con los valores morales que había tenido toda su vida. Estaba fuera de toda duda que aquel amor brotaba de una necesidad neurótica, por lo que se refería a ella. Débora intentaba recuperar a su padre, y Gilberto intentaba volver a su juventud.

Hay muchas mujeres que tienen que sufrir una indescriptible agonía cuando descubren que se han casado con un alcohólico. Por lo general estas mujeres se ven desgarradas entre el deseo de ayudar a su marido a resolver su problema y así salvar el matrimonio, y el conocimiento de que tal tarea es casi imposible. Sólo un pequeño porcentaje de bebedores habituales está dispuesto a reconocer que es alcohólico. El alcohólico tiene un gran interés en mantener el mito de que puede abandonar la bebida cuando quiera. He conocido a hombres que se han estado emborrachando casi cada día durante diez o veinte años, y que sin embargo rehusaban aceptar el hecho de que eran alcohólicos y necesitaban ayuda. La experiencia y los descubrimientos de la organización "Alcohólicos Anónimos" demuestran que no se puede ayudar a un alcohólico a menos que éste dé un importante primer paso: reconocer que es alcohólico y que no puede salvarse a sí mismo. El siguiente paso, como es lógico, consiste en solicitar la ayuda de "Alcohólicos Anónimos" o de cualquier otra organización competente.

La ridiculización, la represión, el consejo, las lágrimas, las recriminaciones y las amenazas son esfuerzos baldíos para corregir a los alcohólicos. En realidad es incapaz de ayudarse a sí mismo. Su problema fundamental no es el alcoholismo, sino que éste es un síntoma de una grave dificultad emocional o espiritual. Aun en el caso de que por una milagrosa acción de su fuerza de voluntad pudiera dejar de beber por sí mismo, seguiría teniendo el problema de personalidad que le empujó a beber la primera vez. Los alcohólicos son fundamentalmente pasivos y dependientes, con profundos sentimientos de inferioridad y de culpabilidad. Los sermones y las amenazas no hacen sino complicar aún más su sentimiento de culpabilidad. La mujer que está casada con un alcohólico sólo puede esperar una solución si su marido decide enrolarse a una organización antialcohólica y persevera en sus contactos con ella. Estos casos son raros, aunque hay algunas excepciones.

Es frecuente que una mujer se case con un hombre de tendencias alcohólicas debido a su pasividad y blandura. Esta blandura suele desaparecer cuando llega borracho a casa. Cuando se despeja vuelve a ser "el de antes", y promete que nunca más volverá a beber, con lo cual la esposa se siente temporalmente animada. Cuando la experiencia se repite una y otra vez, la esposa se ve ante la necesidad de liberarse de una situación intolerable, lo cual implica abandonar a su marido. Esto la hace sentirse culpable. También puede optar por continuar así y aceptar sus abusos o negligencias. Ninguna de las dos cosas es muy atractiva. Es un axioma que un alcohólico no pedirá ayuda hasta que "toque fondo", lo cual para algunos puede ser el despido del trabajo, para otros el derrumbamiento del hogar o la pérdida de los amigos, y para otros la pérdida de la salud. Cada persona tiene un "fondo" distinto.

La mujer de un alcohólico tiene estas alternativas:

1. Continuar viviendo con él y aguantar los abusos y las privaciones; criticarle y sermonearle, y convencerse de que las posibilidades de curación en estas cir-

cunstancias son mínimas. Las mujeres de este tipo suelen ser fuertemente masoquistas.

2. Dejar bien sentado que a menos que él se ponga
en tratamiento y busque la ayuda de una organización
antialcohólica, ella le abandona. Esto no debe hacerse
en tono de amenaza, sino de simple anuncio, y ha de
cumplirse lo que se dice.

3. Seguir viviendo con él y resolver sus propios
problemas.

Emilia hizo esto último de una manera sorprendente. Durante varios años fue adicta a la grupoterapia,
tratando de descubrir su propia identidad. Llegó a la
conclusión de que era, según expresión propia, "distri-
buidora de masoquismo en la Costa Oeste; coleccio-
nista de injusticias de primera clase". Descubrió que se
había casado en realidad por una necesidad de ser casti-
gada. En el transcurso de su renacimiento espiritual
consiguió la suficiente fortaleza emocional como para
decir: "Mi problema fundamental ahora no es si mi
marido se cura o no. Mi oración es que se cure. Pero yo
lo voy a resistir tanto si lo hace como si no. Ya no le
reprendo; casi siempre consigo dominarme para no
reaccionar a los abusos que comete cuando está
borracho.

Se había convertido en una persona fuerte y con-
fiada que prefirió seguir viviendo con un marido
alcohólico, pero no por una inconsciente necesidad de
recibir un castigo, sino por la vana esperanza de salvar
ella misma a su marido.

Pero Aída estaba casada con un hombre atractivo e
inteligente. Un día descubrió que su marido estaba muy
enredado con una mujer de la vecindad. Le perdonó y
resolvió no volver a mencionar aquel asunto nunca
más. En el transcurso de los diez años siguientes el
marido tuvo otras nueve aventuras con distintas mujeres. Todas estas aventuras eran en realidad un esfuerzo
por demostrarse a sí mismo que era deseable y masculino. Después de estos diez años, en los que además

este hombre experimentó dos brotes psicóticos. Aída pidió el divorcio. Llegó a este extremo después de haberle dado todas las oportunidades para que cambiara, y después de haber agotado las posibles soluciones a su problema.

Una mujer vino a verme en cierta ocasión, haciendo un esfuerzo por resolver el problema que se erguía ante ella. Estaba casada con un hombre que no se interesaba más que por su trabajo. Tenían muy poco o nada en común.

—Ni siquiera estoy segura de si le amaba cuando nos casamos —me dijo—. Desde luego yo creía que le amaba.

Ahora, diez años y cuatro niños después, ella le había dicho que quería divorciarse. El se quedó boquiabierto. A su entender su matrimonio era feliz. Pero ella no tenía el más mínimo interés en intentar una reconciliación. No lo amaba y no deseaba saber nada de él. No quería herirle, y la atormentaba el hecho de tener que privar a sus hijos de su padre. No se trataba de que él la maltratara. Era simplemente que se había casado con un hombre a quien no amaba, y ahora lo tenía que reconocer. Esta es una de esas tragedias en las que todos reciben profundas heridas, y que no parecen tener solución.

Las investigaciones demuestran que aproximadamente un cincuenta por ciento de los varones adultos entre las edades de veintiuno y cincuenta, son o han sido sexualmente permisivos. La mujer normalmente lo explica diciendo que estaba "enamorada" y se niega a admitir que sea sexualmente permisiva. El Congreso de las Naciones Unidas sobre la Prevención del Crimen y Tratamiento de Criminales señala que las mujeres dadas a la promiscuidad sexual se dividen en dos categorías. En la primera categoría está la que tiene una hostilidad inconsciente hacia el sexo opuesto, y pretende "conquistar" al hombre a través de las relaciones sexuales, con el fin de descargar su hostilidad y al mismo tiempo convencerse de su atractivo. En la segunda categoría, sigue diciendo el informe, está la mujer masoquista, que "permite" que la seduzcan y luego se revuelca en su propia culpabilidad y sufrimiento.

Existen, no obstante, otras variantes. Ciertas mujeres exageradamente permisivas buscan inconscientemente el amor que les fue negado en sus hogares durante la infancia. Sin embargo, la repetición de las aventuras ilícitas nunca consigue aliviar de forma permanente el dolor de haber recibido muy poco amor en la niñez. Este tipo de mujer necesita aprender el modo de dar y recibir un amor maduro. Debe aprender a aceptarse a sí misma, a gustarse tal como es, y a amarse debidamente. Esto no se puede hacer fácilmente y con rapidez, pero se puede lograr con paciencia.

Se puede afirmar dogmáticamente que la mujer que hace ostentación de su sexualidad, la mujer sexualmente permisiva y la ninfomaníaca, son inconscientemente hostiles a los hombres, y al propio tiempo dudan de su feminidad. Lo mismo puede decirse de los hombres que se permiten una sucesión de aventuras y experiencias sexuales y experimentan la necesidad de conquistar a las mujeres. Tienen profundas dudas acerca de su masculinidad, y temporalmente se calman un poco después de cada conquista. Estas personas son paralíticos emocionales y espirituales, y necesitan ayuda. Rechazarlos como "inmorales" o considerarlos como desechos sería ir contra el ejemplo de Jesús. A una de ellas le dijo: "Ni yo te condeno, vete y no peques más" (Jn. 8:11). Refiriéndose a otra dijo: "Sus muchos pecados le son perdonados" (Lc. 7:47).

Cada situación es diferente, pero hay muchos casos en los que el marido o la mujer se han enredado en aventuras extramatrimoniales debido a que el otro cónyuge era demasiado dominante o demasiado indiferente. Una mujer que no se siente amada o que sabe que no se le da valor, se vuelve más susceptible a los encantos de otro hombre que, por su parte, se sienta dominado por su mujer.

En uno de los raros casos en que un marido y una mujer han venido juntos a visitarme en la primera entrevista, el marido se quejó de que su joven esposa no parecía tener madurez emocional.

—Si no consigue lo que quiere se pone a llorar; se marcha de casa y se pone a dar vueltas por la ciudad en el coche hasta las tres de la madrugada, y luego viene a casa llorando; otras veces me amenaza con dejarme y volver con su madre.

La mujer se quejaba de que él desaparecía los fines de semana sin decirle a dónde iba, y sin invitarla nunca.

Después de entrevistarme con ellos por separado un par de veces, empecé a citar a la esposa a intervalos semanales. Lejos de ser una mujer inmadura como yo había esperado, demostró ser una persona muy inteligente que sencillamente no sabía qué hacer para llamar la atención de su marido. No tenía ningún defecto emocional profundo, y procedí a darle algunos consejos pertinentes para convivir con un hombre.

—Usted está sacando a su marido de sus casillas, y posiblemente lo eliminará de su vida, con esos aspavientos y amenazas

Reconociendo que él tenía la misma responsabilidad en mantener el matrimonio intacto, le hice ver que la esposa tiene más que ganar de un buen matrimonio, y más que perder de uno malo. La insté a que saludase a su marido con un beso cuando llegase a casa, y que buscara la forma de agradarle en lugar de reprenderle.

—Para llegar a cambiarle —le dije—, tiene que emplear el amor, y no las amenazas y las reprimendas.

No había pasado un mes cuando ella me informó que su vida matrimonial había mejorado y todavía seguía progresando. Más adelante me dijo que no podía existir una relación más feliz que la de ellos. Había cesado simplemente de poner exigencias, y había empezado a manifestar el amor de forma que su marido pudiera comprenderlo.

La solución no es siempre tan simple. A veces hay defectos emocionales que tienen su origen en la niñez, o sea, acontecimientos traumáticos que han dejado huellas en forma de conductas neuróticas. Algunas de estas situaciones sólo se pueden resolver a base de un intenso tratamiento.

Las mujeres que intentan doblegar a sus maridos, o los maridos que intentan cambiar a sus mujeres, están destinados al fracaso. Cuando el individuo ha llegado a la edad de contraer matrimonio, los moldes de la personalidad ya están formados. Se pueden conseguir cambios superficiales; se pueden alterar algunas actitudes fundamentales, pero la personalidad básica quedará más o menos igual. Ahora bien, prácticamente todos los matrimonios pueden mejorarse si el marido y la mujer se esfuerzan.

Por ejemplo, una joven pareja me consultó acerca de un problema matrimonial que, a primera vista, parecía bastante insignificante, y que sin embargo amenazaba con amargar su matrimonio. Ella tenía la sensación de que estaban viviendo más allá de sus posibilidades, en una zona que era "demasiado buena" para ellos, y su marido no quería hacer caso. Además ella insistía en que él no estaba administrando el dinero con prudencia. El no tenía ninguna queja en concreto, excepto que ella le hacía sentirse culpable cuando se compraba un equipo estereofónico o un magnetofón.

Mientras ellos hablaban en mi despacho pude observar que, por primera vez, eran capaces de expresar sus verdaderos sentimientos. Ella se había criado en una zona pobre de la ciudad y tenía un "complejo de pobreza"; se sentía culpable de vivir en una casa que, sin embargo, podían mantener. Se puso también en claro que podían permitirse la compra de los objetos que su marido adquiría para la casa.

—Pero necesitamos cosas para los niños en lugar de esos lujos —dijo ella.

El quedó sorprendido:

—Cómpralas. Te he dicho una docena de veces que compres lo que quieras. Tú sabes dónde está el talonario.

Ella se quedó asombrada:

—Creo que nunca te he hecho caso —dijo.

Su complejo de pobreza la había vuelto literalmente sorda a la insistencia de su marido de que comprara lo que necesitara.

La incapacidad del marido en comunicarse representaba otro problema, pues él había aprendido a dominar todas sus emociones. Su mujer dijo:

—Nunca sé si está contento o triste, a gusto o disgustado. Creo que ni siquiera lo conozco. Nunca trasluce ninguna emoción.

El empezó a comprender que un matrimonio feliz supone el intercambio de sentimientos y no sólo de ideas, y que al reprimir todos sus sentimientos estaba cerrando las puertas de su vida a su mujer. Se mostró conforme en solucionar este problema mediante el asesoramiento y otros medios, y ella empezó a desembarazarse de su antiguo complejo de pobreza. Esto requiere tiempo, pero el hecho de que ambas partes se esfuercen significa que con toda seguridad podrán conseguir un matrimonio muy satisfactorio. Ella temía que la falta de comunicación y los diferentes criterios acerca de cómo se había de emplear el dinero acabarían por destrozar el matrimonio. En realidad sus problemas eran leves, pero hacía falta sacarlos a la luz.

Yo había pensado que Carolina y Jacobo eran un matrimonio feliz. El era un agradable hombre de carrera de unos treinta años. Ella era dulce, tranquila y más bien pasiva. Tenían varios hijos, y desde todos los puntos de vista parecía ser un matrimonio más feliz de lo normal.

Un día, de repente, Jacobo le dijo a Carolina que estaba enamorado de una joven divorciada y que tenía la intención de casarse con ella. Quería divorciarse de ella. No tenía quejas ni recriminaciones de ningún tipo contra ella. Se trataba simplemente de que se había enamorado de otra mujer. Hablaron francamente de lo que el divorcio suponía para ella y para los niños, pero la inevitable realidad seguía siendo que él quería casarse con la otra mujer. Ningún hombre puede imaginar lo sola que una mujer se siente cuando ha sido abandonada por el hombre a quien ama. Ella estaba destrozada.

Carolina vino a verme unas cuantas veces, y a la tercera visita percibí, a través de su angustiada incertidumbre, una cualidad que no había mostrado hasta entonces. Se trataba de una insospechada fortaleza que ni ella ni yo imaginábamos que poseía. La cualidad de "niña pequeña" que había en ella quedó desplazada por una madurez forjada por el dolor y la determinación. Se sentía herida pero no irritada, pues no tenía una personalidad hostil. En su corazón no había lugar para condenar a su marido, a pesar de que él se marchó de casa y puso en marcha los planes del divorcio. Tampoco atacó o criticó a la otra mujer. Gradualmente se transformó en otra persona, dispuesta a enfrentarse con la vida si hacía falta, y a soportar la desintegración de su hogar si era necesario, pero al mismo tiempo dando un notable ejemplo de seguridad y fortaleza cuando hablaba con Jacobo acerca de lo que estaba haciendo consigo mismo, con ella y con los niños.

Se ha dicho a menudo que no puede haber cambios importantes en la personalidad si no es como resultado de haber experimentado tensiones y sufrimientos. Esta verdad quedó demostrada en el caso de Carolina y Jacobo.

Durante aquellos meses de penoso examen Carolina empezó a darse cuenta de que, inconscientemente, Jacobo había estado necesitando una esposa que no fuera una muchacha pasiva, sino una persona con más energía y aplomo. Como resultado de la lucha de ambos por hallar una solución, ella, gradualmente, llegó a ser esta persona. Con el paso del tiempo, la determinación que Jacobo había tomado de pedir el divorcio se debilitó. Antes de un año, aproximadamente, ya estaba de vuelta al hogar. Comenzó un nuevo y delicioso capítulo de sus vidas. El suyo es ahora un matrimonio mucho mejor que el de antes, pues ambos han experimentado una transformación. Difícil sería señalar el preciso instante en que el cambio se inició, o qué es lo que produjo la reconciliación, excepto que mediante una acertada orientación conyugal y al lograr establecer comunicación personal más profunda, se produjo en ambos una mejora y un crecimiento realmente dramáticos.

7. Casi todos los matrimonios pueden mejorar

*Es un poco menos difícil gobernar
una familia que gobernar un reino entero.*
Montaigne

NO HAY DUDA que algunos matrimonios ya estaban con-
denados al fracaso desde el principio. Hay individuos
cuyas personalidades básicas son tan fijas e inflexibles,
o cuyos hábitos son tan neuróticos, que es difícil imaginar que lleguen a una relación matrimonial satisfactoria con persona alguna.

Sin embargo, casi todos los matrimonios admiten
mejora, y la inmensa mayoría de los divorcios podrían
prevenirse mediante un curso de orientación adecuado
o por medio de la terapia de grupo. Las personas que
esperan que el matrimonio resuelva sus problemas de
personalidad están condenadas al fracaso. En realidad,
el matrimonio intensifica las tendencias neuróticas.

Uno de los problemas comunes que se encuentran
en el matrimonio es el de tener que definir "las esferas
de influencia". Desde luego, hay muchas variantes,
pero en un hogar típico la esposa puede tener a su cargo la responsabilidad concreta y definitiva de la casa,
los muebles, el trabajo del jardín, la cocina, y la
responsabilidad cotidiana de los niños. En lo referente

a lo que constituye "el nido", la esposa normalmente deseará dar expresión a sus propios gustos en cuanto a los muebles y otros artículos del hogar, pero querrá tener además la aprobación del esposo. Si éste demuestra una relativa indiferencia, ella percibe esta actitud y la toma como un rechazamiento de sí misma, ya que el hogar es una extensión de su personalidad. Si él insiste en tomar las decisiones finales en asuntos concernientes a la selección de muebles u otros detalles del hogar, la esposa experimentará una sensación de pérdida de identidad. Sentirá hostilidad o bien frustración. Si reprime su enojo, puede llegar a sufrir depresión mental.

Una joven pareja que discutía conmigo sus planes de boda mencionó el hecho de que ya habían seleccionado el mobiliario. Les pregunté cómo llegaron a la decisión de adquirir el particular estilo de muebles que habían escogido. Ella era de una personalidad tranquila, afable y poco deseosa de salirse con la suya, y cedía constantemente. Él, un poco más agresivo, dijo:

—Bueno, el tipo de muebles que ella deseaba hubiera sido bonito, pero yo estaba pensando en algo más duradero, y finalmente nos decidimos por un tipo de muebles robusto que resistirá el paso de los años.

Le pregunté a ella si estaba contenta de lo que habían escogido. Ella insistió en que le parecía muy bien, y creo que así era... en aquel entonces. Estaba profundamente enamorada y tenía el instintivo deseo femenino de agradar a su marido.

Pero el caso es que ella va a pasar muchísimo más tiempo mirando esos muebles que su práctico marido escogió. Cada vez que les quite el polvo se acordará que fue él, y no ella, quien los escogió; con el tiempo, tanto si lo reconoce conscientemente como si no, llegará a detestar el robusto mobiliario que él escogió. Proyectará su frustración sobre él, ya sea directamente o de alguna manera sutil; o bien, si es de temperamento masoquista, dirigirá su hostilidad hacia sí misma y llegará a sufrir de algún síntoma físico o emocional.

Por mi parte, yo les dije:

—Hallarán ustedes mayor felicidad si consiguen fijar sus esferas de influencia. Por ejemplo, si la esposa puede tener el poder de decisión en las cosas del hogar, y el marido puede ejercer su discreción en las cosas de su trabajo, del coche, de las finanzas, quizá logren tener menos conflictos. Estas zonas de influencia pueden variar según las parejas, pero debemos evitar el imponer nuestra opinión uno al otro en demasiados aspectos.

Una mujer que se ve privada del derecho de ejercer su propio juicio en cosas que tocan al hogar puede llegar a experimentar una definida pérdida de su sentido de identidad. No tiene demasiada importancia que sea él o que sea ella quien tenga mejor gusto. Ella debería tener la última palabra en lo concerniente a las cosas del hogar que para ella sean de vital importancia. Esto, por ejemplo, puede incluir el trabajo del jardín, si es que le gusta. Conozco un hogar en que al marido le encantaba el trabajo de jardinería y la esposa quedó muy satisfecha cuando asumió la total responsabilidad del jardín. Incluso se alegraba al ver su amor por las flores, y no lo consideraba como una intrusión en sus dominios.

A mí, particularmente, nunca me ha gustado la jardinería. De hecho, la detesto; pero, por alguna razón, quizá parte de una forma sutil de masoquismo, me he estado ocupando del jardín durante los primeros veinte años de mi matrimonio. Un día, súbitamente, me di cuenta de la absoluta estupidez de que yo me encargase del jardín siendo lo cierto que odiaba cada minuto que pasaba en él. Entonces le dije a mi esposa:

—De ahora en adelante quedas encargada del trabajo del jardín. Como sé que te gustan algunos aspectos de este trabajo, puedes hacerlo tú misma; si no es así, puedes tratar una persona que lo haga. Yo he terminado. Se trata de una extensión de la casa y te la cedo toda.

Y así ha sido desde entonces. No llegamos a la decisión después de prolongadas discusiones. Fue una decisión unilateral, pero desde luego yo ya sabía que ella no la consideraría inaceptable. Quedó muy contenta y satisfecha de encargarse de su nueva responsabilidad.

Ganar el sustento familiar es responsabilidad fundamental del marido, aunque en nuestra actual civilización millones de mujeres trabajan con el objeto de aportar un suplemento al ingreso familiar, o porque desean tener alguna actividad fuera de casa. Sin embargo, cuando una mujer casada toma un empleo, rara vez lo hace como un fin, sino solamente como un medio. Es posible que desee ayudar a pagar la hipoteca o bien ahorrar pensando en la educación de los hijos o en comprar muebles extra.

Dado que el aspecto financiero del matrimonio es primariamente, cuando no exclusivamente, responsabilidad del varón, el marido es generalmente quien maneja las finanzas. Hay maridos que sirven para esto y otros que, francamente, no. He conocido esposas que se sienten superiores a sus maridos en este aspecto y que fijan un presupuesto rígido y conceden a sus maridos una suma concreta para el gasto de comidas fuera de casa, recreo y gastos personales. Había una esposa de éstas que en efecto era más práctica en el manejo del dinero que su marido, pero llegó a comprender que su marido estaba experimentando un sentimiento de pérdida de masculinidad. Había sugerido varias veces en plan de tentativa, encargarse de nuevo del talonario de cheques, pero sus desastrosas actuaciones en el pasado hacían que ella vacilase en acceder. Vino a consultarme y me preguntó:

—¿Debo permitirle que se encargue de nuevo de esto?

—Usted habla como una mamá que me pregunta si debería permitir que su hijo adolescente use el coche de la familia —le respondí—. Si él desea intentarlo de nuevo. ¿por qué tiene que preguntárselo a usted? Usted está representando el papel de mamá y él está actuando como un chico.

Con ciertas vacilaciones ella le devolvió el talonario de cheques pocos días después diciéndole:

—Estoy harta de este lío. ¿Por qué no te encargas de esto?

Luego instaló el talonario y las facturas en el cajón de su marido. Este lo aceptó sin darle gran importancia y desde entonces procedió a efectuar una tarea digna de encomio, excepto que de vez en cuando se atrasaba en el pago de las cuentas por dos meses o más tiempo.

—¿Qué voy a hacer si sigue olvidando las facturas de esta manera? Podemos llegar a quedarnos sin crédito —preguntó la esposa.

—¿Cómo va usted a descubrirlo jamás si no se abstiene de entremeterse y de molestarlo? Si su formación en este aspecto ha sido defectuosa, ya es hora de que aprenda a convertirse en un varón responsable. Sin embargo, si llega el momento en que se ve en apuros y de veras desea que usted vuelva a encargarse de esta responsabilidad, y usted lo hace a petición suya, será otra cosa.

En cierto hogar con varios hijos había desavenencias sobre el asunto de que las medidas disciplinarias eran demasiado severas. En uno de los incidentes típicos del hogar, la madre envió a una de las hijas adolescentes que se retirase a su habitación. Ella, resistiéndose apeló con los ojos llenos de lágrimas a su padre, que ella creía se pondría de su parte, pero él le dijo: Cariño, creo que tu madre quizás ha sido un poco dura contigo, pero eso es lo que ella ha dispuesto. Tendrás que hacer lo que ella dice. No tengo la intención de hacer nada en contra de sus decisiones. Poco después su madre se apaciguó y llamó a su hija para que bajase al comedor y se uniese al resto de la familia. Todo terminó en calma.

De modo parecido, cuando el padre ordenaba algo al parecer excesivamente severo, y los hijos apelaban a la madre en busca de simpatía y apoyo, su respuesta era que papá lo había decidido así y que tendrían que resolverlo con él. Este tipo de método impide que los padres sean usados el uno contra el otro. A veces el hijo se aprovechará cuando hay un conflicto pendiente entre la madre y el padre. Si percibe un resentimiento latente entre ellos, el niño puede apelar al uno y obtener su apoyo, con lo cual en un sentido uno de los progenitores hostiliza al otro.

En un matrimonio típico hay fuentes innumerables de conflicto, pero el común denominador para obtener una relación satisfactoria entre los cónyuges es que ambos busquen la madurez espiritual y emocional. En la obtención de estas metas hay ciertas presuposiciones básicas que hay que tener en cuenta:

Primeramente, no hay nadie que pueda satisfacer todas las necesidades de uno. Cada uno de nosotros es una persona polifacética, y esperar que otra persona se adapte a cada uno de nuestros estados de humor, satisfaga cada una de nuestras exigencias y atienda a cada una de nuestras necesidades, es simplemente carecer de realismo. No hay dos individuos iguales, y las necesidad de un individuo difieren de día en día y de semana en semana. Además, la inevitable diferencia del sexo complica el problema.

Nuestro egoísmo humano básico es responsable del hecho de que insistimos en esperar que nuestro cónyuge percibirá nuestras necesidades emocionales, quizá por un medio perceptivo extrasensorial, y desinteresadamente nos lanzamos a satisfacer esta necesidad de nuestro cónyuge. Este niño interior, que vive siempre dentro de nosotros, espera con gran expectación el perfecto cumplimiento de todos nuestros sueños.

El único enfoque posible para este egocentrismo innato en nosotros es aplicar literalmente la fórmula de Jesús: "Dad y se os dará" (Lucas 6:38). En lugar de exigir o esperar que otro satisfaga nuestras necesidades, tenemos que llegar a ser lo bastante maduros como para preguntarnos: "¿Cómo puedo yo descubrir y satisfacer las necesidades de mi cónyuge?" Si algunas de estas necesidades son poco realistas, o egoístas, o pueriles, al llegar a este punto uno debe decir: "He aquí una necesidad tuya que no puedo en buena conciencia satisfacer." En un caso así no hace falta que haya una explosión (aunque si hubiera explosión, no es necesariamente fatal).

La hermosa y joven esposa de un joven muy dinámico, siempre había soñado con el hogar que tendría un día. Sería espacioso, repleto de preciosos muebles, y rodeado por un césped ondulante. Todos sus sueños de adolescente de recibir a sus amistades en una hermosa casa se derrumbaron cuando se trasladaron a su primer hogar: una vivienda diminuta con un solo dormitorio. Se pasó meses llorando. Una y otra vez sollozaba lo mismo. "Esto no es en absoluto lo que yo había pensado". Enfocó su frustración y su enojo plenamente en dirección a su marido. Cuando tuvimos una sesión de orientación matrimonial y le indiqué que sus sueños no podrían realizarse quizá por años, empezó a desahogar su hostilidad contra mí. Daba la impresión, al oírla hablar, de que su marido y yo habíamos conspirado para frustrar todos sus sueños y aspiraciones. Habíamos derrumbado su casa de muñecas. El hecho es que necesitó tres o cuatro años para crecer emocionalmente y descubrir que sus sueños pueriles no podían ser convertidos en realidad ni por una varita mágica ni mediante una ceremonia de boda. Con el tiempo, se convirtió en una joven emocionalmente madura, equilibrada y capaz de aceptar las realidades de la vida, con la plena disposición a abandonar sus fantasías de adolescente.

En otra ocasión pude orientar a otra joven pareja sobre sus problemas conyugales. En este caso el marido era el que nunca había crecido del todo. Había sido criado en un hogar en que nada se le exigía. Jamás había hecho trabajo duro alguno, ni asumido la menor responsabilidad familiar. No es que fuera egoísta. Era sencillamente que nadie jamás le había necesitado para nada. Por entonces el matrimonio se estaba ya hundiendo, y pudimos descubrir que muchos de los desacuerdos consistían en el hecho de que Carlos se negaba a hacer cosa alguna en el hogar. Por ejemplo había accedido a instalar algunas perchas en el armario del recibidor meses atrás, pero se había olvidado de hacerlo. Para una mujer, descuidar el hogar es descuidarla a ella como persona. El hogar es una extensión de su propia personalidad. Su esposa estaba indignada de que la quisiera "tan poco" que ni se acordara de instalar las perchas.

Su esposa podría fácilmente haberlas instalado, pero deseaba que él se interesase en el asunto. La negativa a aceptar responsabilidades de la casa era para ella una evidencia palpable de que él no la quería. Gradualmente Carlos empezó a darse cuenta de que había sido mimado como un niño y que su responsabilidad como marido abarcaba más que el ganarse la vida.

La segunda presuposición básica es que en la relación matrimonial, en lugar de esperar a que nuestras necesidades sean atendidas, nosotros debemos tratar de atender a las necesidades del otro. Cuanto más emocionalmente maduros somos, menos pedimos de los otros, y más capaces somos de preocuparnos de los demás y de sus necesidades.

La pregunta correcta no es: "¿Cómo puedo conseguir que todas mis necesidades sean satisfechas en este matrimonio?" Sino "¿Cuánto amor puedo expresar satisfaciendo las necesidades de esta persona con quien me he casado?"

Los individuos difieren en sus necesidades. Para un marido la manera como han sido planchadas sus camisas es asunto de importancia seria. Para otro esto es cosa trivial, pero para él es importante que su esposa no se presente a la mesa con aspecto fantasmal. Un marido disfrutaba extraordinariamente de todo lo que guisaba su esposa, pero le disgustaba comer dos veces lo mismo. Otro hombre se quejaba de que su esposa, que era excelente cocinera, tenía tal manía por la variedad, que jamás podía conseguir que le sirviera dos veces el mismo plato. Otro marido era relativamente indiferente a la comida, y pocas veces se enteraba de lo que estaba comiendo.

Hay el tipo de marido que siente la necesidad de ir a la cocina y saludar afectuosamente a su esposa cuando regresa de su trabajo, pero ésta, abrumada con el trabajo de la cocina y de los niños, acostumbra a apartarlo de sí diciendo: "Ay, Enrique, ahora no. ¿No ves lo ocupada que estoy?" Ella está tratando de atender a sus necesidades preparándole cuidadosamente una comida, cuando lo que él realmente desea más que una buena comida, es afecto. Ella le está dando lo que cree que él quiere, y carece de la sensibilidad suficiente para percibir sus verdaderas necesidades.

Una esposa perceptiva, ansiosa de expresar el amor atendiendo a las necesidades de su esposo, tratará de descubrir si ha sido educada con conceptos equivocados acerca de las necesidades de un varón. El hecho de que el padre de ella era indiferente a que las comidas fueran servidas en su hora no significa que su marido está formado de la misma manera. Las necesidade de los seres humanos varían enormemente. Corresponde a la esposa adquirir sensibilidad para las necesidades del esposo y procurar atenderlas dentro de los límites de su capacidad.

Una esposa tiene la responsabilidad primaria de crear el "clima" del hogar. Esto es cierto en parte debido a que las mujeres son, de modo innato, más sensi-

bles a las personas y a sus necesidades, y en parte debido a que el hogar significa más para la esposa que para
el esposo. Una mujer tiene mucho que ganar en un
buen matrimonio, y mucho que perder en uno malo. Es
posible que ella sienta cierto resentimiento al darse
cuenta de este hecho, pero a pesar de todo es un hecho
vital inevitable. A ella pues corresponde convertirse en
experta en descubrir lo que agrada a su marido. Las
mujeres tienen una necesidad interna de agradar, servir
y ministrar a las necesidades de los demás. A menos
que una mujer sea todavía inmadura, deseará descubrir
el modo de complacer los deseos de su marido.

Junto con esto, y al mismo tiempo, tiene igualmente la necesidad de ser amada, estimada, protegida.
Ella encuentra seguridad en la sensación de que su
marido la quiere, se ocupa de su bienestar y de su felicidad. En realidad, en un nivel inconsciente, muchas
mujeres, quizá la mayoría, llegan a inventar maneras
de descubrir si sus maridos realmente las quieren
profundamente. Un profundo sentido de inseguridad
femenina exige que se produzca constantemente la confirmación de esta seguridad.

Un marido, cuya responsabilidad primaria es atender al bienestar financiero de la familia, puede a veces
llegar a su casa, desde su oficina o trabajo, completamente ''desinflado'' física y psíquicamente, para encontrarse con que su esposa ha preparado una lista de
cosas sobre las que desea hablar. Quizás ella ha estado
incluso acumulando cierto número de tareas para que él
las haga cuando llegue a casa; o quizás esté hasta la
coronilla después de luchar con los niños todo el día, y
desea que ahora él se encargue de ellos. ¡Este es el
principio de un conflicto! Sus necesidades son incompatibles; ella desea que la ayuden en controlar a los niños; o está queriendo un poco de conversación a nivel
adulto; y él, de momento, está demasiado fatigado para
pensar en las necesidades de ella. Como hombre y mujer, ya en principio, son básicamente incompatibles en

muchos aspectos, y en este momento una incompatibilidad momentánea acaba de complicar el problema.

La fórmula general a aplicar en un conflicto como este es la siguiente: no esperes demasiado de las personas que te rodean, ya sean parientes políticos, hijos o cónyuge. Pero si hay cosas que evidentemente tienes derecho a esperar de los demás, el enfoque que uses es importantísimo. Adoptar una actitud a medias hostil, a medias exigente es mucho menos probable que obtenga resultados que usar un enfoque suave. Es mucho más probable que un hombre ceda al enfrentarse con un tono dulce y seductor que al oír el típico: "¡Estoy hasta la coronilla de estos niños, y ahí los tienes!"

Había una joven cuyo matrimonio, usando su propia expresión, se estaba desmoronando por todas partes, y que estudiaba conmigo la hostilidad que sentía por el solo hecho de que su esposo jamás admitía ninguna responsabilidad en el hogar. Poco a poco los verdaderos hechos fueron revelándose de la siguiente manera:

El era un hombre preocupado por su empleo, el que creía estar en peligro de perder. Pasaba dos horas al día en los viajes de ida y vuelta, y ocho horas en el trabajo; y al llegar a casa, se dedicaba a cavilar sobre sus preocupaciones, con la esperanza de que se le mostrase cierto afecto y comprensión. Según la versión del marido, ella tenía un solo hijo y la casa era pequeña. Podía salir durante el día y visitar a sus amigas cuando lo deseaba, o irse de compras, y hasta quizá conseguir una hora o dos de tranquilidad frente a la televisión, si lo deseaba. El, por su parte tenía que concentrarse ocho horas en su trabajo diario, y sentía cierto resentimiento al llegar a la puerta de su propia casa y encontrarse con una barrera de lamentaciones.

Ella replicó con la queja de que él llegaba a casa de mal humor, rara vez hablaba con ella, y rehusaba toda responsabilidad de lo que ocurría en el hogar. Como reacción ella sufrió un trastorno nervioso-emocional.

Ya era incapaz de demostrar afecto de clase alguna, pues se sentía olvidada y descuidada. En parte para escapar de sus lamentaciones, él participaba en excursiones de fin de semana, cosa que a ella la hacía sentirse aún menos amada.

Durante varios meses tuve entrevistas semanales con ella, no porque ella fuese más culpable que él, sino porque la vi más predispuesta a cambiar. Acordamos que ella podía hacer varias cosas con objeto de ajustar el matrimonio. Le aseguré que si seguía mis consejos, él reaccionaría favorablemente tan pronto como se diese cuenta de que ella había cambiado de veras.

Empezó saliendo a recibirle a la puerta con un beso en lugar de sus habituales lamentaciones. En lugar de ser exigente o de pedir explicaciones en cuanto a dónde iba cuando se marchaba de excursión, le aceptaba tal como era. En lugar de usar las lágrimas para manejarle, empezó a preguntarle qué podía hacer para hacerle feliz. Era una mujer activa, inteligente y joven y ni una sola vez durante nuestras entrevistas recurrió a la típica respuesta: "Sí, pero..." A los pocos meses había logrado una magnífica relación conyugal. Esto fue posible gracias a que la esposa estuvo dispuesta a aceptar la responsabilidad exclusiva de iniciar ciertos cambios en su propia personalidad. En muchos aspectos las mujeres son menos torpes y por lo tanto están mejor equipadas para iniciar cambios en la relación conyugal.

Pero los hombres también tienen responsabilidades en el matrimonio. Si bien la esposa la mayor parte de las veces debe tomar la iniciativa en mejorar la vida conyugal, el marido tiene también la responsabilidad de reaccionar favorablemente al cambio en el nuevo enfoque de su esposa.

Una típica esposa, con el acostumbrado número de quejas corrientes acerca de un marido que no la correspondía, se unió a un grupo de ocho personas que estaban buscando solución a diversos tipos de problemas. Al entrar a formar parte del grupo se le dijo que nosotros nunca comentábamos las faltas de los demás. Que nos reuníamos para compartir solamente nuestras propias deficiencias. En una reunión, ella informó que una noche, al volver a casa, su marido le había dicho:

—Bueno, supongo que en esas reuniones tú les cuentas todos los detalles del pésimo marido que soy.

—No; al contrario —dijo ella—, nunca se nos permite comentar las faltas de otros. Sólo hablamos de lo que podemos hacer para mejorarnos a nosotros mismos.

El no hizo ningún comentario. Pocos meses más tarde, cuando vio de modo claro que ella estaba valientemente tratando de corregir algunos de sus propios defectos, dijo:

—Supongo que estarás deseando que me incorpore a uno de esos grupos.

—No es mi intención que lo hagas —dijo ella.

—¿Es que no me quieres en el grupo?

—Bueno, supongo que podrías incorporarte a un grupo si lo desearas, pero es completamente voluntario.

Algo así como un mes más tarde el esposo dijo:

—No me disgustaría visitar uno de estos grupitos y ver lo que ocurre.

—El problema es que no se permiten visitantes. Tienes que inscribirte por lo menos para tres meses.

—¿Hay otros maridos en algunos de los grupos?

—Sí, bastantes.

—¿Con quién tengo que hablar para unirme a un grupo?

Ella le informó de todo lo necesario y, con cierta vacilación, él solicitó ser admitido en un grupo. Antes que terminase la primera sesión, ya estaba participando sin reservas. Al final, dijo:

—Confieso que en realidad tenía la intención de asistir sólo una noche, pero me ha gustado. Debería haber más lugares donde uno pueda ser uno mismo y aprender el arte de la sinceridad. Voy a seguir viniendo.

En una de las sesiones de grupo, una de las mujeres citó en tono travieso la siguiente frase: "Reaccionó como un hombre: le echó toda la culpa a su esposa." El hecho es que hay una tendencia casi universal a echar la culpa de nuestros problemas a otra persona. Esto ya empezó en el jardín de Edén, cuando Dios preguntó a Adán acerca del fruto prohibido, y él respondió: "La mujer que me diste por compañera me dio del árbol, y yo comí" (Génesis 3:12). Quizá si la serpiente no hubiera podido ser acusada, él hubiera respondido: "El ambiente me empujó a hacerlo." La mayoría de nosotros somos así. Sólo empezamos a alcanzar cierto grado de madurez cuando cesamos de echar la culpa a otros y aceptamos la responsabilidad de que ha habido un cambio dentro de nosotros.

Hay un canto religioso que expresa una gran verdad:

> Ni mi hermano ni mi hermana,
> sino yo, Señor, necesito la oración.

Las diferencias físicas y emocionales básicas entre hombres y mujeres son grandes. Es muy posible que las generaciones futuras lean con asombro que en otros tiempos se permitía a los jóvenes casarse sin haber pasado un año o dos de estudio intensivo de las complejidades de esta relación humana, la más importante de todas. Un hombre, por ejemplo, no puede jamás llegar a saber lo que es y lo que se experimenta al estar encinta, al criar un bebé, al experimentar los altibajos del humor que acompañan al ciclo femenino. No hay hombre que pueda comprender plenamente cómo el calendario íntimo de una mujer afecta su estado de ánimo y las consiguientes reacciones que él percibe. Las mujeres, en general, tienen más desarrollado el impulso a aportar una atención cariñosa al trato con los demás. Los hombres son generalmente más competitivos y agresivos; y aun si no lo son de modo innato, nuestra civilización tiende a moldearlos así. Generalmente los hombres son mucho más torpes para expresar sus sentimientos, y a menudo no se dan cuenta de algunas de sus más profundas emociones. Por consiguiente, pueden llegar a mostrarse incomprensivos o impacientes ante las emociones de sus esposas, emociones más volátiles.

Ninguno de los dos sexos comprende plenamente al otro. Nos vemos unos a otros a través de una red de reacciones físicas y emocionales propias, esperando que nuestras necesidades emocionales, que varían, puedan ser comprendidas y atendidas aunque no seamos capaces de expresarlas.

En esto es precisamente donde la comunicación llega a ser tan vitalmente importante. Comunicación no significa simplemente "conversar". La comunicación abarca la buena disposición y la capacidad para expresar nuestros sentimientos mutuamente. Estos sentimientos pueden no ser siempre positivos. A menudo serán negativos, incluyendo enojo, sentimientos heridos o desengaños.

Una barrera común para la comunicación entre marido y mujer es la tendencia instintiva a censurar y a hostilizar. En una sesión de grupo en que participaban un marido y su esposa, la esposa expresó su insatisfacción por la incapacidad de su marido de comunicarse con ella.

—Llega a casa, lee el periódico hasta la hora de cenar, engulle su alimento, y luego se instala frente al aparato de televisión. Nunca me lleva a ninguna parte, nunca lee un libro, y jamás hablamos.

Su marido estaba mostrando signos de creciente tensión, que procuraba dominar. De momento estaba representando el papel de hombre fuerte, silencioso e incapaz de quejarse. Cuando su esposa terminó lo que tenía que decir, sonrió forzadamente y dijo:

—Sí... supongo que esa es la clase de tipo que soy. Nunca fui un gran conversador. Por la noche me siento fatigado y me temo que no soy un marido excelente.

Uno de los hombres que estaban presentes le dijo:

—Enrique, me sorprendes mucho. Tu esposa se ha adueñado de un noventa por ciento de la conversación desde que os incorporásteis al grupo. Te ha degradado, te ha puesto en ridículo, te ha condenado por innumerables cosas, y tú te quedas tranquilamente sentado aceptando todo este castigo como si lo merecieras. Quizá lo mereces en parte, pero no puede ser que seas un caso tan imposible como ella te presenta. ¿Por qué no te defiendes? ¿Es que tu mamá nunca te dejaba responder? ¿Le tenías miedo a tu madre y ahora a tu esposa? ¡Cielos, levántate y defiéndete de esta mujer! ¡Ella tiene motivos de queja, pero tú debes tener alguno también!

—Bueno... has mencionado a mi madre —dijo pensativamente—. Sí, era una persona muy severa, pero nos amaba a todos. No puedo recordar haberme rebelado jamás, o por lo menos haberlo demostrado. Esto no se permitía en casa. Mamá y papá no hablaban mucho entre ellos, y supongo que yo me convertí en persona poco habladora con objeto de no meterme en líos. Nunca he tenido una pelea de palabra con nadie en mi vida, y a esta altura no me siento dispuesto a empezar. Mi esposa tendrá que acostumbrarse a mi silencio o buscarse otro marido —hizo una pausa y por un momento le vimos triste—. Y ahora mismo me doy cuenta por primera vez de que no me importa lo que haga. Estoy harto.

El líder del grupo interrumpió el debate en este punto y dijo:

—Creo que vamos a celebrar una sesión especial distribuyendo personajes: Enrique será el marido y Mariana la esposa. Mariana, la situación es la siguiente: Enrique está representando el papel de marido tuyo. Es un hombre silencioso, poco comunicativo, inconsciente de sus sentimientos, y tú te sientes sola y abandonada. Lo habéis probado todo en cuanto a provocaciones e insultos verbales, sin resultado alguno. Ahora mismo acabas de descubrir que Enrique ha planeado una excursión de caza de tres días con un amigo, y quieres que se entere de lo que opinas de este asunto. Recuerda, tú no puedes hacer cambiar a Enrique ni por acción directa ni por manipulación, pero tienes derecho a que se entere de cuáles son tus sentimientos.

Enrique y Mariana se sentaron en el centro del círculo uno frente a otro, mientras la esposa de Enrique observaba la escena con una mezcla de emociones. Mariana empezó hablando suavemente:

—Enrique, ¿podría hablar contigo unos minutos?

—Sí, ¿por qué no?

—Bueno Enrique, últimamente he estado pensando que he llegado a criticarlo todo. Casi todo lo que te he dicho en los últimos años ha sido, áspero o hiriente. Y no quiero seguir siendo así. Cuando lo hago me aborrezco a mí misma.

—¿Sí? ¿Cómo has llegado a esta conclusión?

—Pues... escuchándome a mí misma. ¿No opinas que últimamente me he convertido en una lata?

—Sí, algo así.

—Yo supongo que se debe a que en casa todo el mundo hablaba al mismo tiempo y me imaginaba que todas las familias serían así... discutiendo, hablando y charlando, queriéndose, y peleándose.

—Mi padre y mi madre —dijo Enrique—, no se hablaban mucho, excepto para chillarse. Yo aborrezco los gritos. Recuerdo que cuando mamá y papá discutían, yo siempre me iba a mi habitación.

—¿Te encerrabas?

—Sí... algo como lo que todavía hago, especialmente cuando empiezo a notar hostilidad.

—Nunca me habías contado esto de tu familia, ni que fueran así.

—Nunca me lo habías preguntado.

—Tienes razón. Me parece que cuando me casé yo ya tenía ideas preconcebidas de cómo sería. Me imaginaba que nos sentaríamos con las manos cogidas y charlaríamos, y compartiríamos las cosas... y cuando resultó que no era así, empecé a sentirme sola; luego me parecía que me rechazabas; y más tarde que todo era un abuso intolerable.

—Lo siento. La verdad es que no soy muy hablador. Quizá debiste casarte con otro tipo.

—No... no es eso. Lo que ocurre es que me equivoqué al imaginar que todos los hombres serían como mi padre; pero tú tienes muchas cosas que yo admiro, o de lo contrario no me habría casado contigo.

—¿De veras?

—Mira Enrique... yo sé que he hecho mal al tratar de hacerte cambiar. He estado criticándote y atacándote, y tu reacción natural ha sido apartarte; por lo tanto yo soy la culpable. Por lo menos soy culpable en que te he atacado.

—Sí, y pienso que yo soy culpable en mi modo de reaccionar. Quizá podría aprender un poco a ser más comunicativo, pero la verdad es que no puedo reaccionar con afecto cuando te veo en actitud de hostilidad.

—Enrique, mira... me gustaría dejar de intentar cambiarte. Tú serás lo que eres y yo dejaré de criticarte. Yo te quiero de veras y no deseo que te vayas de casa o que te refugies en tu silencio por causa de mi hostilidad.

—Tú no me echas de casa; yo me marcho por mi propia voluntad.

—Esta excursión de caza... ¿es en parte un esfuerzo para escapar de mi fastidio?

Durante un largo minuto Enrique no dijo nada.

—Quizá sí. Lo cierto es que cuando estoy en el bosque con un amigo me siento más tranquilo. El y yo nunca nos criticamos el uno al otro.

—Enrique, quiero que sepas que desde ahora nunca más me quejaré cuando te vayas de caza, ni a ninguna otra parte. Confieso que de veras me siento sola. Me gustaría mucho estar contigo y salir contigo; pero después de la manera en que me he estado portando, es posible que no sea una compañía muy atractiva.

Ella extendió su mano y tomó la de Enrique. Este sonrió. Era un varón pasivo que había estado apartándose de una esposa exigente, hostil y quejosa. La ternura de Mariana había tocado algún escondido recoveco de su alma y reaccionó. Ya no estaba representando un papel, y estrechó la mano de ella.

—Mira cariño... creo que no voy a ir a esa excursión de caza. Me gustaría más quedarme aquí contigo. Quizá podríamos hacer algo especial... por ejemplo salir a cenar.

—Me encantaría.

Mariana se levantó y le besó tiernamente en la mejilla. Enrique se levantó y la abrazó cariñosamente.

Enrique y Mariana regresaron a sus asientos en el círculo. La esposa de Enrique estaba llorando en silencio. Cuando recuperó la compostura, dijo:

—Por primera vez he visto el tipo de esposa que soy; gruñona y exigente; me odio a mí misma. He visto cómo Enrique reaccionaba al confrontarse con una esposa comprensiva. En lugar de amarle he estado maltratándole. En lugar de confesar mis faltas, he estado revelando las suyas. Todo lo he hecho al revés.

Enrique se acercó a ella y le dijo:

—Cariño... soy un torpe. Creo que jamás he tratado de veras de sobreponerme a mi antiguo impedimento en la comunicación. Pero creo que puedo intentar algo. Comprendo que no se trata de que siento pasión por la caza, sino que estuve esforzándome para escaparme de tener trato contigo o de enfrentarme con tus enojos.

—Enrique, lo que ocurre es que yo hablo más aprisa y uso más palabras que tú, pero me doy cuenta de que no soy mejor en cuanto a comunicarme. Propongo que sigamos esforzándonos en casa y en este grupo por aprender algo más acerca de la verdadera comunicación.

No es que de la noche a la mañana llegaran a ser eficaces en esto; pero, con el tiempo, ambos aprendieron a expresar sentimientos más profundos. Hubo momentos de ofensa y hostilidad, pero los superaron, y aprendieron que incluso el enojo puede ser a veces creativo. El aprendió a enfrentarse con sus sentimientos y a expresarlos, y ella descubrió que el amor y la paciencia obran milagros.

La mayoría de las parejas casadas se envían, de modo completamente inconsciente, "mensajes en clave". Confían en que el cónyuge descifrará el mensaje y le dará una respuesta apropiada. He aquí una serie típica de mensajes en clave, con el verdadero significado en paréntesis:

Esposa: "He tenido un día horrible. Los niños han estado sencillamente insoportables, y tengo un dolor de cabeza que me mata." (Me gustaría que me abrazaras y me dijeras que me quieres y que comprendes cuán dura es mi vida; y quizá podríamos salir en el coche y cenar fuera.)

Marido: "¡Qué día tan terrible he tenido! Oye lo que voy a contarte. Hubo un accidente en la carretera y llegué a la oficina con media hora de retraso. El jefe se desahogó conmigo y ni siquiera me dejó explicarle lo ocurrido. Mi secretaria no vino por estar enferma y tuve un lío con la correspondencia que había que despachar. Por si fuera poco estropeé un contrato y el jefe de ventas me echó un responso ¡Cielo santo, que día!" (Y tú en casita mirando la televisión, visitando a las amigas, o de compras, mientras yo me mato tratando de mantener esta familia. Lo que yo necesito es un poco de ranquilidad para reponerme. Un poco de comprensión también me ayudaría, y todo lo que oigo son quejas. ¿Puede saberse qué es lo que haces todo el día?)

Esposa: "Cariño... ¿quieres llevarte a los niños fuera de la cocina mientras procuro poner la cena en la mesa?" (He tenido a estos niños todo el día, y merezco un poco de tranquilidad. Realmente nunca haces nada

para ayudarme con ellos; y para decirte la verdad, no
eres muy buen padre.)

Marido: "No faltaba más. ¡Niños, todos fuera de la
cocina! Id a arreglar la sala de estar y lavaos un poco
antes de la cena!" (¡Qué casa! Parece que ha pasado
un huracán por aquí. ¿Por qué no puedes mantener el
hogar aseado o enseñar a los niños un poco de responsabilidad? No sé dónde voy a meterme para huir de este desbarajuste y recuperarme un poco.)

Es la hora de cenar:

Esposa: "La lavadora se ha descompuesto hoy.
¿Quieres darle un vistazo después de cenar?" (Francamente, yo me sentiría más acompañada si te tomaras un
poco de interés en lo que ocurre en la casa.)

Marido: "Sí. Echaré un vistazo, pero dudo que
pueda arreglarla. Esos aparatitos son bastante compli-
cados." (Yo quisiera saber qué te impide llamar al
mecánico. Yo no lo soy. Después de un día de trabajo
frenético, necesito un poco de reposo, y al llegar a casa
me encuentro con una horda de pequeños chillando y
una lavadora estropeada. No tengo la menor intención
de pasarme la velada sentado en el suelo examinando
un aparato del que no entiendo nada.)

Después de cenar:

Esposa: "La maestra de Jaimito ha venido. ¿Sabes?
Dice que es un elemento perturbador en la clase y que
muestra señales de desequilibrio emocional. Me ha
dicho que uno de nosotros debería ir a hablar con ella."
(Mira necesito un poco de ayuda para criar a estos niños. Si te tomaras en serio un poco de interés en estas
cosas, sentiría mucho alivio. Lo que tendrías que hacer
es escucharme atentamente en lugar de pensar en otras
cosas mientras te hablo, o en lugar de mirar de reojo el
periódico que quieres leer. Debes comprender que
necesitamos que te intereses por nosotros.)

Marido: "De acuerdo. Quizá lo mejor es que vayas
mañana a ver a la maestra. Por mi parte, dentro de un
día o dos hablaré seriamente con Jaimito a ver si puedo

hacer algo. La verdad es que se está poniendo incontrolable, pero no creo que sea nada grave. Mis maestras siempre estaban enviando notas a casa cuando yo tenía esta edad." (Me gustaría saber por qué no puedes ocuparte tú de esta entrevista con la maestra. Cualquiera diría que estamos ocupándonos de una catástrofe. En la oficina, cada día tengo cincuenta asuntos más importantes que éste. ¿Por qué serán las mujeres tan inútiles? Tengo ganas de leer el periódico, sin pasar lista a todos los asuntos menores del día.)

Hora del desayuno:

Esposa: "Ah cariño... olvidaba decirte que mi madre va a venir a pasar unos días con nosotros. Tendrás que quitar todos los aparatos de pesca del dormitorio para invitados. Llega esta tarde. ¿Puedes hacerlo antes de irte a la oficina?" (Me sabía mal decírtelo anoche cuando estabas cansado. Siempre tengo la impresión de que sientes una hostilidad poco razonable hacia mi madre. Ya sé que ella a veces es un poco difícil, y habla demasiado, pero, después de todo, es mi madre. Confío en que la tratarás mejor que la última vez que estuvo aquí.)

Marido: "¡Ah! ¿Llega esta tarde? Bueno, supongo que no se va a hundir el mundo si llego tarde a la oficina dos días seguidos. Voy a dejar el resto del desayuno y a guardar en alguna parte el equipo de pesca." (¡Otra vez el volcán! La última vez vino por unas semanas y se quedó tres meses, y cuando se marchó ya nos había dejados los niños mimados y malcriados, y a nosotros dos pidiéndonos el pescuezo. ¿Por qué tiene que aterrizar precisamente encima de nosotros y quitarnos la poca paz que tenemos? Siempre ha sentido resentimiento contra mí, y reconozco que no puedo aguantarla. Toma posesión de toda la casa, mima excesivamente a los niños, y lo gobierna todo según sus conveniencias. Nos trata a todos como si fuéramos deficientes mentales incapaces de dirigir nuestra propia vida. Tendré que procurar ser cortés, pero no va a ser fácil. A ti misma no te gustan sus visitas más que a mí; pero, claro, eres demasiado leal para con tu querida mamá y no puedes confesártelo ni a ti misma.)

Y así van las cosas todos los días en millones de hogares; los mensajes en clave van y vienen mientras en silencio las tensiones crecen, hasta que se produce algún factor de menor importancia y uno u otro estalla de una manera que al parecer carece de sentido. La explosión, sea verbal en forma de gruñidos más o menos reprimidos, o sea en forma de retraimiento silencioso, puede atribuirse generalmente a la acumulación diaria de situaciones que fueron dejadas sin resolver porque no fueron expresadas a su debido tiempo.

A primera vista, la alternativa sería continuar enviando mensajes en clave muy corteses o bien discutir el problema explosivamente. La primera alternativa obtiene la paz provisional al coste de una hostilidad que se va acumulando lentamente. La segunda alternativa, es decir, expresar sincera y libremente lo que uno opina, resulta, con demasiada frecuencia, en sentimientos heridos sin que se resuelva la dificultad básica. "Hablar la verdad en amor" es generalmente mejor solución que hablar sin consideración la sincera y dolorosa verdad; ser afectuoso es más importante que ser franco, pero ser afectuoso equivale a veces a tener que hablar también francamente.

Hay ocasiones en que los verdaderos sentimientos deben ser compartidos, con tal de que el cónyuge sea capaz de enfrentarse con la verdad y aceptarla. No tenemos derecho, moralmente, a descargar todos nuestros sentimientos de hostilidad en otra persona que quizá no está preparada emocionalmente para recibir ciertas intensas demostraciones de enojo.

Durante los últimos años, en pequeños grupos, varios miles de esposos y esposas se han ocupado de problemas conyugales básicos y los han resuelto. No son exclusivamente "grupos de terapia", pero este es uno de los aspectos vitales de su actividad. Generalmente es más fácil ocuparse de un problema conyugal difícil compartiéndolo en un pequeño grupo que hacerlo en casa. Muchas veces los maridos y sus mujeres aprenden por primera vez a comunicarse entre ellos estando dentro del círculo de un grupo de personas con problemas como encontrar la causa básica del mismo.

Una esposa gravemente deprimida vino a verme en busca de orientación matrimonial. Había sido una persona feliz, según ella, hasta el año pasado. Gradualmente descubrió que se encontraba cada vez más deprimida e infeliz; mas en su historia no había nada significativo que explicase el hecho de su morbosa depresión actual. Los hijos no eran demasiado felices en el nuevo hogar, y el marido, al parecer, era algo rígido, pero nada de esto parecía explicar suficientemente el estado mental en que se hallaba. Después de cierto número de sesiones privadas, le sugerí que podríamos llegar a la raíz del problema más fácilmente si ella y su marido accedían a incorporarse a un grupo. El marido acudió a la primera reunión con serias reservas. Resultó ser persona tranquila, y algo reticente. Como dijo más tarde él mismo, no tenía la menor intención de exponer la ropa sucia en público, pero había aceptado asistir con objeto de ver "de qué se trataba", y porque su esposa le había apremiado a que lo hiciese.

No hubo ni un problema a resolver. Descubrió que estaba en falso en cuanto a sus emociones y se enojaba excesivamente por aparentes bagatelas. Básicamente era un hombre complaciente y aceptaba las sugerencias de su esposa, aunque a menudo con una sorda hostilidad. Ella, por su parte, temía sus estallidos de ira, ya fueran contra ella o contra un vecino y había empezado a retraerse. Como resultado de reprimir sus verdaderos sentimientos, volcó su resentimiento hacia dentro, hacia sí misma, y el resultado fue la depresión mental.

No contaron nada que fuese sórdido o íntimo, y no obstante cada uno de ellos parecía capaz de expresar sentimientos reales dentro del grupo más facilmente

que en casa. Lo cierto es que dentro del grupo se les
ofrecía cierto grado de inmunidad. Había otras personas, y éstas tenían problemas similares o idénticos. La
atmósfera general de aceptación y buena acogida les
ayudaba a ser sinceros y abiertos.

Dentro de un tiempo relativamente breve, tanto el
esposo como la esposa comunicaron haber obtenido
beneficios valiosos. Por su parte, el esposo nos dijo:

—He descubierto que realizo mejor mi trabajo, y
que siento menos hostilidad hacia mis colegas. No soy
tan irritable, ni en el trabajo ni en casa. Ahora me da la
impresión de que yo era una persona muy hostil, y no
me daba cuenta de ello. Creo que estoy aprendiendo a
controlar mi enojo de modo creativo.

—Mi depresión mental ha disminuido desde que
puedo expresar lo que siento cuando estoy en medio del
grupo —nos dijo ella—. En casa, temía a menudo expresar mis sentimientos por temor a herir los sentimientos de mi marido, o quizá para evitar que se
enojase. También los niños deben haberse contagiado
un poco de mi depresión, y quizá de su hostilidad, pues
estaban bastante desorientados. En cambio actualmente
están reaccionando de modo muy distinto, probablemente porque *nosotros* también nos comportamos de
modo distinto.

No tengo el menor deseo de simplificar excesivamente la cuestión de la comunicación ni de sugerir que
unos cuantos meses de participación en un grupo así
siempre resolverá con rapidez problemas difíciles que
datan de mucho tiempo. Pero puede ocurrir.

8. Diez mandamientos para la esposa

Antes de casarte abre bien los ojos:
después, ciérralos a medias.
Thomas Fuller

SE CUENTA la historia de un psicólogo joven y soltero que escribió un libro con el título de *Diez Mandamientos para Padres de Familia*. Pocos años después se casó, y a su debido tiempo nació un bebé. Cuando el niño tenía ya cinco años, el padre volvió a escribir el libro y lo hizo publicar con el título de *Diez Sugerencias para Padres de Familia*. Después de nacerle el cuarto hijo unos años más tarde, volvió a escribir su libro una vez más, esta vez publicado con el título de *Diez Ideas Posiblemente Útiles para Padres de Familia*.

Después de cuarenta años de matrimonio y de haber entrevistado como orientador matrimonial a varios miles de personas casadas, soy lo suficientemente atrevido como para establecer diez reglas absolutas, o mandamientos, para esposos y esposas. Quizá debieran considerarse como orientaciones generales, o como principios generales que, de ser seguidos con cierta constancia, tenderán a facilitar una mejor vida conyugal.

He aquí los diez mandamientos para esposas en forma abreviada:

I. Aprende el *verdadero* significado del amor.

II. Renuncia a tus antiguos sueños de "matrimonio perfecto" y esfuérzate en alcanzar un "buen matrimonio".

III. Descubre cuáles son las necesidades personales y peculiares de tu esposo y procura sastifacerlas.

IV. Abandona toda dependencia de tus padres y abstente de toda crítica contra los parientes de tu esposo.

V. Manifiesta elogio y aprecio en lugar de buscarlos.

VI. Renuncia al afán de dominio y a los celos.

VII. Saluda a tu esposo con afecto en lugar de hacerlo con quejas y exigencias.

VIII. Abandona toda esperanza de cambiar a tu marido mediante las críticas o la hostilidad.

IX. Olvida tu complejo de princesa.

X. Ora pidiendo paciencia.

Cuando te casaste, probablemente lo hiciste con ideas preconcebidas de la clase de vida que ibas a llevar; quizá pensabas que sería una especie de idílio perpetuo, continuación de la luna de miel. Entonces vino la triste realidad. No era nada de lo que habías soñado. El, tu esposo, cambió mucho, ¿no es cierto? Y sin darte cuenta, tú no eras ya la misma joven enamorada, amante, paciente, de mirada luminosa, con quien él se había casado. Los dos cambiasteis. Ahora veamos cómo podemos empezar a restaurar un poco de aquella primera ilusión. Tomando los diez mandamientos uno por uno, veamos lo que encierran:

I. *Aprende el verdadero significado del amor.* Creías estar enamorada, y sin duda lo estabas. Más tarde acaso te has preguntado si estabas *realmente* enamorada. Ha habido momentos en que te has preguntado si no debías haberte casado con otra persona. Quizá todo fue un lamentable error.

Bien: lo que ocurre es que el amor no es lo que tú pensabas que era en los años de tu adolescencia. Es mucho, muchísimo más complejo. *Si deseas ser amada, debes convertirte en una persona que merece amor*: y esto, no un día por semana, sino permanentemente. Lo que digo puede involucrar un cambio radical de actitud por tu parte. Desde luego, deseas que tu marido cambie; y no cabe duda de que, en muchos aspectos, necesita cambiar. Pero jamás lo cambiarás sin un amor maduro. "El amor nunca deja de ser," dijo el apóstol Pablo en su primera epístola a los Corintios. Es decir, si has de triunfar en tu vida matrimonial, lo harás con un amor maduro, no con exigencias, críticas ni lágrimas.

El amor no es un enamoramiento de adolescente, ni siquiera una atracción sexual, por muy importante que esta sea. El amor es, básicamente, amor a la vida, amor a Dios, amor propio en el buen sentido de la palabra, amor a otros, y requiere ser expresado de múltiples maneras. *Casi nadie recibe amor suficiente*. Si quieres ser amada, aprende a ofrecer amor maduro en tal forma que tu esposo pueda aceptarlo. Algunos hombres que crecieron en hogares donde el afecto no se expresaba con plena libertad no suelen demostrar su afecto. Recuerdo a una joven esposa, de padres muy afectuosos y expresivos, que vino a quejárseme de que su marido ofrecía resistencia cuando ella intentaba expresarle afecto.

—Mi marido me expresa su amor comprándome cosas y llevándome a todas partes a menudo, pero nunca me dice que me quiere. Si está dispuesto a hacer cosas por mí, ¿por qué no puede decirme que me ama?

Le expliqué que la atmósfera en que se había criado lo había "formado" así y que, de momento, ella tendría que aceptar el hecho de que su esposo no era inclinado a las demostraciones de afecto.

—Concédale dos, o cinco, o diez años de tiempo —insistí—, y si tiene usted paciencia, él puede aprender de adulto lo que nunca aprendió de niño. Mientras tanto, procure entender su modo de expresar el amor.

El amor no es simplemente una emoción sentimental, ni es tan sólo afecto. Es también un acto de la voluntad; es una determinación de ofrecer amor de forma que otro pueda aceptarlo. El amor puede expresarse por medio de la paciencia, la tolerancia ante los fallos de tu marido, la satisfacción de sus necesidades, y la abstención de formular críticas. El amor no exige, sino que ofrece y da. Tu propia necesidad de amor puede hacer que sea imposible amarte si expresas esta necesidad de manera exigente o sintiéndote una mártir.

11. *Renuncia a tus antiguos sueños de "matrimonio perfecto" y esfuérzate en alcanzar un "buen matrimonio".* No hay matrimonios perfectos simplemente porque no hay personas perfectas. Las ilusiones típicas de los adolescentes de alcanzar un matrimonio idealizado carecen de realismo. Hay algunos matrimonios más o menos ideales, pero son generalmente aquellos en que los cónyuges se han ocupado diligentemente de la cuestión año tras año.

Cuando se ha terminado la ceremonia de la boda, acabas de iniciar un viaje que puede reservarte "deudas, monotonía y pañales", según expresión de una esposa. Es entonces que empieza la prolongada caminata hacia la meta de un matrimonio viable. Empiezas a descubrir que el hombre de tus ensueños tiene defectos que nunca habías descubierto durante el noviazgo. (Al mismo tiempo, él está descubriendo algunas características tuyas que nunca había sospechado.) Tu esposo no es del todo la persona que tú soñabas, pero tampoco tú eres la persona con quien él creía haberse casado. Aparecen irritaciones y diferencias con las cuales no habías contado. El matrimonio es la más difícil y compleja de todas las relaciones humanas, y requiere paciencia, destreza, tacto y crecimiento emocional y espiritual. Si estás dispuesta a ser diligente, "puedes cultivar un buen matrimonio".

III. *Descubre cuáles son las necesidades personales y peculiares de tu esposo y procura sastifacerlas.* Tu esposo no es como cualquier otra persona en la tierra. Es, como tú un caso único. Tiene necesidades y preferencias, fallos y debilidades, virtudes y poderes, combinados de modo diferente a los de cualquier otra persona. Si tenías nociones preconcebidas en cuanto a la manera de agradar a un hombre, olvídalas. Tienes, como mujer, un intenso deseo de agradarle. Pero es muy posible que la manera en que quieres agradarle no sastifaga en absoluto sus necesidades.

Por ejemplo, es posible que hayas oído el dicho de que "el camino que lleva al corazón de un hombre pasa por su estómago". Esto puede ser o no ser cierto en el caso particular del varón con quien te has casado. Es más probable que su necesidad básica sea dulzura y afecto. Es posible que sea persona meticulosa que gusta de verlo todo en su lugar y se siente irritado cuando la casa está en desorden; también puede tratarse de un hombre relativamente indiferente a la pulcritud doméstica y en cambio ser apasionadamente aficionado a los deportes, en los cuales desea que tomes parte. Quizá sea el tipo espontáneo y variable que espera que tú reacciones a la vida del mismo modo; o quizá se trate más bien de un hombre de mentalidad matemática, que prefiere la estabilidad y una vida ordenada y bien planeada.

Abandona pues toda idea preconcebida en cuanto a lo que los hombres son generalmente hablando, y aplícate a descubrir cómo es *tu* hombre. Al principio, no podrás sastifacer a tu esposo en todo. *Nadie puede sastifacer en todo a otro individuo.* No pienses que tu matrimonio es un fracaso si no puedes agradar a tu esposo en todas sus necesidades y preferencias; tampoco creas que, como marido, él es un fracaso por el hecho de que no puede satisfacer todos tus anhelos. Sin embargo, a medida que vas descubriendo las cosas peculiares y especiales de tu marido, puedes empezar a buscar la manera de agradarle en ellas. Si se da el caso de que te exige cosas absolutamente opuestas al realismo, o francamente neuróticas, tienes perfecto derecho a mantener tu propia integridad expresando tus sentimientos. No hay ninguna necesidad de que te conviertas en una esclava doméstica. Puedes perfectamente procurar agradarle por medio de un amor vigoroso y enérgico en lugar de hacerlo por medio de la debilidad o la necesidad de ``comprar'' su amor.

IV. *Abandona toda dependencia de tus padres y abstente de toda crítica contra los parientes de tu esposo.* Ya has pasado dieciocho, veinte años o más, en íntima relación con tus padres. Durante los primeros años de tu vida dependías totalmente de ellos para todo. El crecimiento y la madurez exigieron una disminución gradual de esta dependencia, hasta que finalmente se cortó el lazo y quedaste sola. Muchos padres conscientemente desean dar libertad a sus hijas, pero en un nivel inconsciente temen ``perderlas''. Este temor puede manifestarse de muchas maneras; quizá dando consejos no solicitados (consejos que pueden ser muy válidos y prudentes), o quizá tratando de dirigir sus vidas. Desean impedir que cometan errores. He conocido mujeres de treinta o cuarenta años de edad que al visitar a sus padres se les hacía portarse y sentirse nuevamente como niñas.

``Cuando visito a mi madre, me siento como una niña de ocho años,'' se lamentaba una esposa de treinta y ocho años. ``Toma posesión de mis hijos, me dice cómo debo tratar a mi esposo, y lo que no debiera hacer. Yo la quiero, pero ella se niega a que yo crezca. Aún después al volver a casa, mi madre me escribe extensas cartas llenas de consejos. Ojalá me dejase tranquila y me permitiese cometer mis propios errores y aprender de ellos.''

En sus quejas, no obstante, percibí no solamente el carácter paternalista y dominante de una madre, sino la incapacidad de la esposa para cortar el lazo definitivamente. Conscientemente, deseaba la independencia, pero en un nivel inconsciente se sentía aún inmadura y dependiente de su madre, e incapaz de decirle con calma y firmeza que se abstuviera de intervenir en sus asuntos. Muchas son las madres que protestan, afirmando que desean dar a su hija completa libertad, pero su necesidad innata de "sentirse necesarias", no les permite muchas veces cortar los lazos.

Hay una regla básica en la vida conyugal: nunca, *nunca* critiques a los parientes de tu cónyuge. Es posible que tu marido critique a sus padres o hermanos o hermanas, pero nunca debes unirte a él en esto. Por más que él pueda sentir hostilidad hacia alguno de sus parientes, generalmente nunca apreciará *tus* críticas. No hay inconveniente en que él exprese resentimiento respecto a sus padres, pero tu actitud debe ser la de la tolerancia. Tampoco él debe criticar a tus parientes. Tú puedes hacerlo si lo deseas, pero él no tiene derecho.

V. *Manifiesta elogio y aprecio en lugar de buscarlo.* Las mujeres generalmente necesitan algo más de apoyo, y lo desean más a menudo que los hombres, pero los maridos lo necesitan también. Es posible que te hayas esmerado en preparar un plato delicioso y esperes un comentario apreciativo. Pero algunos hombres no se dan cuenta de que su esposa necesita recibir frecuentes muestras de elogio. Cierto marido me contaba lo siguiente:

—Mi esposa se está siempre quejando de que no aprecio sus esfuerzos. Dice que nunca hago comentarios cuando se pone un vestido nuevo, ni le digo qué buen aspecto tiene. Cuando se pasa un día entero haciendo limpieza en la casa y la deja en perfectas condiciones, se siente desanimada porque no la alabo por hacer lo que, en mi opinión, es su trabajo cotidiano normal. ¡Santo cielo! Cuando traigo a casa el cheque de mi sueldo, ella nunca da la menor muestra de deleite ni me ensalza por ser un marido leal, laborioso y digno de toda confianza. ¿Por qué espera entonces que yo me encandile por una tortilla o una buena comida o un nuevo peinado? ¿Acaso no es su parte de la tarea común, del mismo modo que mi parte es hartarme de trabajar cada día en la oficina?

Le expliqué que las mujeres necesitan más las palabras de estímulo. Su propio sentido de identidad necesita restaurarse mediante frecuentes expresiones de aprecio. Los hombres a veces son mucho menos conscientes de lo que les rodea, lo que están comiendo, y aun lo que sus esposas llevan puesto. En esto difieren de las mujeres. Los hombres no son tan dados a expresiones cariñosas de aprobación.

Como esposa, tú no puedes exigir la aprobación de tu esposo. No puedes convertirle en un hombre más reflexivo por medio de tus quejas. Semejante táctica puede ser causa de que se retraiga o llegue a serte hostil. Tu tarea consiste en ofrecerle la misma clase de aprecio y estímulo que de él esperas. Si es demasiado egocéntrico o está demasiado aislado de lo que le rodea para descubrir tu necesidad de frecuentes expresiones de aprecio, puedes hacerle saber con dulzura, con amor, que sientes la necesidad de oírle decirte estas cosas. Si se lo dices en forma de queja, adoptando la actitud de una mártir, sólo conseguirás ponerlo en contra tuya. Tus palabras no deben sonar como las de su madre cuando le reprendía por algo malo hecho en su infancia. A ningún hombre le gusta que le hagan sentirse como si fuera un chiquillo. El amor y el tacto pueden vencer donde fracasan las exigencias quisquillosas.

Tu marido aprenderá más por "osmosis" —la absorción inconsciente de tus actitudes— que sometiéndole a exigencias irritantes para su carácter. Para llegar a ser un buen marido se requiere tener una esposa sabia y paciente. Los maridos pocas veces se encuentran hechos y a punto de uso.

VI. *Renuncia al afán de dominio y a los celos*. Estos dos rasgos son parientes próximos. Todo el mundo puede sentir celos, y hasta cierto punto los celos son normales. Sólo son destructivos cuando se convierten en un afán dominante que lo invade todo.

Los casos extremos de afán de dominio provienen de un sentimiento de inseguridad. Un joven que se encontraba sólo a una semana de su boda me consultó acerca de su novia, que tenía un carácter muy dominante. Ella tenía dieciocho años, él veintidós. Ella había rechazado al *best man*[1] que él había escogido para la boda, y que a ella no le gustaba. De hecho, dijo él, su novia había manifestado que no permitiría que su amigo entrara en la casa. También había exigido ciertas otras cosas que indicaban un considerable sentimiento de inseguridad. Yo respondí:

—Si usted permite que ella se salga con la suya, tendrá que permitírselo mil veces en los próximos años, hasta que usted se quede sin libertad o abandone el matrimonio. Pídale que venga a verme con usted con objeto de que podamos discutirlo.

Al principio ella rehusó, diciendo que, como adultos, debían ser capaces de resolver sus propios problemas personales. Aconsejé al esposo que le dijera que a menos que aceptase consultar ahora a un consejero matrimonial, y repetir la visita después del matrimonio en caso necesario, no tenía la menor intención de llegar al matrimonio. El me respondió:

—¡Le agradezco lo que me ha dicho! Deseaba hacerlo, pero me daba pena. Las invitaciones han sido enviadas. Pero creo que he recuperado mi virilidad al decidir decirle que es preciso que veamos a un consejero cuando sea necesario hacerlo.

---

[1] Padrino de Boda.

Ella, naturalmente, acudió, aunque en actitud de hosco resentimiento. Durante la reunión le daba tirones a la manga para reprenderle cuando él no se estaba erguido en la silla. Cuando él cometía algún ligero error gramatical, ella fruncía el ceño. Después de escucharles durante una hora, les hablé así:

—Su matrimonio tiene menos del cincuenta por ciento de probabilidades de sobrevivir. Pero si los dos aceptan voluntariamente ver a un consejero matrimonial o unirse a un grupo en donde sus problemas puedan resolverse, les concederé diez probabilidades contra una de alcanzar un resultado feliz.

Ella no quiso aceptar. Yo le dije:

—Tengo la impresión de que usted debe haber tenido una relación defectuosa o interrumpida con su padre.

—Mi verdadero padre —dijo ella—, murió cuando yo tenía dos años de edad, y desde luego no le recuerdo. Más tarde, durante unos cuantos años, tuve un padrastro. Mi madre se divorció de él. Yo no considero haber tenido jamás un padre.

Sin ser culpa de ella, tenía dos cosas que iban en su contra. No habiendo tenido un padre con quien relacionarse, y ningún hermano, no sabía realmente ni lo más elemental acerca de los hombres o el matrimonio. Además, la pérdida de su padre y de su padrastro había implantado en su mente inconsciente este sentimiento: "Los hombres la abandonan a una. Se van; debo aferrarme a éste, o de lo contrario puedo perderle como perdí a los otros." Su intenso sentido de inseguridad tenía un origen comprensible.

Como Freud señaló hace muchos años, en la vida adulta exteriorizamos los conflictos no resueltos de la infancia. Si nos proponemos vivir vidas creativas y felices, es preciso descubrir el origen de nuestros sentimientos de inseguridad y tratar de resolverlos en lugar de justificarlos.

El excesivo afán de dominio hará que un hombre se aparte o que se refugie en el castillo frío y gris de su propia soledad o en los brazos de otra mujer. Si tienes un afán excesivamente dominante, es que estás básicamente falta de seguridad. Probablemente no puedes por ti sola resolver este estado profundamente arraigado. Necesitarás la ayuda de un consejero profesional, y requerirá tiempo.

VII. *Saluda a tu esposo con afecto en lugar de hacerlo con quejas y exigencias.* Cierto es que tú apreciarías descubrir calor y afecto en tu marido cuando éste llega a casa. Tus necesidades son ciertamente válidas. Pero si no ocurre así, puedes iniciar tú misma la reacción. También él experimenta esta clase de necesidad; quizá se pregunta por qué no sales a la puerta a recibirle con un afectuoso abrazo y un beso. Quizás en lugar de esto le saludas con la noticia de que Jaimito se ha portado muy mal, o que la lavadora se ha estropeado, y que hay que sacar la basura. O acaso le dices: "Oye, hay un aviso del banco. Dicen que nuestra cuenta está sobregirada."

Es un caso de necesidades incompatibles. Tu necesidad es válida. Ciertamente necesitas a alguien en quien apoyarte, con quien compartir algo de la responsabilidad que pesa sobre tus hombros, o quizás alguien que te quite toda la responsabilidad que pesa sobre ti. Has tenido un día malo. Si tu esposo gruñe y te grita diciéndote que te vayas, no es porque no le importes, sino porque también él esperaba algo que no recibió.

Te sugiero que aplaces las malas noticias hasta después de la cena. No se las comuniques en cuanto llega a casa. Recíbele con muestras de afecto, tanto si te sientes deseosa de hacerlo como si no. Te aseguro que es una buena inversión. "Dad y os será dado..." Acaso tu esposo debiera ser más comprensivo, más apreciativo, más comunicativo. Pero el caso es que no lo es. Este es el hombre con quien te casaste. ¿Es peor de lo que creíste? Quizá tu esposo esté pensando lo mismo.

Quizás está sentado mirando la televisión o leyendo, preguntándose: "¿Por qué habré yo renunciado a mi libertad a cambio de esto? Antes de casarme tenía por lo menos algo de paz y sosiego. No me esperaban en la puerta con malas noticias y exigencias."

Nadie tiene razón ni nadie está equivocado sobre este punto. Se trata simplemente de que una de las incompatibilidades básicas del matrimonio se ha quitado la careta. Los dos estáis pidiendo, y ninguno está dando. Uno de vosotros debe romper el círculo vicioso. Sugiero que lo haga el que sea más maduro, más perceptivo, más amante. Si tú lo eres, empieza pues a actuar en ese sentido. Ofrece a tu marido aprecio y afecto. No trates de obtener resultados en tres meses. Si él viera en ti un cambio repentino, podría incluso concebir sospechas y pensar: "¿Qué se estará proponiendo ahora?" Prepárate a invertir el tiempo necesario, sea un año o sean cinco años; abrúmalo con tu bondad y tu amabilidad y veamos lo que ocurre. Tu matrimonio mejorará.

VIII. *Abandona toda esperanza de cambiar a tu marido mediante las críticas o la hostilidad.* Muchos conocemos de sobra el triple axioma básico: No podemos cambiar a nadie por acción directa. Sólo podemos cambiarnos a nosotros mismos; y cuando nosotros cambiamos, los demás tienden a cambiar por reacción hacia nosotros. Si deseas una mejor vida matrimonial, debes abandonar, de una vez para siempre, toda esperanza de hacer que tu marido cambie mediante acción directa. El "sermón" que empieza diciendo: "¡Mira, escúchame bien!" nunca da resultado. Crea hostilidad y a menudo produce un contraataque. Esto no sólo se aplica a los maridos, sino a todas las demás personas, incluidos los niños. El amor cambia a las personas. La hostilidad cría hostilidad, pero el amor engendra amor.

Dentro de ciertos límites, tienes ciertamente derecho a expresar lo que sientes. Reflexiona ahora sobre la probable reacción ante los dos siguientes enfoques distintos:

"Enrique... ¡estoy harta de veras! Nunca me hablas; olvidaste nuestro aniversario de boda, y no prestas la menor atención a los niños. Hace meses que no se te ha ocurrido siquiera sacarme a cenar."

O bien: "Cariño... tengo un problema. Quizá podrías ayudarme. Ultimamente me siento deprimida y triste. Al principio pensaba que acaso necesitaba que me viera el médico, pero ahora pienso que quizá se trate de otra cosa. De repente empecé a darme cuenta de que me siento deprimida. Tú también lo pareces, algunas veces. Me veo siempre enjaulada con los niños, y a veces me siento frustrada; pero tú también estás pasando una temporada dura. Sé que he sido exigente y poco amable. Quizá te parece que no te quiero, pero te quiero. Si me he convertido en una persona regañona, quisiera que me lo dijeses. *No* deseo discutir. ¿Sabes?, me estoy dando cuenta de que era mucho más solícita y tierna para contigo antes de casarnos que ahora. Entonces nunca regañaba... Mira, cariño, ¿qué te parece si probáramos de empezar de nuevo? Por mi parte procuraré ser menos criticona. No tengo derecho a hacerte cambiar, y voy a dejar de intentarlo. ¿Qué te parece si buscamos una persona que cuide de los niños algún día de esta semana y salimos a cenar o quizás a otra parte? Es posible que necesitemos un poco de tiempo para nosotros dos, ¿no crees?"

Tu esposo puede reaccionar o no reaccionar inmediatamente. Repito que es posible. Este enfoque no debe usarse como un truco o un manejo para salirte con la tuya; sólo debe usarse si verdaderamente deseas expresar amor y afecto, y si deseas renunciar a tus exigencias. Es posible que él reaccione instantáneamente o bien un año más tarde, según sea una persona de reacciones retardadas o un tipo de personalidad espontánea. Te aseguro que vale la pena intentarlo: renuncia a tus exigencias; abandona la postura de mártir, y deja de intentar cambiarle. Expresa amor y paciencia.

IX. *Olvídate de tu complejo de princesa*. No toda mujer padece de esto, claro, pero muchas sí, lo mismo que muchos hombres crecen con un complejo de príncipe. En esencia, el complejo de princesa es la sensación de que eres "especial". Nadie es especial; todos somos únicos; especiales, no. Una niña en su infancia puede haber oído cientos o miles de veces que era bonita o "mona". Ya desde muy joven, ella absorbe esto como cosa normal. Sus afectuosos "súbditos" (padres, parientes, amigos) rinden homenaje a esta preciosa criaturita de hermosa sonrisa y lindos gestos. Si es hija única de padres que la adoran, o si es la hija menor, puede llegar a convertirse en un ser aún más susceptible. Si tiene algún talento especial, cuando crezca puede llegar a creerse ciertamente extraordinaria. Muchas veces este tipo de chica aprende instintivamente a manipular a los demás, empezando generalmente con papá.

Una mujer casada de treinta años me contó una vez su problema en este aspecto. Había sido el orgullo de sus padres, quienes accedían a todos sus deseos. Ella era dócil y servicial, habiendo aprendido que esta era la manera más fácil de obtener lo que deseaba. Su madre la vestía siempre con vestidos cargados de volantes y la exhibía orgullosamente a amigos y parientes extasiados. En la escuela se sentaba en primera fila y sacaba notas excelentes. Le predecían grandes cosas.

"Entonces, me casé con Carlos. Es una persona agradable, sosegada, en quien uno puede confiar. Me quiere y tenemos dos simpáticos chicos. Pero no puedo quitarme del todo de la cabeza la idea de que yo debería ser especial. Carlos cree que soy maravillosa, pero eso no me satisface. Es como si yo hubiera sido realmente una princesa, o me hubieran tratado como tal, y luego hubiese perdido mi corona. La gente no me adora ni se extasía conmigo. Soy simplemente una entre millones.

Intelectualmente yo sé que esto es una tontería, pero a un nivel emocional profundo me siento decepcionada. Supongo que en el fondo soy todavía una niña que necesita adoración y alabanza." Sonrió. "Es terrible crecer pensando que una es algo especial, y luego descubrir que es simplemente una más entre tres mil millones de personas y que no es más especial que los demás." Exhaló un suspiro. "¿Cree que lograré algún día superar y abandonar este complejo de princesa?"

Por el mismo acto de reconocer su falta de madurez se encontraba ya camino de ello.

A todos nosotros nos gustaría ser tratados como "especiales". Este narcisismo es una reliquia de la infancia, una reliquia del pasado. La madurez emocional no puede alcanzarse hasta que dejamos atrás esta pauta de la conducta infantil.

Una "princesa" nunca da, nunca ofrece. Al contrario, pide, exige, y adopta una actitud petulante y malhumorada cuando no puede salirse con la suya. Compra objetos de lujo con dinero que debería ahorrarse para cosas necesarias. Presenta ultimátums, o si es sutil, usa sus manejos hasta alcanzar sus fines. Si tú descubres en ti misma algunos de estos rasgos, por pequeños que sean, empieza a alejarlos de ti como reliquias que pertenecen a tu infancia.

X. *Ora pidiendo paciencia.* Una esposa que antes de casarse sabía que su marido era muy bebedor me contaba: "Yo creía que después de casados podríamos resolver todas estas cosas. Mi esposo no era un alcohólico; yo estaba segura de que si me amaba lo suficiente controlaría su hábito de beber dentro de límites razonables. Sin embargo, el matrimonio aumentó algunas de sus tensiones internas y empezó a beber excesivamente."

Otra esposa, que nunca se había preocupado antes de casarse por la pasión por el golf que su marido tenía, se lamentaba de que en los fines de semana él la dejaba sola para irse a jugar al golf con sus amigos.

El apremio por casarse, formar un hogar y tener hijos es tan fuerte en la mayoría de las mujeres que a menudo son ciegas a defectos que antes del matrimonio sólo se perciben oscuramente. En el ánimo de muchas mujeres hay una creencia, en parte inconsciente, de que "el amor se sobrepondrá a todo". En la mayoría de los casos, el verdadero amor *puede* resolver cualquier problema conyugal. El verdadero amor incluye paciencia. "El amor es sufrido, es benigno", según leemos en el Nuevo Testamento (I Corintios 13:4.) Un amor maduro tiene la cualidad de la paciencia; el amor falto de madurez desea resultados inmediatos. "Señor, dame paciencia, y dámela ahora mismo", es la oración inconsciente de tales personas.

"El amor todo lo sufre,.... todo lo espera..." (I Corintios 13:7). Renuncia pues, a la tendencia a lamentarte, censurar y controlar; no puedes controlar a otro ser humano aun en el caso de que tengas perfecto derecho a lo que deseas. Cuanto más censuras y condenas, tanto más probable es que alejes a tu esposo de ti. Si bebe o juega al golf o mira demasiado la televisión; si parece ignorarte, olvida los aniversarios, y es irreflexivo y desconsiderado en otras cosas, tus exigencias quisquillosas o tus expresiones resentidas pocas veces producirán los resultados apetecidos. Se requiere muchísima paciencia para tolerar una conducta inaceptable, pero los buenos matrimonios se edifican sobre un fundamento de paciencia.

Esto no significa que quede excluido el derecho a expresar tu opinión. No debes renunciar a tu identidad o dejarte pisotear. Una esposa que padecía ansiedades y depresiones profundas vino a verme para incorporarse a un grupo. Durante cinco años había estado visitando a un siquiatra y creía que no había progresado mucho. La inscribí en un grupo, pero cuando contó a su marido lo que pensaba hacer, éste adoptó una actitud muy hostil. Se produjo una furiosa disputa. Aunque ella era una persona normalmente bastante pasiva, sabía que necesitaba, ayuda, y no cedió. El, por su parte, estaba decidido a controlarla, y ella insistió igualmente en hacerse miembro del grupo. Al ver que su esposo se encolerizaba cada vez más insistiendo en salirse con la suya, terminó por arrojarle un listín telefónico, ante lo cual él la agarró, le sujetó las manos detrás de la espalda y le dijo:

—¡Eres una enferma!

—Eso es lo que he estado tratando de decirte —respondió ella—, y voy a buscar ayuda tanto si te gusta como si no.

Se unió al grupo y contó, sin rencor la batalla que había tenido con su marido. Ella había decidido ser una persona en todos los aspectos y que el matrimonio no daba a su marido el derecho de controlar todas sus acciones. Tener paciencia con otra persona no implica que debamos perder nuestra libertad de opción.

9. Diez mandamientos para el marido

*Las mujeres perdonan los
ultrajes pero nunca olvidan los desastres.*
Halliburton

ESTOS SON los diez mandamientos para los esposos:

I. Trata a tu esposa con energía y dulzura.

II. Ensálzala y tranquilízala generosamente.

III. Delimita las esferas de responsabilidad.

IV. Evita el censurarla.

V. Recuerda la importancia de las "cosas sin importancia".

VI. Reconoce que necesita sentirse unida a ti.

VII. Ofrécele la experiencia de sentirse protegida.

VIII. Reconoce que los cambios en su estado de ánimo son normales.

IX. Coopera con tu esposa en toda clase de esfuerzos que tiendan a mejorar el matrimonio.

X. Descubre cuáles son sus necesidades particulares e individuales y procura sastifacerlas.

I. *Trata a tu esposa con energía y dulzura*. Por más segura de sí misma que sea una mujer, por más inteligente que demuestre ser, por mucha capacidad e iniciativa que tenga, aun si parece ser una persona dominante, hay algo dentro de ella que desea "apoyarse" en un hombre. Resumiendo, una mujer necesita que la traten con firmeza y la cuiden. Necesita sentir que ha sido escogida (aun en los casos en que ella ha sido realmente la primera en escoger). Lo que quisiera es que la trataran con firmeza y la cuidaran con dulzura y energía.

Estas dos cualidades son básicas. Es posible que tu esposa descubra que no siempre eres tan enérgico como ella había esperado, ni tan maduro, y a veces quizá tampoco tan dulce. Si se casó contigo creyendo que tu pasividad era dulzura, y tu tranquilidad energía, tendrá un desengaño.

En una sesión de grupo, una de las esposas estaba lamentándose de la pasividad de su esposo. Nos contó lo siguiente:

—Es un hombre muy dulce y tranquilo... demasiado tranquilo. Jamás tiene ideas propias. Yo soy la que tomo la mayoría de las decisiones. Puedo salirme con la mía casi siempre. Pero yo no *quiero* salirme siempre con la mía. Desearía que él tomase las riendas, que iniciara las cosas y las planeara. Tengo también que planear nuestras vacaciones. Me deja hacer todo lo que quiero. Quisiera que de vez en cuando él adoptara una actitud firme y me dijera que *no puedo* hacer algo.

—Supongamos que usted supiera que él estaba equivocado y sin embargo adoptara una actitud de firmeza insistiendo en que las cosas se hicieran a su manera. ¿Lo aceptaría?

—Me encantaría. Estoy más que harta de ser yo la que toma todas las decisiones.

—Pero si él empezara a tomar decisiones, usted discutiría con él ¿verdad?

—Claro, cualquier mujer lo haría. Pero yo no deseo realmente ganar. Quiero que él gane a veces. Quiero que sea más enérgico que yo.

—Pero usted escogió un hombre pasivo. Algo dentro de usted debe haber percibido su pasividad; él era lo que usted deseaba; y ahora se está quejando.

Ella reflexionó por unos momentos.

—Bueno... supongo que mi lado humano deseaba tener a alguien a quien manejar y controlar, pero mi lado femenino desea un hombre suficientemente enérgico para controlarme, incluso cuando armo un alboroto.

Esta engañosa ambivalencia por parte de una mujer puede irritar y enfurecer a un hombre, que la considera ilógica. Tú, como marido, quizá sientas deseos de decirle a este tipo de esposa: "¡Oyeme bien! Si deseas que me encargue de las cosas, tendrás que dejar de iniciar una pelea cada vez que hago algo. Después de matarme trabajando, no quiero tener que llegar a casa y gastar la poca energía síquica que me queda en una pelea ridícula por un asunto sin importancia. Procura conservar tu identidad de alguna otra manera; no busques pelea en cada oportunidad que se presente."

Aun un discurso como ese podría, en un sentido, ser suficiente para indicarle a tu esposa que desde ahora tú tomas las riendas.

Llevar las riendas no significa ser "el jefe" ni convertirse en un personaje despótico. Sólo un hombre que se sienta muy inseguro de sí mismo precisa imponer su voluntad a los demás. La energía no implica abusar, dar órdenes, y exigir obediencia de todo aquel que se pone a tu alcance.

Esta combinación de energía y ternura no se alcanza fácilmente si uno no la posee de modo innato, pero es posible esforzarse en esta dirección. Puedes cometer errores, pero con paciencia y resolución puedes llegar a colmar la necesidad interna que tu esposa siente de experimentar seguridad y protección emocional mediante una energía tranquila que sea al mismo tiempo dulce y tierna.

II. *Ensálzala y tranquilízala generosamente.* Durante miles de años las mujeres se han encontrado en posición subordinada. Sólo en este siglo han alcanzado la igualdad en el voto y en el derecho a la propiedad, y una igualdad parcial en el empleo. Sus derechos son cosa recientemente adquirida, y las antiguas incertidumbres residen todavía en la estructura emocional de la mujer.

Por añadidura, el papel de madre hace que la mujer se encuentre en una posición mucho más vulnerable e insegura. Instintivamente se da cuenta de que necesita a alguien que la proteja a ella y a sus hijos, y que provea a las necesidades de la familia. Esto da origen a una incertidumbre que todo lo satura, y que existe haya hijos o no, o después que los hijos han abandonado el nido. Algunas mujeres son en extremo reacias a revelar a un hombre cuán faltas de seguridad y de protección se sienten y su desesperada necesidad de un marido en quien "apoyarse". Pero la necesidad existe.

A causa de este y otros factores, las mujeres experimentan en grado considerable la necesidad de protección. Esta se les puede ofrecer en forma de alabanza, reconocimiento de lo que valen, elogios, o diciéndoles simplemente y a menudo: "¡Te quiero!" Cuando una mujer pregunta: "¿Me quieres?" No está pidiendo información. Está pidiendo poder experimentar un sentimiento de seguridad y de protección.

Cierto marido, a quien le era muy difícil expresar verbalmente su ternura, se lamentaba de que su esposa siempre estaba preguntándole si la quería.

—¡Claro que la quiero! ¡Creo que debería saberlo! Traigo sin falta el cheque de mi sueldo y se lo entrego. Cuido de ella y de los chiquillos. Si no la quisiera, ¿creen que me estaría junto a ellos? Mi jefe no me dice cada día qué bien trabajo. En realidad, nadie me ha alabado por mi trabajo en veinte años, pero me siento razonablemente seguro en mi empleo. ¿Por qué necesitan las mujeres todo este relleno sentimental?

—Así es como son. Se trata simplemente de que las mujeres están hechas de esta manera y usted haría mejor en aceptar esta realidad. Si ella necesita que le exprese verbalmente su afecto, hágalo tanto si es a gusto como si no.

—¡Pero eso sería hipocresía, si se da el caso de que no lo sienta así en aquel momento!

—En absoluto. Nunca es hipocresía hacer lo que se debe. Con el tiempo descubrirá que sus sentimientos coinciden con sus acciones y no se sentirá tan torpe al expresar su ternura.

El, por su parte, accedió a intentarlo.

III. *Delimita las esferas de responsabilidad*. En cualquier relación entre dos personas, debe haber un entendimiento tácito en cuanto a las zonas de responsabilidad de cada uno. Si dos hombres forman sociedad, deben establecer las respectivas esferas de actividad y dejarlas claramente definidas. Lo mismo se aplica, con igual eficacia, a una relación conyugal.

Algunas zonas parecen fáciles de definir. Tu esposa se encarga de la casa, cocina, y tiene la responsabilidad primaria en cuanto a los hijos, especialmente cuando son muy jóvenes. Tú te encargas de ganar el sustento. Pero hay otras esferas mucho menos definidas.

¿Quién se encarga de sacar la basura? ¿Quién es el responsable del jardín, de escoger un nuevo automóvil, de decidir dónde van a pasarse las vacaciones? ¿Quién tiene poder de decisión en cuanto a posibles inversiones o a escoger dónde vivir? ¿Quién es responsable de visitar a la maestra cuando uno de los hijos tiene problemas en la escuela? ¿Quién decide cuándo hay que comprar una nueva lavadora o mobiliario nuevo? ¿Quién decide cuando se trata de lo que se va hacer el fin de semana... pasar el tiempo con los niños, con los amigos, o en algún hobby?

La respuesta simple sería: "La decisión final debe ser del que está más calificado para tomarla." Por desgracia esto es una simplificación exagerada. Tú, como marido, podrías fácilmente abdicar de tu responsabilidad diciendo: "Oye querida, tú lo haces mucho mejor que yo. ¿Por qué no te encargas tú y dejas de preocuparme con los detalles?"

Para el varón existe una "peculiaridad" de la naturaleza femenina: que precisa en muchos casos que el marido participe. La esposa a menudo se siente más "firme" si puede tratar de las cosas extensamente con su esposo. Es posible que ella escoja para hacerlo el momento en que deseas leer, ir a jugar al golf, o ver la televisión. Puedes llegar a irritarte violentamente por cosas que pueden parecerte asuntos secundarios. Pero la vida consiste no solamente en tomar grandes decisiones, y el matrimonio consiste mayormente en "cosillas", pequeñeces, que a un varón pueden resultarle penosamente aburridas. Pero son parte del matrimonio y de la vida.

Una pareja casada debe descubrir por sí misma en qué consisten las diversas "esferas de influencia": Quién paga las cuentas, quién tiene la última palabra en comprar una casa, en alquilar un apartamento, en planear las vacaciones Un marido o esposa egoístas pueden insistir cada uno en ser quien determina finalmente lo que hay que hacer, tanto en las grandes decisiones como en las cosas secundarias; pero el matrimonio incluye precisamente *resolver las necesidades incompatibles de dos personas distintas.*

En general, la decisión de una esposa en cuanto a la casa o apartamento, el mobiliario, y los detalles relativos al "nido" es la que debería tener prioridad. De la manera que el empleo de un hombre, su trabajo, es una extensión de su personalidad, el hogar es una extensión de la personalidad de la esposa, incluso cuando ella tiene un empleo. Su trabajo, si es que trabaja, es para ella solamente un medio para alcanzar un fin, no una parte importante de su vida.

Mientras tratábamos del próximo matrimonio de una joven pareja, ellos me dijeron: "Todas estas cosas las decidiremos juntos." En aquel momento ni siquiera podían imaginar las incontables decisiones sobre las cuales tendrían puntos de vista y necesidades divergentes. Cuando hay diferencias de opinión, la pareja debe decidir si tal asunto cae dentro de la esfera de él o de ella, y si es él o es ella quien debe tener la última palabra.

Un esposo que compró ocho automóviles en el espacio de cinco años exasperó a su esposa con esta total falta de consideración hacia las realidades de su presupuesto. La esposa planteó el caso en una sesión del grupo. Era una mujer muy conservadora tocante a los asuntos monetarios, y su esposo no tenía idea alguna de cómo vivir sin salir del presupuesto. Siempre se hallaban amenazados por grandes deudas. Su falta de madurez en el manejo del dinero y en otras esferas había dado por resultado una separación. Ahora se encontraban en un grupo tratando de llegar a una reconciliación. Desde hacía varios meses él se había percatado de haber estado actuando con muy poca madurez en ciertos respectos, y nos dijo:

—En mi trabajo soy una especie de mago. Gano muchísimo dinero, pero no sé manejarlo. Me gustaría que María se encargase de nuestra administración financiera.

—¿No cree que esto le haría sentirse como un chiquillo, con su *mamá* asignándole tanto por semana para sus gastos?

—A estas alturas, en absoluto. Esto me hubiera ocurrido hace un año. Creo que he madurado lo suficiente para permitir que ella se encargue de la parte económica.

Su esposa no era el tipo de persona que se concentra en controlar a los demás, y en este caso el plan dio resultado.

IV. *Evita el censurarla.* Normalmente una mujer tiende a perder su identidad algo más facilmente que un hombre. El hombre que constantemente censura y condena lo que hace su esposa puede producir en ella numerosos resultados negativos. Por ejemplo, ella:

A. Puede quedar profundamente deprimida al reprimir su hostilidad.

B. Puede presentar uno o más síntomas físicos, puesto que la mente tiende a pasar sus padecimientos al cuerpo.

C. Puede adoptar una actitud hostil, sin reacciones emocionales, o con frigidez sexual.

D. Puede perder su identidad al verse continuamente criticada.

E. Puede descargar su resentimiento en los hijos y causar en ellos perturbaciones emocionales.

F. Puede decidir abandonar el matrimonio.

Una andanada periódica de censuras, incluso cuando están justificadas, es siempre destructiva. En realidad, casi toda censura es destructiva. Generalmente hay mejores caminos para alcanzar buenos resultados.

Una mujer a quien le gustaba mucho leer, y que tenía numerosas actividades externas, confesó en una sesión de su grupo que era muy mala ama de casa. Su marido se lamentaba de esto de vez en cuando. Finalmente él declaró.

—Mi táctica de censurar su manera de llevar la casa no ha servido de nada. No sé cuál es la dificultad que ella tiene. No soy un perfeccionista, pero me gustaría ver la casa un poco limpia por lo menos una vez a la semana. Siento desconcierto al tener una casa con un aspecto como la nuestra y una esposa que está haciendo un trabajo tan chapucero. Voy a dejar de censurar todas estas cosas. Pero tengo tanto derecho a tener una casa decente como ella lo tiene a esperar que yo gane un sustento decente. Voy a adoptar una decisión en busca de una solución positiva. Denme una semana para pensar.

Una semana después trajo la respuesta:

—Le dije a mi esposa con toda tranquilidad, y sin excitarme que si tenía algún impedimento que le impedía llevar bien la casa, yo me ocuparía de mi trabajo y además de la limpieza de la casa hasta que ella se sobrepusiera a su impedimento neurótico. Esta semana, al llegar del trabajo, he empezado a hacer el trabajo de la casa; estoy intentando no hacerme el mártir, aunque de veras confieso que no me siento excesivamente feliz con esta solución. Voy a seguir haciéndolo hasta que ella enferme o abdique de su responsabilidad; si hace falta durante seis meses o diez años haré mi trabajo y el de ella sin comentario. Yo sé que tiene o bien un impedimento neurótico o una incapacidad total para llevar la casa. Cuando se canse de hacer la tonta o se harte de su neurosis, podrá encargarse de la casa de nuevo.

Lo contó con cierta impaciencia, pero también con alto grado de entendimiento y comprensión. En su caso particular, el procedimiento dio resultado favorable. Su esposa tenía en efecto un impedimento emocional. Su madre había sido un ama de casa fanáticamente meticulosa, y de modo inconsciente ella había resuelto ser tan distinta a su madre como le fuera posible. Consiguió resolver este impedimento dentro del grupo, y en pocos meses empezó a encargarse de los deberes de la casa. Cuando recaía en sus antiguos vicios, como a veces le ocurría, su esposo tranquilamente se encargaba de nuevo de la casa. Con el tiempo llegó a poder actuar normalmente como ama de casa.

Las censuras, en cualquier esfera, son inevitables en casi toda relación humana, pero cuantas menos haya, más satisfactorio será el matrimonio. Esto no excluye el expresar los propios sentimientos. Sin embargo, hay maneras diferentes de decir lo mismo:

—¿Te das cuenta de que comemos los mismo cada día? ¿No podrías poner un poco de variedad en lo que comemos?

O bien:

—¿Sabes, querida? Eres una buena cocinera, y me encanta lo que guisas, pero cuando yo era niño siempre comíamos lo mismo, semana tras semana. Mamá no era muy buena cocinera, y resolví que cuando me casara tendría variedad en la comida. No es que esta comida esté mal, pero prefiero un poco de variedad. Forma parte de mi temperamento."

—¿Es que no puedes conseguir que se callen estos niños? Oye, cuando llego a casa después de trabajar creo que merezco un poco de paz y tranquilidad.

O bien: —Cariño... he tenido un día duro y sé que tú también has pasado malos ratos con los niños. Estoy seguro de que te atacan los nervios. Supongo que te gustaría dejarlos en manos de alguien y tomarte un poco de descanso. Por desgracia no me quedan ya muchas energías cuando llego a casa. ¿Sabes? Yo procuraré encargarme de los chiquillos cuando llego a casa mientras tú preparas la cena; y después de la cena me recobraré un poco por un rato. Entonces podemos sentarnos y pasar un ratito juntos y solos. ¿De acuerdo?"

Todo esto no lo sugerimos como "soluciones", sino simplemente mostrando distintas maneras que existen de decir lo mismo. Por el hecho de estar casados no tenemos derecho a insultar, a prescindir del tacto y a censurar. La licencia matrimonial no es una licencia para abusar.

V. *Recuerda la importancia de las "cosas sin importancia"*. Generalmente los hombres son menos sentimentables que las mujeres y atribuyen menor importancia a cosas tales como cumpleaños, aniversarios, "pequeños" gestos que significan mucho para las mujeres. El amor no es tan sólo un sentimiento; encierra acciones positivas que pueden significar mucho para una mujer.

Hace mucho tiempo que conozco este principio, pero, como típico varón, no había permitido que se filtrase hasta el nivel de los sentimientos en mi naturaleza. En una ocasión le pregunté a mi esposa qué deseaba para Navidad. Aunque, como a toda mujer, le gustan las sorpresas, me pareció que no había nada que pudiese comprarle con carácter de sorpresa y que al mismo tiempo llenara alguna necesidad particular. Fue ella quien me sorprendió al decirme que todo lo que deseaba para Navidad era que quitasen un gran árbol que estaba precisamente frente a la ventana de nuestro dormitorio. Ella había mencionado esto en numerosas ocasiones, pero yo lo había dejado para más adelante a causa del gasto considerable que representaba. Acepté, y poco antes de Navidad encontré oportunidad de hacer que trasladaran el árbol. Cuando llegó Navidad sentí la necesidad de poner algo para ella debajo del árbol de Navidad. Sus necesidades y sus deseos, hasta donde yo podía ver, estaban bien atendidos. A mi esposa no se le ocurría nada especial que desear.

Llegó la víspera de Navidad y aún no tenía idea de lo que le compraría. Sentado en mi escritorio empecé a trabajar, sin mucho entusiasmo, en lo que a mí me parecía una pequeña idea tonta. Corté una docena de hojas de papel, las sujeté y les puse una cubierta formando como un librito de cupones.

En uno de ellos escribí: Vale por una cena en un restaurante de primera clase en San Francisco. El segundo decía: Vale por una cena en un restaurante con espectáculo después de la cena. El tercero era un vale para una cena en un restaurante de precio mediano. El cuarto era un vale por una cena en un restaurante chino. Otro cupón le daba derecho a una comida en un restaurante especializado en filetes. Otro vale era para una cena "en un restaurante de primera clase, a ganar mediante conducta meritoria por encima de lo que él deber exige", etc. En total había doce cupones, que ella podía usar a su discreción.

En todo este asunto yo me sentía bastante tímido. Era un simple libro de cupones y encerraba tan sólo algunas cenas y un poco de distracción que de todos modos ella tenía derecho a esperar de mí. Con gran sorpresa mía le produjo gran emoción, porque podía arrancar un cupón en cualquier noche que yo tuviese libre (cosa rara en mi caso) y decidir a dónde iríamos a cenar. Ir a cenar a un restaurante no es nada especialmente atractivo para mí; yo sabía que en el caso de ella era distinto; pero me sorprendió la gran satisfacción que le dio saber que yo le reservaba doce noches para cenar fuera de casa.

Los hombres se quedan siempre sorprendidos al descubrir cuánto significan para una mujer las "pequeñeces" (como ellos las consideran); un regalo inesperado, un cumplido con motivo de un vestido nuevo, o decirle sinceramente: "Cariño, este nuevo peinado te sienta muy bien."

El marido que olvida un aniversario de boda ha cometido un pecado terrible. El Día de la Madre la Pascua, y Navidad exigen todos ser aceptados como fechas especiales. Una joven esposa, casada con un marido apático, me dijo que se sentía desengañada por su falta de consideración en cuanto a las necesidades de una esposa. Parte de su resentimiento, recaía sobre él en forma de censuras, y parte recaía sobre los hijos cuando él estaba fuera.

Al fin, dándose cuenta de que las críticas directas eran inútiles y destructivas, se sentó un día junto a él y le explicó lo que ella necesitaba como mujer. Le pidió dulcemente que reconociese que ella tenía sus necesidades sentimentales. Su esposo se limitó a refunfuñar y dijo que lo pensaría. Pero una semana o dos más tarde la obsequió con un regalo inesperado y una cariñosa expresión de amor. No era un hombre reacio, sino simplemente le faltaba en parte comprensión. Las andanadas de su esposa sólo habían provocado su hostilidad o su silencio. En cambio, oír la expresión de las necesidades que ella experimentaba le ayudó a comprender por primera vez, y le permitió reaccionar favorablemente.

Cierta esposa contaba:

No me gusta tener que recordarle a mi esposo nuestros aniversarios. Esto le quita todo aliciente; y no me gusta tener que hacer yo misma todas las sugerencias sobre salidas o cenas fuera de casa. Mucho quisiera que *alguna vez* fuese él quien llevara la iniciativa, que tomara las riendas, que me mostrase que de veras tiene interés, que planeara algo para los dos sin preguntármelo.

Se trata de una necesidad femenina perfectamente legítima, y un marido debe reconocerla como tal si va a ser un cónyuge apropiado.

VI. *Reconoce que ella necesita sentirse unida a ti.* No hay dos mujeres que sean idénticas en las necesidades que sienten, desde luego, pero en general las mujeres tienden, más a menudo que los hombres, a precisar una experiencia de unión o experiencia del "contacto". Este es un término moderno que se ha usado excesivamente, pero no podemos ignorar la verdad que encierra. Hay esposas que son "posesivas", "apegadas", "exigentes", que se aferran al esposo y no quieren perderlo de vista. Estas necesitan consultar un consejero profesional, pues sus necesidades neuróticas provienen de una profunda incertidumbre personal. Pero incluso una esposa corriente muchas veces desea más porción del tiempo y de la atención de su marido que lo que éste está predispuesto a ofrecerle.

Hay muchos esposos a quienes las salidas en familia les encantan. Algunos hombres disfrutan en toda clase de actividades compartidas con sus esposas, mientras otros necesitan realmente compañeros varones. El esposo que desea preservar una buena relación conyugal procurará sastifacer la necesidad que su esposa siente de hacer cosas juntos. Si sus gustos difieren en cuanto al uso del tiempo libre, lo más indicado es transigir razonablemente.

Recuerdo un verano en que mi esposa expresó su deseo de que pasáramos las vacaciones en un centro especialmente dedicado al veraneo. Por mi parte yo sentía grandes deseos de efectuar un viaje tipo excursión con hombres. Ella detestaba el camping, y yo no tenía ningún deseo especial de dar vueltas por un centro de veraneo sin facilidades para la pesca. Después de discutirlo brevemente, hicimos el siguiente arreglo: teníamos dos semanas libres, de modo que yo sugerí que pasaría una semana con ella en su centro de veraneo y una semana en las montañas pescando en el río. Mi esposa accedió sin dificultades. Resultó un arreglo completamente satisfactorio. No le importaba lo más mínimo quedarse sola durante una semana porque no tenía dificultades en hacer amistad.

Una esposa de las que se aferran al marido, exigente, dominante, podría ser causa de que un arreglo de esta clase resultara difícil o imposible. Virtualmente todos los esposos y esposas tienen necesidades que son incompatibles. El tener "contacto" no implica ir por la vida cogidos de la mano, disfrutando en el mismo grado de cosas idénticas. Somos individuos humanos con necesidades y gustos divergentes. Debemos respetar las necesidades de los demás y transigir animosamente cuando sea necesario; sólo las personas poco maduras exigen salir con la suya en toda circunstancia.

VII. *Ofrécele la experiencia de sentirse protegida*. La necesidad de sentirse protegida es en la mujer mucho mayor de lo que imaginan la mayoría de los hombres. Un marido enérgico, afable y considerado puede aportar esta experiencia. Pero en esferas específicas las necesidades de las mujeres varían. Muchas mujeres (a menudo sin darse cuenta) se sienten protegidas al tener un marido que hace las reparaciones de la casa. Esto demuestra que está interesado en el hogar y por tanto interesado en ella. Si es más bien torpe, y no sabe reparar ni siquiera un grifo que gotea, puede representarle cierta desventaja. Pero cualquier hombre puede cortar el césped, que también tiene que ver con la conservación del hogar, o barrer las hojas caídas, o ayudar a trasladar muebles (si ella es "aficionada" a esto), o por lo menos interesarse en las actividades diarias de su esposa. Quizás en el fondo piensas que no te importa nada oír los detalles que ella te cuenta, pero en el mismo acto de escuchar estás expresando amor, contribuyendo así a que ella experimente la sensación de hallarse protegida.

Algunas mujeres (y también hombres) tienen lo que podría llamarse "complejo de rinconcito". Les gusta guardar pedazos de cordel o revistas, o tener pequeñas reservas de dinero para algún caso especial. Si tu esposa experimenta cierta sensación de seguridad teniendo una cuenta corriente propia en el banco, o una cuenta de ahorros personal, no te opongas. Es posible que no veas la necesidad, pero esto no es tan importante como el que ella se sienta protegida. No es preciso que sea una cosa lógica. No intentes dirigir tu vida conyugal alimentándola con una dieta constante de lógica. Los sentimientos son tan importantes como la lógica, y a menudo más. Presta tu apoyo a todo lo que ofrezca a tu esposa un sentimiento de seguridad mientras no perturbe el presupuesto ni te despoje a ti de tu carácter masculino.

VIII. *Date cuenta cabal de que los cambios en su estado de ánimo son normales.* Todos los seres humanos tienen, desde luego, altas y bajas en sus estados de ánimo. Las mujeres, sin embargo, tienden a sufrir más fuertes variaciones que la mayoría de los hombres. En parte, esto puede atribuirse al ciclo mensual. El esposo debe aprender a ser paciente y considerado. A veces, una mujer puede llegar a parecernos ilógica y fuera de toda razón, por lo menos a ojos de la mente varonil que desea ver las cosas en orden y con lógica. Lo mejor será que tú aceptes sus diversos estados de ánimo como cosa inevitable.

Un acontecimiento feliz puede hacer que una mujer se sienta dichosa hasta el éxtasis; algo que ha oído decir o ha visto hacer puede hundirla en la depresión. Un esposo rígido o inseguro puede llegar a sentirse amenazado por estos altibajos. Es posible que prefieras un ritmo constante sin fluctuaciones, renunciando a los estados de euforia si con ello puedes evitar los estados de depresión. Tu esposa puede ser de constitución distinta. Quizá te casaste con ella a causa de su capacidad para el gozo y la alegría. Pero una personalidad alegre puede a veces experimentar profundas depresiones. No necesitas experimentar las mismas cumbres de dicha si tu constitución es distinta, ni tampoco debes sumergirte con ella en la depresión. Acaso una de las razones por las que ella se casó contigo era que inconscientemente deseaba tu estabilidad emocional. No te asustes ni permitas que los cambios de humor de tu esposa te perturben. Aguántalos con paciencia y con bondadosa comprensión. *No te lo tomes personalmente,* ni le digas bruscamente: "¡ Basta ya! "

IX. *Coopera con tu esposa en toda clase de esfuerzos que tiendan a mejorar el matrimonio.* Las mujeres, como hemos visto, son insaciables, y los hombres son obtusos. Ellas pueden ser insaciables en su deseo de conseguir un matrimonio mejor. Es posible que tu esposa desee leer un libro sobre el matrimonio, sobre la comunicación, sobre el modo de criar a los hijos. Tu ego masculino, si es algo débil, quizá rechazará la sugerencia de esta lectura, creyendo que cuando te entrega el libro para que lo leas en el fondo está criticando tu actuación como marido.

¡No dejes de leerlo! ¿Qué vas a perder? Quizás incluso aprendas algo. No hay nadie que mediante una simple ceremonia de boda haya sido equipado automáticamente para funcionar con la máxima eficacia dentro del matrimonio. Cualquier marido puede leer con provecho una o dos docenas de libros sobre el matrimonio.

Si tu esposa te alienta a que visiten a un consultor de orientación matrimonial, o a que se incorporen a un grupo, o a que asistan a una serie de conferencias sobre el matrimonio o la educación de los hijos, no dejes de ir. El matrimonio y el hogar encierran para una mujer normal una actividad completa y total. No te retraigas al ver que ella siempre está buscando la manera de lograr mejores relaciones; coopera con ella con gracia y buena disposición. Un consejero matrimonial puede costarte muchísimo menos que un divorcio y año tras año de mantenimiento de los hijos, además de salvar el matrimonio y evitar las lágrimas y penas del divorcio.

X. *Descubre cuáles son sus necesidades particulares e individuales y procura sastifacerlas.* No hay dos esposas iguales; la mujer con quien te casaste es distinta a toda otra mujer; tiene sus gustos y sus manías particulares, sus estados de ánimo y sus necesidades sentimentales. Al principio, lo que ella necesita puede parecerte exagerado o fuera de razón. Quizá nunca podrás colmar todas sus necesidades en seguida, acaso nunca. Pero siempre puedes tratar de descubrir qué es lo que ella necesita, desea, y aprecia; puedes procurar llenar tales necesidades en la medida de tu capacidad. Esto no significa que debas satisfacer caprichos pueriles, pero sí puede significar cooperar en cosas que quizá te parezcan sin lógica o sin importancia. Si algo la hace feliz. y le produce un sentimiento de satisfacción. trata de satisfacerla.

10. Ocho tipos de esposos neuróticos

*La perfecta esposa es la que
no espera tener un perfecto esposo.*
Anónimo

ES IMPORTANTE reconocer que cada uno de estos ocho tipos de conducta es solamente un síntoma causado por un desorden básico de la personalidad que no puede verse. Si sólo atacas el síntoma, conseguirás, en la mayoría de los casos empeorarlo.

1. *El marido explosivo, discutidor y dominante.* Este tipo de hombre tiene sentimientos de inferioridad profundamente arraigados. Es posible que temprano en la vida haya comenzado a tratar de controlar su medio gritando o discutiendo en exceso. Debido a la falta de madurez, teme que alguien se convierta en un igual, creyendo que esto le abrumaría y controlaría. Debe pues a toda costa mantener esta superioridad ficticia. Es preciso que siempre tenga razón. No puede soportar la idea de haberse equivocado en cosa alguna.

Este hombre tiraniza y domina por el temor y por su propia presencia, y si es un poco más tranquilo, por medio de un carácter intensamente discutidor que nunca cede hasta que está seguro de que ha confundido a todos sus adversarios. La falta de madurez en los sentimientos y la falta de seguridad en sí mismo son las dificultades básicas de este caso, y responder a sus argumentos, atacarle o criticarle sólo despierta, mayor antagonismo en él. Cueste lo que cueste, por más ridículo o ilógico que suene lo que dice, es preciso que mantenga su pretendida posición de superioridad. Está dispuesto a arriesgarse hasta que la familia, amigos y compañeros de trabajo se alejen de él, antes que reconocer un error; o si reserva sus andanadas para la familia, como hacen algunos, está dispuesto a convertirse en un necio antes que reconocer que, otro aparte de él, tenga razón. Es preciso que lleve las riendas, pues de lo contrario su minúsculo ego se desplomaría.

El marido discutidor y dominante, a causa de su falta de seguridad y firmeza, suele ser reacio a iniciar toda clase de terapia. Tiende también a resistirse a la idea de consultar a un consejero matrimonial, pues esto equivale a admitir la posibilidad de un cambio por su parte. La alteración de su tipo básico de conducta plantea para él una amenaza mayor de lo que está dispuesto a afrontar. Sin embargo, si se le puede inducir a iniciar alguna forma de grupoterapia dentro de la situación típica de un grupo que no sea demasiado amenazante, ello puede gradualmente efectuar algunos cambios en su personalidad.

La esposa de un hombre de este tipo padecía profunda depresión y vino a verme en busca de orientación. Estaba abatida hasta el punto de sentirse desprovista de toda dignidad y desesperada. La alenté a que renunciase a todo esfuerzo por cambiar a su esposo mediante acción directa o por medio de manejos. La invitamos a unirse a un grupo de esposos y esposas que se estaban preparando para realizar un inventario de crecimiento y madurez espiritual consistente en un test sicológico reglamentado, con evaluaciones semanales. Le advertí, sin embargo, que no podría incorporarse al grupo sin su esposo. (En algunos casos los esposos y esposas son separados en dos grupos, pero en este caso considere que era deseable que perteneciesen al mismo grupo.)

A sugerencia mía, ella dijo a su marido que podrían probablemente descubrir la raíz de su depresión por medio de este proceso, pero que era preciso que él la acompañara, aunque sólo fuera para comprenderla mejor. Lo persuadió para asistir por lo menos a una sesión del grupo. El asistió, muy a desgana, tan sólo con objeto de ayudar a su esposa "a adquirir un poco de sentido común y a desprenderse de su depresión". El esposo encontró en el grupo una atmósfera amigable, en la cual nadie le provocaba ni le censuraba. Aunque un poco reacio, aceptó tomar parte en el test con los demás miembros del grupo. Cuando empezaron a llegar los resultados de las evaluaciones semanales, pareció sentirse muy retraído, pero al comprobar que los demás del grupo estaban recibiendo resultados similares, se sintió menos amenazado. Su esposa recibió un resultado que indicaba que su depresión era resultado de una hostilidad reprimida, escondida. El esposo recibió el primer resultado en que se le decía que como consecuencia de una inseguridad básica originada en su tierna infancia, tenía tendencia a procurar controlar a los que le rodeaban.

En la reunión siguiente dijo poca cosa, pero admitió que quizás el resultado pudiera tener alguna validez. Se quedó en el grupo, sintiendo curiosidad por saber lo que revelarían los resultados semanales que faltaban. Gradualmente su tensión y ansiedad desaparecieron a medida que se integraba cada vez más en el espíritu de las reuniones del grupo. Se reía mucho, lo cual aliviaba la tensión. Nadie criticaba ni hostilizaba a nadie. Cada uno de los miembros del grupo tenía la firme intención de descubrir cuáles eran sus propias esferas de deficiencia.

Sin llevar a cabo ningún esfuerzo consciente para efectuar un cambio en su conducta, el marido discutidor empezó a relajarse tanto dentro del grupo como en casa. Había sido aceptado por el grupo tal como era. Se dio cuenta de que otros esposos y esposas tenían sus problemas, distintos a los suyos pero igualmente graves. Además, empezó a aprender más acerca de las mujeres de lo que nunca había sabido.

En una de las sesiones dijo: "Por primera vez estoy empezando a darme cuenta de las muchas maneras en que las mujeres difieren de los hombres en sus reacciones emocionales. Cosas que yo consideraba neuróticas o extrañas en la actitud de mi esposa me parecen ahora perfectamente normales. Empiezo a comprender lo que sienten las mujeres y a aceptar la validez de sus diferentes reacciones emocionales. Hasta que me incorporé a este grupo nunca supe cuánto difieren los hombres y las mujeres en sus reacciones emocionales ante la vida."

Durante este proceso el esposo llegó a comprenderse y a aceptarse a sí mismo mucho mejor. A medida que disminuía su falta de seguridad personal básica, sentía cada vez menos la necesidad de controlar a su esposa. Su relación conyugal mejoró en alto grado, y la depresión de su esposa desapareció cuando pudo expresar dentro del grupo, sentimientos que en su casa hubieran precipitado una tormenta.

2. *El esposo compulsivo*. La compulsividad se presenta en muchas formas. Es posible ser un glotón, golfista, bebedor, o teleadicto compulsivo. También existe la categoría del trabajador compulsivo, y la del hablador compulsivo.

La compulsión es un problema de conducta neurótica que nunca, jamás, cede a los argumentos, las amenazas, las súplicas, las lágrimas o cualquier otra forma de persuasión. Se trata simplemente de lo que el nombre indica: una compulsión, un apremio, un constreñimiento. Tales personas se sienten literalmente *compelidas*, obligadas, a actuar de manera particular. Usted no puede hacer cambiar a un bebedor o a un hablador compulsivo por el simple medio de avergonzarle. No se trata de que no quiera. Lo que ocurre es que no puede. Nadie sabe cuántas esposas han aprendido a costa propia que las lágrimas y las amenazas de nada sirven al tener trato con una personalidad compulsiva.

En tales individuos hay una falta de seguridad personal básica. No se le puede censurar por padecer este particular problema, y las críticas constituyen el peor enfoque posible; pero tiene la responsabilidad de hacer algo por sí mismo.

Un bebedor compulsivo es en el fondo una persona con falta de seguridad, generalmente dominada por una personalidad pasiva. Esta pasividad no excluye un comportamiento agresivo, especialmente cuando ha estado bebiendo. Se trata de personas generalmente afables, individuos bondadosos cuando están sobrios, pero sus promesas "de no volver a beber jamás" carecen, desde luego, de todo significado. La esposa de un bebedor de este tipo debe, en primer lugar, ponerse en contacto con alguna organización de abstemios y aprender a tratar a su marido. Probablemente se enterará de que casi todo lo que ha estado haciendo para resolver el problema era totalmente erróneo.

El trabajador compulsivo tiene una especie de ansiedad que va flotando a la deriva. Hay en él una falta de seguridad personal escondida que le empuja a alcanzar objetivos, a estar constantemente ocupado. Esto suele ser un tipo de conducta mucho menos destructiva que muchas otras, pero puede ser moderadamente o gravemente destructiva para la seguridad y tranquilidad de la familia.

Un hombre que tenga esta obsesión es capaz de tomarse vacaciones poco frecuentes, trabajar largas horas, y convencerse a sí mismo, con toda clase de racionalizaciones de que simplemente no tiene tiempo para otras actividades que el trabajo al cual se dedica.

Muy a menudo, el hombre que se siente amenazado por los contactos personales íntimos o que se siente

fastidiado, censurado, o "cercado" se retirará a alguna
actividad esforzándose en escapar a una situación
menos amenazante. Es posible que trate de tener una
relación íntima con su esposa o sus hijos. Inconsciente
o conscientemente está buscando una manera social-
mente aceptable de rehuir conflictos o tensiones. Se
trata más bien de un mecanismo de escape que de una
compulsión, pero puede frustrar a una esposa que desea
tener mayor porción del tiempo y la atención de su
esposo. Si un marido parece pertenecer a este categoría,
la esposa podrá preguntarse a sí misma qué es lo que en
sus relaciones o en el hogar hace que su esposo se
sienta intruso, amenazado, o simplemente incómodo. Si
se le ataca o critica, se le degrada o ridiculiza en casa,
puede simplemente, si es un tipo pasivo, hallar la
manera de eludir la situación. Puede afirmar que
necesita un hobby, que necesita tener compañeros
varones, o que tiene que terminar algún trabajo En
lugar de exigencias, lágrimas o ultimátums, la esposa
de un hombre semejante tiene que conseguir que el
hogar sea un lugar donde su esposo se encuentre
cómodo y bien acogido.

3. *El marido poco comunicativo.* Una de las
quejas más comunes en las esposas es que sus esposos
nunca les hablan. De estos hombres hay numerosas
categorías:

El varón "pasivo y tímido". Cuando niño se le
enseñó a callar aunque estuviera en casa o bien fue
dominado por padres excesivamente estrictos. Como
adulto se encuentra literalmente incapaz de sostener
una conversación extensa. Le faltan palabras con que
expresarse y generalmente se encuentra desconectado
de sus propios sentimientos. Sea cual sea la causa
original, estos hombres no pueden ser *obligados* a
tener comunicación. Se sienten embarazados y torpes
cuando tratan de expresarse. La esposa de uno de estos
individuos poco comunicativos debe generalmente
resignarse a su situación y buscar una válvula de escape

para sus necesidades sociales, a menos que el esposo se avenga a iniciar algún tipo de terapia a largo plazo.

El esposo "fuerte y silencioso". Es posible que inicialmente su esposa se haya sentido atraída a él creyendo que su silencio era el "silencio del hombre fuerte". Ciertamente es posible que tenga una considerable fuerza interior que se manifiesta en su trabajo, pero al mismo tiempo no sabe ser comunicativo en casa. En su propio hogar no habla de las cosas que interesan a su esposa. Este tipo de hombre está generalmente "orientado hacia las cosas"; es decir, tiende a ocuparse exclusivamente de cosas o ideas y se siente en desventaja al enfrentarse con sentimientos. Comúnmente se siente amenazado en presencia de trastornos emocionales de cualquier tipo, pues prefiere que las cosas marchen sin altibajos emocionales. Las esposas de tales individuos suelen ser propensas a empujar, probar, o manipular con objeto de provocar alguna reacción sentimental. En tal caso el marido reacciona con un estallido de enojo, con retraimiento silencioso, o con callada hostilidad.

El marido de "conversación limitada". Es un hombre capaz de sostener una conversación sobre casi cualquier cosa mientras no se refiera a cosas del sentimiento. No se puede decir que no sea comunicativo. Suele conversar, pero encuentra grandes dificultades en hablar acerca de sentimientos o en compartir alguna emoción.

En un sentido, no conocemos a una persona hasta que sabemos lo que siente. La esposa típica desea conocer a su esposo en el plano de los sentimientos, saber lo que siente acerca de sí mismo, de la vida, de ella. El hombre incapaz de compartir sentimientos, es decir de comunicarlos, es el hombre a quien no se puede conocer. De hecho, teme ser conocido o conocerse a sí mismo. Cree que es mucho menos arriesgado tratar de cosas, conceptos y objetos tangibles. Cuando trata de emociones, se siente incómodo.

Una pareja casada, cuyas discusiones en casa terminaban siempre con palabras hostiles, vino a consultarme. La esposa fue la primera en acudir y me expuso sus quejas. Después de varias sesiones, le dije que sería necesario que acudiera con su marido. Ella tuvo una sorpresa cuando su esposo aceptó celebrar una serie de conferencias. Los dos descubrieron que en mi presencia podían plantear sus problemas abiertamente, sin que ninguno de los dos estallara enojado. En realidad, se enteraron por primera vez de que la comunicación era algo posible, pero tenían que aprenderlo en presencia de una tercera persona.

Recuerden que no estoy de parte de ninguno de ustedes, les dije. Estoy de parte del matrimonio.

Con el paso del tiempo se resolvieron sus diferencias y llegaron a tratar de sus cosas en su propio hogar con más claridad y menos acaloramiento. Esto también puede ocurrir como resultado de la experiencia de participar en un grupo, donde con mucha frecuencia esposos y esposas pueden aprender a comunicarse por primera vez a un nivel profundo.

El esposo "cerrado". En otros tiempos, quizá durante el noviazgo, había mucha comunicación en el plano de los sentimientos. Actualmente ha llegado a ser un hombre arisco y silencioso; este tipo de hombre está generalmente rehuyendo algo que no desea tratar. Es posible que la esposa sea habladora por cumpulsión y si su marido no puede hacerla callar, puede simplemente dedicarse a pensar en otra cosa. Su esposa observa que él charla facilmente con los amigos pero en casa no es comunicativo, y como consecuencia se siente herida y rechazada. Es posible que él no se sienta capaz de contarle sinceramente qué es lo que pasa por temor a una disputa inacabable. Algunos de estos maridos se sienten sexualmente repudiados y reaccionan con una fría altivez. Corresponden al rechazamiento sexual rechazando a sus esposas en otras esferas.

4. *El marido niño.* Se trata del marido neurótico que ha sido un niño mimado. En el matrimonio está tratando de reproducir algo parecido a la relación que tenía con su madre, de quien nunca fue capaz de despegarse del todo. A menudo es un hombre pasivo y propenso a eludir la responsabilidad. Este tipo de personalidad suele ser resultado de un padre débil o indiferente y una madre excesivamente protectora. El esposo necesita muchas atenciones y que su esposa lo trate como si fuera una madre cuando él se encuentra enfermo, y a veces puede ser propenso a numerosas dolencias, unas vagas, otras específicas. Carece del sentido de identidad masculina y a veces llega a extremos ridículos para demostrarse a sí mismo y probar a los demás que es verdaderamente hombre. Puede llegar a ser petulante cuando no se sale con la suya. Tiene un complejo de inferioridad que trata de compensar de diversas maneras. Casarse con un hombre así puede ser un éxito si la esposa sabe y quiere asumir el mando en el punto donde la madre lo dejó. Será preciso que lo trate como si fuera una madre, que lo mime, que aguante sus absurdas exigencias hasta que él crezca sicológicamente.

Hay una variación del marido niño, y es el hombre con una obsesión mental por su madre. Nunca ha cortado del todo los lazos que le unían a una madre dominante. Su madre, sea porque fuese infeliz en su propio matrimonio o por tratarse de una viuda, está chiflada por este hijo en particular. Si la madre del marido vive, éste le consagrará una asidua atención, la visitará lo más a menudo posible y cederá a sus caprichos. Está síquicamente casado con su madre, y su esposa ocupa el segundo lugar en su vida. Esto es una experiencia que produce frustración en la esposa, quien jamás puede experimentar que cuenta con el amor y lealtad completos de su esposo. La lógica, las discusiones, y los ultimátums rara vez llegan a cambiar a un hombre así. Generalmente la única curación efectiva llegará por medio de algún tipo de terapia individual o de grupo.

5. *El marido hipocondríaco.* Generalmente se trata de una neurosis relativamente inofensiva en cuanto se refiere al matrimonio, pero la esposa debe prepararse a aguantar una vida entera de píldoras, visitas al médico, enfermedades sicosomáticas y dolencias físicas. Este hombre no puede ser censurado más que otro por su estado, pues no es peor que cualquier otro tipo de conducta neurótica. Cada uno de nosotros es el producto del ambiente en donde creció. Es absolutamente estéril tratar de convencer a un hipocondríaco de que se equivoca en su atención obsesiva a la enfermedad. La lógica tiene poco o ningún efecto en un tipo de conducta neurótica. A menos que esta conducta sea gravemente perturbadora, la esposa de un hombre así haría mejor en decirse a sí misma: "Voy a vivir con sus botellas de píldoras y sus dolencias físicas y él podrá aprender a vivir también con algunas de mis peculiaridades y rarezas." Una tolerancia humorística y amante es mejor enfoque que la típica actitud sentenciosa.

6. *El esposo pasivo, pasivo silencioso, o retraído.* Una esposa inteligente y muy competente me consultó hace varios años acerca de la conducta de su esposo. Rehusaba hablar con ella o con los niños, y se había negado a darle dinero alguno para el sostenimiento del hogar. Ella no sabía ni cómo explicarse su conducta excéntrica. Cuando le conocí, era un individuo tranquilo, afable, pasivo. Ella era extrovertida, muy franca y bastante habladora. Su manera de enfocar las cosas era directa y rápida. Era fácil descubrir que el esposo estaba simplemente retirándose de una situación que no lograba dominar. Para ella, la sinceridad consistía en decirle a una persona exactamente lo que pensaba. No era sensible a las necesidades de su marido y no comprendía el motivo de su retraimiento silencioso.

Sugerí que un tratamiento de orientación o una experiencia de grupo podría ayudar a ambos a descubrir la fuente de sus dificultades. Ella se mostró reacia a cualquiera de las dos cosas y dijo:

—El que está enfermo es él. Encárguese de él y trate de mejorarlo.

Con paciencia, tacto y comprensión esta esposa hubiera podido salvar su matrimonio, que finalmente terminó en divorcio. Quizá le hubiera llevado seis meses o quizá tres años resolver la dificultad, pero casi ciertamente lo hubiera conseguido si hubiera estado dispuesta a probar otra cosa que el enfoque de mano dura y crítica directa que usaba con su esposo. Este estaba realmente necesitado de ayuda. Se sentía sentenciado y rechazado y no sabía protegerse. Su único recurso era el de retirarse en silencio. En un esfuerzo fútil por controlar la situación le cortó a su esposa el suministro de fondos para el hogar, forzándola a buscarse trabajo con qué mantenerse. El resentimiento de su mujer se convirtió en franca hostilidad y el divorcio fue inevitable. ¿De quién era la culpa? De ninguno; de ambos. Ambos eran productos del ambiente de su infancia. Mas no obstante eran responsables de tomar medidas que pudieran haber dado por resultado una solución creativa.

7. *El marido "playboy"*. Este interesante ejemplar puede resultar ser en el fondo un chico que se resiente de las responsabilidades adultas o se resiste a ellas. Un hombre de esta clase solía abandonar sus responsabilidades familiares para ocuparse en su "hobby", que era las carreras de motocicletas. Otro, coleccionaba y hacía reparaciones personales de coches antiguos. Uno a quien di orientación conyugal tenía como "hobby" la caza y la pesca hasta el extremo de abandonar a su familia.

Otro, caso típico de muchos, perseguía a las mujeres. Necesitaba confirmar su masculinidad haciendo tantas conquistas como fuera posible. Sólo podía controlar su falta de identidad masculina teniendo aventuras amorosas con numerosas mujeres. Otro, tenía una colección de escopetas que rara vez usaba, un yate que sólo usó dos veces, un extenso surtido de cañas de pescar, aunque nunca iba de pesca. Todo esto no eran más que símbolos de masculinidad. Se metió en una inacabable serie de aventuras amorosas con diversas mujeres y su frustrada esposa terminó el matrimonio. Su identidad como varón era tan débil que era emocionalmente incapaz de sostener una relación prolongada con mujer alguna.

Atacar los síntomas suele ser estéril. La única solución es el crecimiento emocional y espiritual, y a menos que un esposo con semejante problema esté dispuesto a recibir ayuda, quedan pocas esperanzas para el matrimonio.

8. *El avaro neurótico*. El marido que trata de controlar a su esposa o familia con dinero está usando el arma que mejor conoce y más ama. Es, como la mayoría de los demás en esta categoría, un individuo en extremo inseguro de sí mismo, y el dinero se ha convertido en su principal fuente de seguridad personal. Lo usa para controlar a todos los que le rodean. Un caso típico era el hombre a quien no le importaba gastarse una gran suma en un traje, pero ofrecía cantidades totalmente insuficientes para vestir a su esposa e hijos. Exigía cuentas hasta el último céntimo. Había crecido en extrema pobreza y estaba resuelto a no padecer nunca por falta de dinero. Como se comprenderá, su conducta neurótica enajenó a toda su familia. Pero estuvo dispuesto a soportar su hostilidad antes que desprenderse de un céntimo del dinero que, según fueron las cosas, por fin fue dividido entre su esposa y él cuando el matrimonio terminó en divorcio.

Un avaro de verdad no es necesariamente un hombre tacaño. Teme quedarse sin dinero. No es posible convencerle de que abandone su neurosis, como tampoco es posible convencer a una persona de un metro setenta de estatura de que mide un metro noventa. Es una parte casi imborrable de su naturaleza. La sicoterapia podría ayudar a semejantes personas, pero el avaro rara vez se desprenderá del dinero necesario para lograr una curación que no desea.

Cómo vivir con un marido neurótico

Todos nos casamos con un ideal. Durante el noviazgo cada uno muestra al otro sus mejores facetas. El antiguo adagio de que el amor es ciego es esencialmente verdadero. La corriente de hormonas sexuales color de rosa cierra la entrada de oxígeno en el cerebro. Esto ocurre casi literalmente, pues durante el noviazgo estamos "enamorados del amor", y tenemos tendencia a idealizar a la persona amada, engrandeciendo las virtudes y minimizando los defectos de su personalidad. Hay una vehemencia, una ilusión, una especie de euforia que aísla la corteza cerebral, donde se efectúan las operaciones del juicio racional. Luego viene la realidad. La euforia desaparece poco después de dejar a un lado el velo nupcial y terminar la luna de miel. Empieza entonces la tarea de elaborar una relación matrimonial satisfactoria.

Un marido neurótico (y desde luego todo el mundo es neurótico en cierto grado) necesita precisamente aquello que su esposa se siente incapaz de ofrecerle: un amor tolerante. Precisamente porque se está mostrando irrazonable, necesita la máxima comprensión y paciencia. Cuando su yo ha sido magullado y proyecta sus frustraciones sobre la esposa o los hijos, necesita amor incondicional, amor que es difícil de ofrecerse a una persona irrazonable, exigente u hostil.

Recuerda que sus actos no son "premeditados". Son compulsivos, como todas las reacciones neuróticas. No sabe por qué hace o dice lo que hace y dice, como no lo sabría un niño que está teniendo un berrinche. Casi cualquier reacción negativa hará que se sienta aún más privado de amor. Sus acciones irrazonables o cargadas de frustración despiertan en su esposa tanto resentimiento que de repente se encuentra demasiado ocupada odiándole para darle precisamente lo que más necesita, que es amor.

Lo que él dice no sonará racional ni sensato simplemente porque está reaccionando emocionalmente en un esfuerzo por protegerse y mantener el yo intacto. Si necesita cuidados, o alguna forma de ternura, se da cuenta instintivamente de que no puede revelar su necesidad sin parecer débil. Por consiguiente, es posible que reaccione con enojo frente a su esposa o que se retire en silencioso retraimiento. Generalmente no es consciente del hecho de que necesita de veras ser amado; al actuar como lo hace incapacita a su esposa, aún más, a corresponderle con afecto.

Para muchas personas es difícil aceptarlo, pero la verdad es que la necesidad básica de una mujer es sentirse segura y protegida, y la necesidad fundamental del varón es recibir afecto. La necesidad que ella siente de tener protección puede abarcar mucho más que las posesiones materiales. La esposa puede recibir este sentimiento de protección sabiendo que es amada y estimada, que su esposo es lo suficientemente enérgico para cuidar de ella, que es un hombre en quien puede confiarse. A menudo, ella lo pone a prueba inconscientemente, sólo para asegurarse bien de que él es todo lo enérgico que ella desea.

El, por otra parte tiene una necesidad básica y fundamental de recibir afecto. Algunos hombres se sienten desconcertados al recibir demostraciones externas de afecto, pero la necesidad sigue existiendo. El esposo necesita desesperadamente ternura, afecto, dulzura, aunque las formas en que los hombres saben aceptar estas demostraciones emocionales varían grandemente según el individuo.

Un esposo neurótico, frustrado en su trabajo, puede sentirse incapaz de compartir sus problemas con su esposa, por temor a parecer un hombre débil. Como resultado, es posible que se dedique a beber excesivamente o a portarse de modo grosero, o bien quizá trate de estimular el yo debilitado por medio de algún flirteo. Quizá buscará refugio en la enfermedad, la botella de licor, una aventura amorosa o algún tipo de actividad febril que le ofrezca alivio de momento.

Indicarle lo irracional de su conducta sólo conseguirá intensificar su enojo o su auto-rechazamiento. Las censuras o admoniciones de su esposa le recuerdan las antiguas exhortaciones de su madre cuando le mandaba hacer los deberes de la escuela o los trabajos de la casa. Es más que inútil discutir con un marido neurótico. La esposa de una persona en tal caso siente instintivamente que el matrimonio se está resquebrajando, y suele empezar indicándole lo equivocado que está. Sería mucho más creativo ofrecerle todo el amor y el afecto posibles y buscarse algunas actividades al aire libre para sí misma. Si se siente descuidada a causa de la conducta neurótica o irrazonable del esposo, sentirá la tentación de decirle que hace meses que no la ha llevado a ninguna parte; que también ella tiene necesidades; que su matrimonio se está desmoronando; que debieran consultar un consejero matrimonial; con el resultado de que o bien se retrae aún más en su silencio o procura justificarse a sí mismo.

Las mujeres en general tienden a desear participación en las actividades de sus maridos. Les gusta poder hacer cosas juntos. Algunos esposos encuentran en el hogar, junto al fuego y a la televisión, un refugio a salvo de un mundo agitado o amenazador, y parecen poco interesados en salir tan a menudo como sus esposas quisieran. Discutir sobre esto suele ser inútil, ya que encierra un elemento de censura o de crítica. Si no hay otra solución, es mucho mejor que la esposa se busque actividades propias a las cuales dedicarse. Si no puede tener un matrimonio maduro, puede por lo menos tenerlo satisfactorio. Hay millones de mujeres solteras que aceptarían un matrimonio insatisfactorio: "aunque sea sólo un cuerpo cálido en la casa, alguien con quien hablar, sería mejor que la soledad que estoy sufriendo", como me decía en una consulta cierta mujer soltera.

Además, es más probable que un esposo reaccione favorablemente frente a una esposa animosa y alegre que ha estado ocupada en sus propias cosas fuera de casa, en lugar de encontrarse con una mujer gruñona que ha estado esperándole. No se trata nunca de *quién* tiene razón, sino más bien de esforzarse en llegar a una relación creativa.

A algunos esposos, en contraposición al tipo que se retrae silenciosamente, "les gusta" alborotar. Como resultado de las tensiones acumuladas sienten la necesidad de armar un verdadero tumulto. Tal marido desahoga los problemas acumulados durante el día gritando a los niños en la cena, diciéndoles que no saben comer, e indicándoles faltas de gramática en su manera de hablar. Se opone a todo lo que dicen y les grita para que se callen. "La hora de la cena en casa es un puro infierno", se lamenta su esposa. "¿Qué se puede hacer con un hombre así?"

Discutir con una persona en este estado de ánimo es estéril. En realidad, es fatal. La esposa de un marido neurótico debe aprender a no discutir ni atacar cuando él está en erupción. Más tarde, cuando esté más tranquilo, puede hablar con él, asegurándose primero de que lo que dice ella no suena a crítica.

Una esposa vino a verme en busca de orientación y manifestó que estaba ya dispuesta a terminar con su matrimonio, que había llegado a ser intolerable. Su esposo se había negado a acompañarla.

—Si las cosas no se arreglan, yo me marcho —me dijo.

Como hablaba en serio, le dije:

—Usted puede escoger una de tres cosas: terminar con su matrimonio ahora; seguir las consultas de orientación y esforzarse en resolver sus emociones, con la esperanza de que él reaccione favorablemente si percibe algunos cambios en usted; si lo prefiere, puede decirle que se propone pedir el divorcio a menos que los dos juntos consulten a un consejero y procuren conseguir una relación satisfactoria.

Ella reflexionó durante una semana o dos, y en una sesión subsiguiente me dijo:

—Le he dicho, con tranquilidad pero con firmeza, que a menos que esté dispuesto a esforzarse tanto como yo en este matrimonio, pediré el divorcio. Finalmente aceptó acompañarme a una sesión de orientación la próxima semana, pero no creo que sirva de nada. Es hostil y porfiado. Vendrá una sola vez y aquí terminará todo.

Pocos días después aparecieron los dos y tuvimos una conversación razonablemente sensata. Les alenté a que los dos tomaran parte en un test sicológico con objeto de descubrir las zonas de su personalidad que necesitaban mayor atención. El aceptó prestamente, pues le parecía cosa menos personal y por consiguiente menos peligrosa. Ambos tomaron uno de los tests sicológicos básicos y durante once semanas cada uno de ellos recibió una evaluación, la que les indicaba alguna zona de su personalidad que necesitaba atención. Los resultados semanales enfocaron sus propios defectos de personalidad individuales y dejaron de disputar sobre quién tenía razón o quién estaba equivocado. Cada uno de ellos descubrió once cosas que requerían su atención personal con objeto de alcanzar una mejor relación conyugal.

—¿Sabe que después de aquella primera sesión las cosas parecieron tranquilizarse en casa? Me parece que nos hemos librado un poco de la tensión. Sea como sea, empiezo a ver la utilidad de este sistema de orientación. Por ahora ya nos ha ayudado.

En sus sesiones semanales conmigo, cada uno hablaba acerca de sus propios resultados. No se acusaba a nadie, y no encontraban demasiado dolorosas las evaluaciones, dado que se trataba simplemente del resultado de un inventario de su propia personalidad. Eventualmente, lograron llegar a tener un matrimonio satisfactorio.

11. Ocho tipos de esposas neuróticas

*Amar significa amar lo que no es
digno de amor, o de lo contrario no es virtud;
perdonar significa perdonar lo
que es imperdonable, o de lo contrario
no es virtud; y esperar significa
esperar cuando no hay esperanza, o de
lo contrario no es virtud.*
G. K. Chesterton

1. *La esposa excesivamente dominante.* El término dominante, tal como se usa aquí, no significa necesariamente "despótico". Se puede poseer una personalidad dominante sin ser despótico. Se puede tener una característica de la personalidad que simplemente requiere sastifacer la necesidad interna de controlar a otras personas o al ambiente. Esta tendencia puede expresarse de modo franco o de manera sutil, de modo restringido o bien canalizada en una actividad creadora.

Todos nosotros nos sentimos más a salvo cuando podemos controlar nuestro ambiente y las personas que nos rodean; esto procuramos hacerlo de muchas maneras. Algunas esposas usan mucha energía y una voz potente. Otras, más discretas, quizá controlen por medio de maniobras. Algunas mujeres inconscientemente tratan de controlar a quienes las rodean usando enfermedades, reales o imaginarias, o alcanzando su objeto mediante la creación de sentimientos de culpabilidad en los demás.

En uno de nuestros grupos un hombre nos contaba lo siguiente:

—Estoy apenas empezando a darme cuenta de cómo mi madre controlaba a fondo la casa entera con una extraña mezcla de amor y enfermedad. Mientras obedecíamos, era tierna y solícita, tanto para nosotros como para papá si éste hacía exactamente lo que ella quería; pero si alguien expresaba el menor sentido de independencia de pensamiento o acción, sufría un "ataque cardíaco" o se acostaba con motivo de una de las enfermedades de su larga lista. Vivió hasta los noventa años. Papá era un hombre pasivo y nunca tuvo la impresión de que, por medio de maniobras, estaba totalmente subyugado. Mamá siempre se salía con la suya, por medios limpios o no. Sólo en tiempos recientes me he dado cuenta de cómo controlaba a toda la familia por medio de sus tácticas. En primer lugar, usaba discusiones tranquilas. Si esto no daba resultado, lloraba. Luego, como último recurso, caía "enferma", y a todos se nos daba la impresión de que éramos la causa de su enfermedad. Entonces nos sentíamos culpables y cedíamos.

Es importante recordar que una esposa dominante pocas veces se da cuenta, si es que ocurre alguna vez, del control que ejerce. Es posible que se crea a sí misma una madre abnegada y amante. Su opinión es: "Si me quisierais realmente, haríais lo que yo digo." Cuando no se accede a todos sus deseos, lo interpreta como falta de amor o de consideración.

Una parte o un aspecto de la naturaleza de esta esposa requiere un varón enérgico, amante, tierno y dominante. Pero su otro aspecto necesita salirse con la suya, y si encuentra la menor resistencia cree que no es amada o que está siendo rechazada.

2. *La mujer narcisista*. La persona narcisista es la que tiene un amor propio desordenado. Se preocupa

excesivamente por su rostro, su cuerpo, y a menudo sus propios intereses, a los cuales ve como una extensión de su propia persona.

Las mujeres que poseen gran belleza tienen a menudo dificultades en alcanzar la madurez emocional. Ya al principio de la vida se van acostumbrando a recibir piropos por su belleza. Esta llega a ser su única razón de ser. Han oído tan a menudo, desde niñas, lo hermosas que son, que llegan a creer que el mundo tiene el deber de estarlas ensalzando continuamente. El resultado es el egocentrismo, el narcisismo. Han aprendido a esperar las alabanzas como algo que les pertenece.

A veces una mujer joven ha sido encomiada excesivamente por un talento específico, y aprende a esperar grandes cosas de la vida. Si mostró cierto talento cuando niña, por ejemplo con cierta destreza musical, llega a esperar que toda su vida recibirá aplausos. Si su talento está un poco por encima de lo corriente y los padres, imprudentes, la han abrumado de alabanzas, puede llegar a desarrollar una ambición completamente desproporcionada con su talento y acabar siendo una profesional amargada, desengañada, una entre miles que no alcanzaron la popularidad.

El hombre que se casa con una mujer narcisista va a tener problemas. Si el mundo no continua elogiándola, y si él no sastiface sus caprichos infantiles, es muy posible que se produzcan en ella cierto número de síntomas físicos o emocionales. Su descontento respecto al marido y al mundo en general puede llevarla de un médico a otro, buscando curación para innumerables dolencias físicas. La mente, frustrada, pasa sus penas al cuerpo. Teniendo una enfermedad física o emocional dispone de una excusa por haber fracasado en su matrimonio o en su carrera.

Una esposa sensible y perceptiva que participaba en uno de nuestros grupos nos dijo lo siguiente: "Cuando me siento fuera de lugar, deseo realmente que mi marido adopte una actitud firme. Pero él es demasiado considerado y dulce para ofrecerme resistencia. De modo que continúo presionándole y provocándole para que me ponga freno. Ojalá que fuera más dominante; desearía que fuese más enérgico y más capaz de manejarme."

Su esposo, que era incapaz de descifrar estos mensajes en clave y de comprender su conducta irracional, trataba de complacerla, y cuando no lo conseguía, se quedaba callado y triste, o bien estallaba en su frustrado enojo.

Una de estas mujeres controlaba con toda eficacia a su familia, mediante una sucesión de accesos de lágrimas, amenazas o retiradas hacia la "enfermedad". Impidió que su hija se casara y estropeó su propio matrimonio. Llegó a alcanzar una avanzada edad llena de amargura. Su esposo era demasiado suave para controlarla y la abandonó después de treinta años de matrimonio. La hija soltera, frustrada y desdichada siguió cuidando a su madre en sus interminables ataques de enfermedad alternados con accesos de ira. La madre era evidentemente una mujer enferma, pero sólo en el sentido emocional.

No existe ninguna solución sencilla para una esposa que ha determinado salirse con la suya en todas las cosas. La orientación matrimonial puede ser a veces útil. El hombre que se case con tal mujer debe tener un carácter firme. Los esfuerzos efectuados para resolver el problema mediante discusiones están generalmente destinados al fracaso, pero hay que establecer alguna forma de comunicación. Se trata de personas básicamente egocéntricas y faltas de madurez. Toda resistencia la interpretan como egoísmo por parte de los demás.

Este tipo de persona necesita intensa terapia o bien una experiencia religiosa verdadera. La ley suprema, según nos ha sido dada por Jesús, es amar a Dios de todo nuestro corazón y amar a los demás como nos amamos a nosotros mismos. Esto incluye, desde luego, un amor propio adecuado, en contraposición a la preocupación neurótica por una misma que tiene por objeto excluir a los demás.

Una mujer narcisista procura constantemente ser el centro de la atención. Busca la adulación y está luchando constantemente por conseguir la popularidad. A veces es una "cazadora de cabezas síquicas", flirteando con los hombres con objeto de demostrarse a sí misma que no ha perdido su atractivo. Utiliza a los hombres, incluyendo a su esposo.

Una mujer casada dos veces me dijo durante una sesión de orientación:

—Después que mi matrimonio se deshizo, me pregunté repetidas veces qué había hecho yo, si es que había hecho algo, para provocar el fracaso de mi matrimonio. En un rato de calma, un día, me senté como escuchando. Parecía que oía una voz interior diciéndome dulcemente: "Lo que hizo fracasar tu matrimonio no es nada que tú *hayas hecho*. Se trata simplemente de que no hiciste nada para satisfacer las necesidades de tu esposo." Repentinamente, como un destello de luz, me di cuenta de que realmente nunca había satisfecho *ninguna* de sus necesidades. Ni siquiera había intentado enterarme de cuáles eran sus necesidades espirituales, mentales, sociales o sexuales. Había simplemente dado por sentado que tendríamos un buen matrimonio, pero realmente no me había molestado en comprenderle ni a él ni a sus necesidades.

La preocupación narcisista por sus propias necesidades la había cegado al hecho de que en el matrimonio uno debe dar tanto como recibir.

3. *La esposa adulta-infantil*. Cuando la conocí era una colegiala dulce y encantadora, que estaba terminando la segunda enseñanza. Quizás era excesivamente servicial, pero su conducta no daba el menor indicio de la terrible esposa neurótica que llegaría a ser. A los diecinueve años se casó con un joven bien parecido, y se instalaron en un apartamentito. Durante

los dos primeros años de matrimonio empezó a mostrar signos de depresión y se volvió malhumorada y exigente. Sus sueños de adolescente, cuando creía en un amor romántico que nunca termina, no se convertían en realidad a causa de su marido, hombre pacífico y de bastante poca imaginación. Sus ingresos eran escasos y no podían permitirse todos los lujos que ella había soñado. Su diminuto apartamento, y unos cuantos cursos en una academia, no la llenaban suficientemente para ocupar su ánimo.

Se volvió cada vez más exigente. Lleno de perplejidad, el esposo escuchaba las furiosas andanadas relativas a sus modestos ingresos. Cuando los estallidos de la esposa llegaron a la violencia, el esposo la invitó a que tuviéramos una conferencia conjunta. En lugar de la estudiante que yo había conocido, me encontré con una mujer joven, hostil, exigente y absolutamente irrazonable que al parecer había retrocedido a la infancia. Hacía pucheros, lloraba, exigía y amenazaba. La puerilidad de sus exigencias espantaba a su aturdido esposo. Declaró que deseaba que cuidasen de ella, y que le dieran los lujos normalmente ofrecidos a los demás. Lo quería *enseguida*. Le pedí que me describiera punto por punto lo que ella esperaba que su marido le ofreciese. La lista fue asombrosa y completamente ridícula. Evidentemente padecía una enfermedad emocional y precisaba una terapia intensiva. Se necesitarían tres años de terapia intensiva particular antes que pudiese alcanzar un grado de madurez emocional y llevar una vida normal.

Otro caso menos chocante de mujer adulta e infantil al mismo tiempo es el de cierta esposa de un joven ministro. Se habían casado mientras él asistía aún al seminario, y habían alcanzado una relación hasta cierto punto satisfactoria. Al poco tiempo él era ya el pastor de una nueva aunque pequeña iglesia. La diminuta congregación se reunía en un hermoso hogar de seis habitaciones en lo alto de una colina con una vista magnífica, y el joven ministro y su esposa iban a vivir en aquella residencia temporalmente, pero la congregación utilizaba la mayor parte de las habitaciones el domingo. No era precisamente lo que sueña una joven recién casada, pero se había casado con un ministro, y éste creía que ella había entendido que al principio tendrían un modesto salario y probablemente sufrirían algunos inconvenientes.

Después de probar durante un mes, vinieron a verme. La joven esposa estaba lívida de rabia y lloraba de modo incontrolable. Abrió la espita de sus lamentaciones contando las intolerables condiciones de su vida, algunas de las cuales parecían completamente justificadas. El verdadero problema surgió a la superficie cuando dijo lo siguiente:

—Siempre había soñado con una casa de siete habitaciones, llena de hermosos muebles, con moqueta de pared a pared; y nos encontramos en esta horrible situación en que la gente de la iglesia se traslada a nuestra casa el domingo y nos vemos privados de toda intimidad. ¡Es que no puedo aguantarlo!

Pregunté a Claudia si realmente había pensado en ser la esposa de un ministro.

—No; yo le quería a él, pero resulta que me he casado con toda una iglesia, y no me interesa.

Ella y su esposo se incorporaron a un grupo de jóvenes ministros y sus esposas que se reunían cada sábado en uno de los grupos para cónyuges. Tomaron el test de crecimiento espiritual, que consiste en un test sicológico con las acostumbradas evaluaciones semanales. La esposa tuvo amplia oportunidad de desahogar su petulante enojo por el interés de su esposo en una iglesia joven en plena lucha. Otras esposas del grupo tenían quejas similares, aunque menos violentas. Había en el grupo una completa y absoluta sinceridad. Las parejas aprendían a comunicarse a un nivel mucho más profundo que nunca. Las sesiones se caracterizaban por la risa y el enojo, la hilaridad junto a la seriedad. Estuve reuniéndome con ellos durante dos años y observé su asombroso crecimiento.

La sinceridad consigo mismo es el primer paso esencial para el crecimiento espiritual y emocional. La sinceridad para con los demás es el segundo. Al abrirse ellos, se produjo un amor y un calor que era maravilloso experimentar. Parecía que estábamos en presencia de algo que nos recordaba el espíritu de la iglesia primitiva. Habían obedecido el mandato bíblico "confesaos vuestros pecados unos a otros, y orad los unos por los otros para que seáis salvos". Cada uno de los matrimonios mejoró de modo visible como resultado del grupo, y Claudia creció también en este proceso.

Llegado el momento en que Claudia y su marido pudieron mudarse de la residencia anterior a su propio hogar, ella descubrió que esto por sí solo no resolvía su problema. Descubrió que sus problemas estaban dentro de ella, y se hallaban encerrados en la complejidades de la vida conyugal. Pocos años después, cuando se trasladaron a una iglesia mayor, ella me contó el crecimiento que había experimentado; su personalidad entera confirmaba ahora la opinión que de sí misma tenía. Había crecido.

En menor escala, muchas esposas de este tipo manifiestan una falta de madurez emocional que hace la vida intolerable al marido. El matrimonio no resuelve los problemas emocionales. Los combina. Hay muchas mujeres entre los veinte y los cuarenta años que están aún emocionalmente poco preparadas para la función de esposa. El niño que vive dentro del adulto está aún exigiendo cosas irrazonables, esperando todavía el cumplimiento instantáneo de todos sus deseos. Cuando una mujer o un hombre faltos de madurez se casan, el pronóstico de matrimonio satisfactorio es dudoso, a menos que el cónyuge faltado de madurez esté dispuesto a emprender un esfuerzo a plazo bastante largo para crecer emocionalmente.

4. *La esposa con protesta masculina.* El término "protesta masculina" fue usado por primera vez por Carlos Gustavo Jung para describir un grupo de mujeres bastante extenso que experimentan para con los hombres una ambivalencia inconsciente. Los aman y los odian al mismo tiempo. Estos sentimientos suelen ser inconscientes. El hombre que se casa con semejante mujer siempre está enfrascado en una lucha por el poder. Si él cede, ella se siente eufórica, pero también derrotada, porque él no fue lo bastante enérgico para resistirla.

"¡Los hombres son muy débiles y muy ineficaces!", dice ella entonces. Esta mujer es básicamente una disputadora, y generalmente provocará discusiones en un esfuerzo inconsciente para que la lucha por el poder continúe.

La protesta masculina procede de cualquiera de las siguientes cosas o de una mezcla de ellas:

(a) Un padre o hermano que había sido idealizado. No aparecerá jamás hombre capaz de poderse comparar con el varón idealizado que simboliza lo que todos los hombres debieran ser.

(b) Un padre débil, ineficaz o alcohólico, a quien la mujer aprendió a despreciar cuando niña. Odiando al padre, inconscientemente desprecia a todos los hombres, o siente la necesidad de castigar a todos los hombres por los fallos de su padre.

(c) Un padre excesivamente estricto o despótico puede inculcar en una hija el temor de ser controlada. Desea un marido enérgico, pero si éste le recuerda de algún modo al padre a quien ella temía, puede llegar a experimentar una reacción de "temor-enojo" y sentir la necesidad de atacarle. Si es pasiva, puede convertirse en una sutil aficionada a las tácticas. Si su esposo demuestra tener alguno de los rasgos indeseables de su padre, a quien quizá conscientemente amaba e inconscientemente rechazaba, es posible que reaccione con hostilidad irreflexiva.

Todas estas reacciones, desde luego, son enteramente inconscientes. La esposa puede justificarse por la
lógica, pero su problema tiene la raíz en una oculta
hostilidad hacia los hombres. Por desgracia, sus hijos
se convierten a menudo en blancos de una hostilidad
que realmente va dirigida contra el esposo.

Tales mujeres son a menudo frígidas, tanto
emocionalmente como sexualmente. Están atrapadas en
una red que no han tejido ellas mismas. Un consejero
matrimonial competente, o la grupoterapia, pueden
muchas veces ofrecer orientaciones valiosas que con-
duzcan a una solución.

5. *La esposa mártir*. El tipo de esposa mártir es
técnicamente denominado masoquista. Es decir, tales
individuos, inconscientemente, buscan ser castigados.
Es posible que esto los haga propensos a tener accidentes, a sufrir operaciones, o simplemente a juzgar
mal las cosas en un esfuerzo inconsciente por ser
derrotados en la vida. Siendo incapaces de hallar
felicidad o de realizarse en la vida, obtienen una especie
de sastisfacción obstinada en las atenciones que reciben
cuando están enfermas o deprimidas o pasan por
dificultades de alguna clase. No pueden resistir el éxito
ni la felicidad, aunque conscientemente los están
buscando. Recuerdo uno de estos tipos: una mujer que
se casó sucesivamente con cinco alcohólicos. Otra
sufrió dieciséis operaciones por varias causas, todas
ellas completamentas válidas. El "organismo" (es decir,
la mente inconsciente actuando en cooperación con el
cuerpo) descubrió que en el hospital podía recibir atención, la única clase de amor que sabía aceptar.

Hay otro tipo de mártir que no recurre a medidas
tan extremas. Su truco para obtener la atención de los
demás es simplemente el de las lamentaciones verbales.
Nunca está satisfecha. Está jugando un juego muy
tranquilo, consistente en decirse "pobre de mí" en un
esfuerzo inconsciente por obtener atención. La atención
es prima lejana del amor, que ella es incapaz de aceptar.

Ya que no puede tener amor, aceptará compasión. Si ésta le es denegada, se conformará con lástima. Y si es la "mártir que nunca se lamenta", sufrirá en silencio, esperando en actitud lamentable alguna forma de atención. Si es el tipo voluble y excesivamente hablador, convertirá cualquier conversación en un recital de sus enfermedades; es su única especialidad.

Ojalá que fuera posible ofrecer alguna solución sencilla para la mártir. Por desgracia, el masoquismo es una emoción profundamente arraigada y que proviene de la infancia. Es un "estilo de vida" muy reacio a rendirse a cualquier forma de terapia. He conocido numerosos individuos capaces de reconocer las vidas fracasadas que estaban viviendo, pero que parecían no poder encontrar una solución creativa. La voluntad de fracasar está profundamente implantada en dichas personas. No es imposible desarraigar esta dolencia, pero es en extremo difícil. Generalmente se recomienda la terapia a largo plazo.

6. *La esposa pasiva y agresiva.* Nadie es del todo una cosa o la otra. Todos tenemos diversas tendencias contradictorias que actúan dentro de nosotros, generalmente a un nivel totalmente inconsciente. La persona pasiva-agresiva es exactamente lo que este término indica: pasiva y sumisa, con tendencias agresivas y hostiles.

Isabel era este tipo de esposa. Su agresividad se manifestaba procurando controlar a su esposo e hijos, siempre por su bien, desde luego. Como ocurre a menudo, por ser más agresiva que pasiva, se casó con un hombre pasivo. Este no era tan adepto a manejar las finanzas como ella, y ella hizo todo lo posible por demostrarle su incompetencia. Era una esposa discutidora, excesivamente habladora, que toleraba impaciente las debilidades de su esposo. Cuando le había provocado hasta el enfurecimiento, se volvía pasiva y se retraía.

Al no poder tener hijos, había propuesto a su esposo que adoptaran varios; éste rehusó. Ella insistió, pero sin resultados. Su esposo se mantuvo firme en su negativa.

Ella no pudo inducirle tampoco a unirse a un grupo ni a asistir a sesiones de orientación matrimonial, de modo que vino a verme sola durante un periodo de varios meses. Pronto se reveló que ella era "agresiva-pasiva", mientras que su marido era "pasivo-agresivo". Es decir, ella era más agresiva, con tendencias pasivas, mientras él era básicamente pasivo, pero capaz de estallar con furia violenta cuando se le provocaba en exceso. Había habido una experiencia particularmente desagradable, en que ella le había aguijoneado más de lo que podía soportar, y el esposo le pegó.

Por un periodo de varias semanas estuvimos concentrándonos en una sola cosa: cómo vivir con el varón con quien se había casado, sin perder su integridad ni su identidad. Con el tiempo, ella llegó a comprender qué era lo que había estado haciendo para provocar su furia. Descubrimos cuáles eran las llagas sensibles de su esposo y cómo podía evitar el tocarlas. Al principio ella creía que esto significaría la pérdida de su identidad, al no poder decir todo lo que sentía. Por mi parte, le ofrecí el concepto que encontramos en el Nuevo Testamento: "Siguiendo la verdad en amor" (Efesios 4:15), y añadí que no es necesario ni prudente decir todo lo que pensamos en todo tiempo. Como habladora compulsiva que era, encontró difícil asimilar esto, pero con el tiempo lo consiguió.

Un día entró radiante de felicidad:

—¡Adivine lo que ha ocurrido! Las cosas han mejorado mucho desde que aprendí a no tocar sus puntos sensibles; y ayer, sin más ni más, me dijo: "Cariño... siempre has deseado adoptar algunos niños. Creo que no está mal la idea. Vamos a hacerlo." Nunca creí que cambiaría tan completamente. Y lo dice en serio. Creo que ha estado simplemente resistiendo la idea de los niños porque se resentía por mis provocaciones y aguijoneos. Ahora que he dejado estas cosas ha cambiado en muchos aspectos.

En la mayoría de los matrimonios, hay, hasta cierto punto, una lucha por el poder que no cesa. Puede ser tan sutil que ni el uno ni el otro se dé cuenta conscientemente; o puede estallar en forma de frecuentes enfados. La lucha por el dominio tiende a desaparecer cuando se establece una comunicación abierta. "El amor no busca lo suyo", declara Pablo en su primera epístola a los Corintios (13:5). Cuando verdaderamente nos amamos unos a otros cesamos de buscar que sean satisfechas nuestras necesidades y nos esforzamos en descubrir cómo llenar las necesidades del otro. A fin de cuentas, como resultado de esto, nuestras propias necesidades son generalmente satisfechas; es lo que concluye el apóstol Pablo: "El amor nunca deja de ser" (1 Corintios 13:8.)

7. *La esposa dominante y celosa*. Los celos no saben nada del sexo. Afectan tanto a hombres como a mujeres. Todos somos capaces de sentir celos hasta cierto punto. Dios dijo a Israel: "Yo soy un Dios celoso", queriendo decir que El deseaba ser su único Dios. La ceremonia del matrimonio contiene estas palabras: "Renunciando a todos los demás." La meta en el matrimonio es que cada uno ofrezca completa lealtad al otro.

Solamente cuando los celos se vuelven rancios se convierten en una manifestación neurótica. Los celos excesivamente dominantes brotan de una incertidumbre muy profundamente arraigada. El caso de Juana ilustra este tipo en forma benigna. Cuando era muy joven, el padre de ella abandonó la familia. Juana se volvió una joven hermosa y atractiva y se casó con un hombre que tenía mucho éxito en los negocios. Ella era equilibrada y amada por todos los que la conocían, pero la cicatriz emocional causada por la desaparición de su padre se reveló en su matrimonio. Su marido efectuaba frecuentes viajes de negocios por todo el país, y cada vez que volvía a casa su esposa le interrogaba durante los días siguientes en cuanto a sus actividades mientras se hallaba ausente. Esto se hacía de una manera bastante sutil.

—¿Y qué hiciste el lunes por la noche, querido?

Ella preguntaba estas cosas como sin darles importancia. El trataba de recordar y contárselo. Una hora más tarde ella le preguntaba:

—¿Y cómo te fueron las cosas el martes por la noche? ¿Conociste a alguien interesante?

Después que este tipo de interrogación continuaba intermitentemente durante varios días, él solía estallar lleno de irritación:

—¿Cómo quieres que me acuerde de todo lo que ocurrió durante un rutinario viaje de negocios? ¿Es que quieres que lo anote todo en un diario?

A pesar del hecho de que él nunca le había dado el menor motivo de desconfianza, ella mantuvo esta costumbre durante los cuarenta y cinco años de su vida matrimonial. Aunque él no entendía en absoluto el origen de sus celos, se las arregló para aguantarlos.

Un marido que demuestre el más tenue interés por una mujer en una reunión social puede llegar a despertar los celos más intensos en una esposa insegura de sí misma. Si ella es patológicamente celosa, como Catalina, el matrimonio puede verse amenazado. Los celos y el impulso dominante de Catalina eran tan intensos que si Juan llegaba a su casa una hora más tarde que de costumbre, se veía sometido a un bombardeo de preguntas. Cuando casualmente mencionaba el nombre de alguna mujer en la oficina donde trabajaba, insistía en saber qué clase de relación tenía con ella, cuál era su aspecto, cuán a menudo la veía. Juan me contó, absolutamente desesperado, los cientos de veces en que se había visto sometido a esta especie de inquisición. La vida, me dijo, había llegado a serle insoportable. El afán dominador de Catalina, había llegado a tal extremo que insistía en ir con él al almacén por la tarde; o insistía en que él la acompañase a ella si ella iba. No podía soportar perderle de vista excepto durante el tiempo que pasaba trabajando.

—Lo más probable —le dije— es que tuviera una infancia terriblemente insegura y debe de haber perdido a su padre o alguna otra figura varonil al principio de su vida.

—Sí. Su padre murió cuando era muy pequeña, y un hermano mayor murió poco después. Eran sus ídolos.

Es mucho más fácil deducir las causas de una conducta neurótica que curarla. En el caso de Catalina, fue preciso echar mano de mucha paciencia y comprensión por parte del esposo y de una terapia intensiva para Catalina, antes que ella pudiese resolver el problema.

La esposa que sufre celos exagerados debe darse cuenta en primer lugar de que esto proviene de un profundo sentimiento de inseguridad, y en segundo lugar, que ceder a esta actitud dominante alejará casi sin duda alguna a su marido. Puede convertirse casi en una profecía que se cumple por sí misma: el temor de perder al marido se convierte en realidad al concentrarse la mujer en este mismo temor.

8. *La esposa deprimida.* La depresión se manifiesta de diferentes maneras y en distintos grados. La mayoría de los seres humanos experimentan a veces estados de depresión en un momento u otro de sus vidas. Los acontecimientos adversos o los desengaños pueden causar ligeras depresiones, que tienden a desaparecer con el tiempo. Hay tipos de depresión que tienen por origen un desequilibrio químico o que son resultado de una enfermedad física.

Para muchas mujeres el ciclo mensual viene acompañado de estados emocionales variables, y la mayoría de los esposos, si son realmente personas perceptivas, aprenden a no reaccionar a un estallido emocional que se produzca en tal época.

Hay un tipo de depresión común en muchas esposas en el cual el esposo puede hacer algo de carácter constructivo. Cierta joven madre con tres niños pequeños vino a verme en un estado emocional muy agitado. Había estado visitando varios médicos, uno de los cuales le recetó inyecciones de hierro y vitaminas. Otro le dio tranquilizantes, y un tercero la apremió a que se olvidase del asunto. Me contó que se sentía deprimida gran parte del tiempo, irritable para con los niños, y que lloraba fácilmente. Pasaba de períodos de locuacidad a otros de depresión tan profunda que se daba cuenta que ni siquiera podía sostener una conversación con su esposo.

Dado que los médicos no podían hallar en ella ninguna lesión orgánica, y que los tranquilizantes apenas la ayudaban, di por sentado que estaba padeciendo simplemente una fatiga emocional y física. Se pasaba de doce a catorce horas al día con los chiquillos. Su esposo trabajaba ocho horas al día, llegaba a su casa y descansaba. Le recomendé que se tomara unas vacaciones lejos del esposo y de los hijos. Toda madre que tenga varios niños, le dije yo, merece un día libre por semana. En su caso le recomiendo que se tome ahora unas vacaciones de tres o cuatro días y que desde ahora se tome cada semana un día libre entero.

Como les ocurre a la mayoría de las personas emocionalmente trastornadas y deprimidas, a todo le hallaba dificultades. La ayudé a resolver éstas, y se marchó a reposar por unos días. Cuando volvió su aspecto era maravilloso y se sentía espléndidamente. La apremié a salir todo un día entero, sola o con una amiga, una vez por semana, y le cité el texto bíblico de Éxodo 20, versículo 9: "Seis días trabajarás..." Le indiqué que podía hacer intercambio con alguna otra madre, y que si tenía que pagar por el servicio, el coste final sería muy inferior a tener sesiones semanales con un psiquiatra durante meses o quizás años. En su caso, mi receta dio resultado.

Muchos esposos no tienen concepto de lo que significa tener uno o más niños a su cargo de diez a quince horas diarias, excepto cuando se han encargado de esta labor durante un día o dos si la madre cae enferma. Algunos esposos con esposas que trabajan esperan que ellas estén todo el día trabajando y hagan además el trabajo del hogar hasta últimas horas de la noche con poca ayuda o a veces ninguna.

Mas también hay esposas que se convierten en plañideras profesionales. El matrimonio no es exactamente lo que habían soñado. El trabajo doméstico se convierte en una serie inacabable de monotonía carente de significado para ellas. Y es cierto que gran parte del trabajo doméstico es tan sólo trabajo simple y para una personalidad creativa puede carecer de significado. La esposa que no consigue "realizarse" puede acabar deprimida y crear en el hogar una atmósfera que haga que el esposo desee estar en cualquier otra parte. La creación del clima emocional adecuado dentro del hogar es principalmente responsabilidad de la esposa. Si ella no puede lograr esto, es responsabilidad del marido descubrir lo que él puede hacer para ayudarla a crear una atmósfera saludable.

Una esposa deprimida, exigente, dominante, que continuamente se lamenta (aunque ciertamente tenga mucho de que lamentarse) está preparando la escena para la discordia conyugal. Si ella puede, sin recurrir al enojo ni a las amenazas, hacer que sus necesidades sean conocidas, tiene mejores probabilidades de llegar a construir un matrimonio satisfactorio. Si no puede hacer esto por sí sola, necesita la ayuda de un consejero matrimonial o de alguna persona calificada que pueda cooperar con ella para poner orden en sus sentimientos y hallar una solución creativa.

12. Incompatibilidades y paradojas en el matrimonio

*Cuando la satisfacción a la
seguridad de otra persona llega a ser
tan importante para uno como
la propia, puede entonces decirse que
existe una situación de amor.
Que yo sepa, no puede hablarse de que haya
amor en ninguna otra circunstancia,
diga lo que diga la cultura popular.*

H. S. Sullivan

A TODO EL MUNDO le gustan los finales felices. Los escritores tienen tendencia a usar como material ilustrativo las historias de casos en que todo termina bien. Pero la franqueza nos obliga a enfrentarnos con la realidad de los conflictos conyugales para los que al parecer no hay solución alguna.

Enrique y Gloria constituyen un caso que me ayudará a demostrarlo. Gloria vino a verme en busca de orientación matrimonial y continuó sus consultas durante un año o más. Ambos asistieron a las sesiones de un grupo de esposos y esposas durante casi un año. Descubrí que Gloria tenía dos personalidades. Cuando su matrimonio se disolvió la primera vez, los tres hijos se pusieron en contra de ella y se fueron a vivir con su padre. Sintiéndose en extremo sola y rechazada, vino a verme. Se sentía desconcertada y herida. No podía comprender por qué todos estaban contra ella. Al principio me fue difícil a mí mismo entender por qué esta esposa y madre agradable, dulce y atractiva había sido rechazada por su familia de una manera tan absoluta.

Cuando bajo su insistencia, el esposo alejado se unió al grupo, empecé a comprender. La esposa tranquila y dulce resultaba ser, en presencia del esposo, una persona hostil, agresiva y criticona. Enrique resultó ser un individuo pasivo-agresivo. Los dos elementos de pasividad y agresión dentro de su personalidad sencillamente no encajaban con los rasgos característicos de su esposa. Hubo una breve temporada en que los dos volvieron a unirse, pero duró poco. Empecé a comprender la dinámica que se ponía en marcha cuando participaban en el grupo. Ella era una masoquista síquica, y él era un sádico. Inconscientemente ella le aguijoneaba hasta que él estallaba con furia impotente. Entonces ella se convertía en una mártir, suplicando comprensión y simpatía. El masoquista es el individuo que suele encontrar al sádico, y viceversa. El que siente una necesidad inconsciente de castigo o de sufrimiento halla de alguna manera su contrapartida. Yo no veía esperanza alguna para su matrimonio. En sí fue un error. Era una mala pareja. Y peor aún, ninguno de los dos merecía que alguien corriera el riesgo de ser su cónyuge, debido a sus tipos de personalidad particulares que al parecer no tenían la menor intención ni capacidad de alterar.

Sin embargo, la mayoría de los conflictos conyugales pueden enderezarse. Hay diferencias que pueden causar importantes perturbaciones: los parientes, el dinero, y también las incompatibilidades sexuales de menor importancia. Todo esto puede generalmente resolverse sin demasiadas dificultades si las dos personas afectadas son razonablemente maduras en sus emociones. Sin embargo, estos problemas exigen muchas veces la ayuda de una tercera persona que pueda observar la situación objetivamente.

Hay problemas más profundos y que tienen su raíz en la estructura de la personalidad dañada anteriormente. Marta se unió a uno de nuestros grupos, determinada a llegar a la raíz de sus problemas emocionales físicos y domésticos. Su esposo se opuso a que diera este paso y le prohibió salir de casa sin su permiso. Fuera del hogar este hombre era manso y pasivo, pero en la relación conyugal parecía haber decidido controlar todos los detalles de la vida de su esposa. Esta arriesgó incurrir en su ira por primera vez en más de veinte años de matrimonio, se incorporó al grupo, y empezó a obtener un considerable discernimiento interior de sí misma y de sus problemas.

En una ocasión relató el caso en que cuando niña llegó a casa y no pudo encontrar su perrito. Su madre le dijo:

—Tu papá ha matado al perrito porque tú has sido mala.

Este episodió dejó en ella una impresión imborrable; si mamá decía que ella era mala, es que debía serlo. Siguió viviendo con este sentimiento de culpabilidad, aunque nunca pudo saber de qué se sentía culpable. Uno de los resultados fue que creía no tener derechos. No sabía defenderse ni defender sus opiniones. Un día, conoció a un hombre y se casó con él, hombre que era exactamente su contrapartida. Creyendo no tener derechos, halló a un hombre y se casó con él precisamente porque este hombre no estaba dispuesto a concederle ningún derecho ni privilegio. Su esposo controlaba su vida hasta el más mínimo detalle.

Este problema no es un problema incidental, sino un problema de personalidad. Habría sido completamente inútil tratar de ayudar a esta pareja a resolver sus problemas financieros o sociales o ninguna otra cuestión concerniente a sus relaciones sin ayudar primero a la esposa a descubrirse a sí misma. Ella llegó a comprender que tenía los derechos humanos normales, que sabía defenderse y que podía expresar sus opiniones.

Normalmente, cuando un esposo o una esposa experimenta importantes cambios de personalidad, se crea dentro del matrimonio una crisis que puede ser benigna o grave. Una de estas crisis despierta en el otro la necesidad de cambiar, o bien provoca una reacción hostil.

Raúl y María ilustran algunos de los problemas que se producen cuando dos tipos de personalidad radicalmente distinta buscan su contrapartida. María era tranquila y sumisa y se tomaba la vida bastante en serio. Pocas veces reía y al parecer carecía de todo sentido del humor. Raúl, por otra parte, era alegre, vivaz, infantil, y en muchos aspectos falto de madurez. Mientras que María era conservadora en lo tocante al dinero, Raúl jamás perdía la tranquilidad por no poder pagar una cuenta o por tener la cuenta del banco sobregirada. Desde el punto de vista financiero era un irresponsable y hacía poca cosa por el hogar.

La seriedad de esta esposa encontraba su contrapartida en la bulliciosidad y espontaneidad del marido. La irresponsabilidad de éste necesitaba contar con la estabilidad de la esposa. Ambos habían encontrado su correspondiente contrapartida, pero ya no podían vivir en paz. Estaban totalmente distanciados en sus conceptos en cuanto a educación de los hijos, finanzas, vida social y muchas otras cuestiones.

Con el tiempo se separaron, y se iniciaron los trámites del divorcio. María vino a consultarme varias veces y más tarde se incorporó a uno de nuestros grupos. Al principio, todo lo que ella sabía entender era que su esposo actuaba como un muchacho completamente irresponsable. Poco a poco pudo darse cuenta de que su manera terriblemente seria de enfocar la vida era tan exagerada como la falta de madurez de su marido. Pocos meses después de su divorcio empezaron a verse de nuevo, y por fin Raúl empezó a asistir al grupo. María empezó a abandonar algunos de sus conceptos exageradamente sobrios, y Raúl comenzó a sentar cabeza. Sin experimentar pérdida alguna de su sentido de masculinidad, ofreció dejar que María se encargara de las finanzas. También comenzó a aceptar más responsabilidades en la casa. Finalmente se casaron de nuevo y actualmente su matrimonio es superior al promedio.

Se ha dicho: "El matrimonio es una cuestión de toma y da. Tú renuncias a tu libertad y aceptas las consecuencias." En el caso de la mujer, ésta renuncia a la seguridad y protección del hogar paterno (o al empleo, según sea el caso), a su independencia, y acepta las responsabilidades de llevar una casa y atender a un esposo y unos hijos. El trabajo doméstico es monótono y poco creativo, excepto para las pocas mujeres ultradomésticas para quienes hacer camas, preparar bizcochos y lavar platos es una fiesta continua. Si hay hijos, la esposa y madre está encerrada con ellos en la época de la vida en que quisiera salir y hacer muchas cosas. Por más que ame a sus hijos y a su hogar, es posible eche de menos el estar fuera, "donde ocurren cosas". Usando la expresión de una joven madre: "Estoy cercada por los platos, los pañales y el aburrimiento."

Sin embargo, paradójicamente, es esto precisamente, excepto el tráfago, lo que sueña toda mujer: marido, hogar, hijos. Todo esto vale la pena si se siente segura en el amor de su esposo. Si éste la aprecia, la escucha, reconoce el valor de sus sentimientos, se interesa por el hogar y comparte algunos de sus problemas, la vida de ella puede ser una vida de gozo.

Cierta joven esposa expresaba así sus necesidades incompatibles: "Yo quisiera ser lo más importante en la vida de mi esposo. Sin embargo, al mismo tiempo deseo que tenga una pasión consumidora por su trabajo. Si puede tener ambas pasiones al mismo tiempo, es el marido ideal. Si puede tenerlas a medias, es un buen marido. Si no puede tener ninguna de estas pasiones para mí es un caso incurable." Sus contradictorias necesidades podrían frustrar a un marido a menos que ambos aprendieran a ser tolerantes.

El hombre, por otra parte, renuncia a su libertad e independencia y acepta la responsabilidad (legal, moral, financiera y sicológica) de una esposa e hijos. El propósito de todo esto es un contrato que dure toda la vida. Si llega a su casa y encuentra una esposa frustrada, hostil y quejosa, una casa desordenada y un grupo de niños chillones, puede comenzar a preguntarse si cometió un error. Sin embargo, si le recibe una esposa amante que le hace sentirse como el señor en su castillo, en un refugio lejos de un mundo afanoso y exigente, el matrimonio puede llegar a parecer algo que vale la pena de verdad.

Las paradojas en el matrimonio son la raíz de muchas de las incompatibilidades que tanta frustración producen. Decía una joven esposa:

—Deseo que mi esposo sea decidido, dominante y tierno. Ha de llevar las riendas, y debe ser suficientemente sabio para tomar las decisiones más acertadas.

—¿Qué quiere decir cuando habla de decisiones acertadas?

—Son las que coinciden con lo que yo creo acertado.

Ella dijo esto riéndose. Se daba cuenta de lo inconsecuente de lo que había dicho, pero era precisamente lo que deseaba, y lo aceptaba como contradictorio pero valedero.

Alguien ha dicho que la mejor combinación conyugal es la de un padre que sea benigno a pesar de su aparente firmeza y una madre que sea firme a pesar de su aparente dulzura. Dos personas que puedan ser esto como padres tendrán también algunos de los ingredientes básicos para ser buenos cónyuges.

Ha habido mucha especulación en cuanto a la causa de que las mujeres, en promedio, vivan mucho más tiempo que los hombres. Una de las teorías sostiene que se debe a que las mujeres viven más cerca de sus sentimientos y no reprimen sus emociones. Esto, de por sí, explicaría un mejor estado de salud. Además de esto como causa probable, creo que hay un factor más importante, y es que las mujeres generalmente tienen sus mayores responsabilidades cuando son jóvenes, mientras que los hombres tienden a recibir mayores responsabilidades a medida que envejecen. A partir de los veinte años, y hasta los cuarenta y los cincuenta, una esposa y madre típica tiene la responsabilidad de sus hijos y del hogar. Si está empleada, como ocurre con muchas madres, tiene una doble responsabilidad, pero ésta llega en el momento de la vida en que física y síquicamente está en su plenitud. Los hombres, por otra parte, suelen comenzar a tener mayores responsabilidades a partir de los cuarenta años y hasta más allá de los sesenta.

Por auténtica preocupación e interés por el marido, y por un interés propio esclarecido, una esposa puede contribuir al bienestar de su marido y al propio si se da cuenta de esto y hace todo lo que parece indicado para minimizar las tensiones dentro del hogar en favor de su marido, mientras éste alcanza la edad crítica de los cuarenta y a los sesenta.

Recuerdo a una angustiada esposa de más de cincuenta años cuyo esposo acababa de caer muerto de un ataque al corazón. Este hombre había sido un líder de la comunidad, muy conocido y respetado. La esposa vino a verme llorando, para preguntarme lo siguiente:

—¿Cree usted que yo causé la muerte de mi esposo?

Le pregunté por qué pensaba que pudiera ser así. Ella me respondió lo siguiente:

—Bien... creo que yo era una esposa demasiado exigente. Tengo una salud robusta y no podía entender por qué él siempre deseaba sentarse y descansar cuando llegaba del trabajo. A mí me gusta tener un jardín hermoso, y siempre insistía en que cortase el césped e hiciese todo el trabajo del jardín.

Le pregunté acerca de la vida social que llevaban, y me dijo:

—Sí, me gustaba mucho tener reuniones sociales y él solía lamentarse de que íbamos a demasiadas. Siempre insistía en que se sentía demasiado fatigado, pero generalmente yo me salía con la mía. Creo que fui demasiado exigente, y ahora me ha dejado.

Estalló en lágrimas. Descubrí que había visitado a varios siquiatras y había consultado a sus amigas y asociados, preguntando a cada uno si creían que era responsable de la muerte prematura de su esposo. Desde luego, interiormente estaba convencida de que había sido por lo menos un factor contributivo y tenía la esperanza de recibir suficientes opiniones en sentido contrario, para que aliviara su sentido de culpabilidad; no hubo consuelo suficiente por parte de sus amigos aun los mejor intencionados. Ella sabía perfectamente cuál era la verdad.

Se cuenta el caso de una mujer que dijo lo siguiente a un consejero matrimonial:

—¡Detesto a mi esposo! No sólo deseo divorciarme de él, sino que quiero hacerle la vida lo más dura posible.

El consejero le respondió así:

—Le diré lo que debe hacer. Comience a abrumarle con elogios. Concédale todos los caprichos. Luego, cuando sepa cuánto la necesita... inicie los trámites para el divorcio. Quedará destrozado.

La esposa decidió aceptar el consejo. Seis meses más tarde el consejero la encontró en una reunión y le preguntó:

—¿Cómo salieron las cosas? ¿Se divorció de su esposo?

—¡Qué va! Seguí sus consejos y nunca hemos sido tan felices. Lo amo con todo mi corazón.

Usé esta anécdota en una reunión especial, y una esposa bastante hostil, que estaba pensando en el divorcio, dijo en tono algo obstinado:

—Lo que usted dice da la sensación de que sólo la esposa tenía la culpa. ¡El esposo tiene también responsabilidad en el matrimonio!

—Si, tiene igual responsabilidad —respondí— pero de la misma manera que uno de los dos tiene que tomar la iniciativa en iniciar los trámites de divorcio, también uno de los dos debe tomar la iniciativa en introducir el amor, la paciencia y la buena voluntad.

El poder del estimulo no ha sido jamás plenamente explorado en las relaciones conyugales. El escritor Marck Twain dijo en una ocasión: "Soy capaz de vivir dos meses enteros sin recibir un buen elogio." Se diría que un novelista famoso con reputación mundial no necesitaba alabanzas, pero esto es absolutamente falso. Nadie jamás deja de necesitar elogios sinceros y apreciaciones francas.

Shakespeare escribió: "Las alabanzas son nuestro salario."

La alabanza es parecida a la luz del sol sobre el espíritu humano. No podemos florecer ni crecer sin ella. Por otro lado la crítica es un viento frío y devastador que hace marchitar el espíritu. Sé liberal en tus elogios y tacaño en tus críticas. Cualquier alabanza para ser genuinamente útil ha de ser merecida; de lo contrario es pura adulación. Expresar cumplidos sinceros a las personas es simplemente otra forma de derramar amor y aprecio. No hay nada más repugnante que vivir con una persona criticona y despreciativa. Muchos esposos y esposas que al parecer tienen bases válidas para quejarse resultan ser, cuando se les estudia, individuos criticones, exigentes y hostiles. Las injusticias de que se lamentan son a menudo simplemente la cosecha inevitable de su actitud de censura hacia los demás.

¿Cómo sobreponerse a la tendencia a ser negativo y a criticar? En primer lugar siempre es más fácil pensar de manera nueva que actuar de manera nueva. Es necesario empezar en algún punto, y un punto bueno donde empezar es pensar maneras en que uno puede ensalzar al cónyuge. Algunas personas dicen que lo encuentran muy difícil porque realmente no saben cómo expresar el amor de esta manera. Piensan que el amor es meramente un sentimiento, y no entienden que el amor deba expresarse de manera tangible. El amor es acción tanto como emoción.

Muchos matrimonios están fracasando simplemente porque ni el esposo ni la esposa quieren tomarse la molestia de ensalzar sinceramente al otro. Todos nosotros necesitamos ser amados y ¿cómo sabremos que somos amados a menos que esto se exprese? El siquiatra William Glasser cree que todas las enfermedades emocionales provienen de no sentirse amado. Tanto si el paciente es un sicótico enloquecido como si tiene un simple dolor de cabeza nervioso, la causa común es la necesidad dual de amar y ser amado. De saber que tenemos valor para nosotros mismos y para los demás.

Cada uno de nosotros tiene un triple impulso: ser amado incondicionalmente, cambiar a los otros de modo que la vida nos sea más grata, y conseguir que todas nuestras necesidades sean sastifechas. En el fondo, se trata de deseos procedentes de la infancia, a los cuales el adulto se ha aferrado. Carecen de realismo, y nunca pueden convertirse en realidad plena. Las mujeres tienen más tendencia a ser idealistas que los hombres (aunque esto no es desde luego universalmente cierto) y por consiguiente buscan el matrimonio ideal, ya sea consciente o inconscientemente. No es raro que una pareja de novios prometan que su matrimonio jamás llegará a decaer hasta el punto de ser fastidioso. La joven mujer, llena de ilusiones, es generalmente la primera en expresar este espléndido ideal. George Washington escribió en una ocasión una carta a su nieta Eliza, que contaba entonces dieciocho años. Esta le había pedido a su abuelo un retrato como regalo de cumpleaños; y junto con el retrato su abuelo le mandó algunos consejos sobre el matrimonio que ella no había solicitado: "El amor es algo realmente hermoso, pero, como las demás cosas deliciosas, es empalagoso cuando empiezan a decaer los primeros éxtasis de la pasión, cosa que tiene que ocurrir... El amor es un alimento demasiado delicado para vivir sólo de él, y no debiera ser considerado más que un ingrediente necesario para la felicidad matrimonial, que es resultado de una combinación de causas." Le aconsejó que no esperase perfecta felicidad en el matrimonio. "No hay verdad más cierta que la de que todos nuestros goces son insuficientes para colmar nuestras esperanzas", le avisó el abuelo. Esperar que todos nuestros sueños, esperanzas y necesidades se conviertan en realidad, por lo menos en las etapas iniciales de la relación conyugal, sería pedir demasiado.

La esposa típica desea marido, hogar, niños, protección, afecto y ternura, compañerismo y energía. En realidad está buscando un hombre que le sea marido, padre amante y amigo. Por lo general la joven esposa espera esto de un hombre que es demasiado joven para tener madurez emocional, y por lo tanto es normalmente incapaz de satisfacer todas sus necesidades. Es posible, pues, que se sienta frustrada y engañada.

El hombre típico desea afecto, apoyo emocional, plenitud sexual, una esposa que le sea compañera, anfitriona, madre y amiga. Pero la joven mujer que ha escogido es, como él, por lo general demasiado joven y le falta madurez emocional para poder colmar todas sus necesidades.

Cuando llegan las realidades del matrimonio, tratan de cambiarse uno a otro, sea mediante críticas, tácticas o alguna forma de chantaje doméstico. No es raro que la esposa deje de demostrar su afecto como forma de castigo, y que el esposo procure controlar o manejar a su esposa mediante el uso del dinero o negándose a ser comunicativo.

Hay una solución mucho más creativa, y es que ambos consulten un consejero matrimonial competente y aprendan a comunicarse en lo tocante a problemas reales. Sin embargo, mucho antes de que lleguen a esto es posible que ella ya lo haya catalogado como manipulador, tacaño, sarcástico, o simplemente difícil. Y él quizá se lamente de que ella es un ama de casa chapucera, dada a frecuentes berrinches, o sexualmente frígida. Si se dedican a pelear por estos síntomas sin alcanzar jamás la verdadera base de sus problemas, es muy probable que estén destinados a luchar por el poder durante toda su vida o a llegar al juzgado de divorcios.

Los matrimonios, después de unos pocos años suelen creer que se conocen bien uno a otro. Pero a menudo ocurre lo contrario. Los seres humanos son polifacéticos.

Una ilustración de lo que acabo de decir la tuve en un grupo en que seis parejas estaban celebrando su primera reunión conjunta. Les hablé de la siguiente manera:

—No es posible cambiarnos unos a otros mediante acciones directas, y desde esta noche abandonaremos tales esfuerzos como estériles. Sin embargo, sólo por esta noche tienen ustedes la última oportunidad de redactar una lista de tres cosas que desearían cambiar en sus cónyuges.

Se oyeron risas nerviosas, pero cada uno de los presentes, en la media hora siguiente, hizo una lista de tres cambios importantes que quería ver en su respectivo cónyuge.

El primero en hablar, un marido, dijo poco a poco:

—Me gustaría que Marylin mostrase el mismo afecto que me mostraba el primer año de nuestro matrimonio. Ha empezado a dejar de hacerme caso. En segundo lugar, me gustaría que fuera más pulcra en la casa. En tercer lugar, quisiera que dejase de corregirme en público en asuntos de importancia secundaria.

Su esposa lo miraba asombrada.

—Pero, Federico, ¡nunca me has dicho eso antes! No sabía que pensaras así. Te creía perfectamente feliz. ¿Por qué no me lo dijiste?

—Bien... el caso es que también yo tengo mis defectos, y me parecía que no tenía derecho a criticarte.

Discutieron estos temas durante un tiempo. Marylin, por primera vez, se veía tal como su marido la veía. En el ambiente de seguridad producido por el grupo, él pudo expresar lo que sentía. Y cuando llegó su turno, ella lo sorprendió también con su lista: cosas que ella jamás le había mencionado antes. Deseaba que él le avisara cuando esperaba llegar tarde para la cena; se sentía celosa de las atenciones que prodigaba a una amiga suya; se sentía herida porque nunca la había invitado a acompañarle en sus excursiones de pesca. El, a su vez, dijo muy sorprendido:

—Pero, Marylin, nunca antes habías mostrado el menor interés en la pesca. ¿Cómo iba yo a saberlo?

La comunicación es la clave y el ingrediente fundamental de cualquier matrimonio satisfactorio. En algunos casos la única comunicación que existe trata de trivialidades; las discusiones pueden degenerar en acusaciones y reproches. Algunos cónyuges descubren que hay ciertos temas que no se pueden debatir sin que haya pelea, y evitan cuidadosamente tocar estos puntos, dejando que las cuestiones queden latentes y sin resolver. Lo importante, pues, es hallar un lugar sin riesgo donde las cuestiones dificultosas puedan resolverse. Normalmente esto requiere un consejero bien preparado o un grupo de terapia adecuadamente dirigido.

La cuestión no es sólo que los esposos y esposas no se comprenden el uno al otro, sino que pocos individuos se comprenden a sí mismos. Tenemos intereses creados que nos inclinan a procurar no conocernos a fondo a nosotros mismos. Cuando alguien dice: "No, yo me conozco bastante bien", lo que quieren decir es: "Sé algunas cosas de mí mismo que espero no se descubran nunca." Paul Tournier, el siquiatra suizo, ha señalado que nadie se conoce a sí mismo realmente, y por lo demás, que nunca podremos llegar a comprendernos a nosotros mismos completamente, por más tiempo que empleemos en conseguirlo.

Lucía era un caso típico. La conocí cuando estudiaba en la universidad, pero no la había visto desde hacía unos veinte años. Vino a consultarme sobre la profunda depresión que estaba padeciendo. El tratamiento siquiátrico le había ofrecido cierto grado de discernimiento del problema que la afectaba, pero seguía aún deprimida. Se había divorciado años atrás y era el único sostén de dos hijos, uno de los cuales era completamente incontrolable. Se sentía desesperadamente desdichada y sola y, según llegamos a descubrir, estaba atrapada en un problema sin salida. Deseaba casarse de nuevo, pero todas sus relaciones con los hombres terminaban desastrosamente. La invitaban a salir una vez o dos pero inevitablemente dejaba de saber de ellos. Un día me preguntó:

—¿Tengo algún defecto realmente radical?

Era una mujer atractiva e inteligente, pero destacaban en ella tres cosas: carecía por completo del sentido del humor; era agradable pero terriblemente seria; y poco a poco quedó claro que solía discutir con los hombres.

Al principio sospeché que se trataba de una hostilidad inconsciente hacia ellos un doble problema que no es raro en las mujeres que aman, necesitan y odian a los hombres. Estuvimos investigando el asunto de sus relaciones con su padre. Este era un intelectual a quien encantaba tener debates con su hija única. Debatían animadamente sobre todos los temas concebibles: sociales, políticos y sicológicos. Había sido una estudiante despierta, y su padre se sentía emocionado al contar con alguien cuyo ingenio podía medirse con el suyo. Desde luego, había aprendido que la única manera de agradar a su padre era por medio de la eficencia intelectual.

De modo que la única relación satisfactoria con un varón importante para ella había sido una relación dialéctica. En la oficina en que estaba empleada discutía a menudo, especialmente con los hombres. Llegar a dominar a un hombre en un debate era, desde su punto de vista, la única manera de establecer relación.

No era cosa fácil ayudar a una mujer de cuarenta años a comprender que una mujer discutidora no es lo que prefiere un hombre. Incluso trató de debatir este asunto conmigo. Me negué a discutir con ella y me impuse en el punto siguiente: si no podía abandonar su afán dialéctico, tendría que abandonar toda esperanza de establecer una relación satisfactoria con un hombre normal. El sufrimiento es un estimulante poderoso. Poco a poco llegó a aceptar mi tesis de que la controversia y la actitud de intelectual eran sus dos principales desventajas. Aun así, a veces tenía dudas.

—He oído decir a menudo que a los hombres no les gustan las mujeres inteligentes. Quizás éste sea mi problema.

—Ese argumento es el último recurso de una mujer emocionalmente hostil y falta de madurez. Un hombre normal no menosprecia a una mujer por su inteligencia. Lo que le desagrada es que compita con él y discuta. Ningún hombre corriente desea llegar a su casa para celebrar un debate ni para ser desafiado por su esposa ni por otra persona cada vez que abre la boca. Tratar de las cosas está muy bien: tener disputas es muy distinto, y una dieta constante de ese plato puede agriar cualquier matrimonio.

Estuvimos considerando su problema durante varios meses. De vez en cuando representábamos situaciones hipotéticas. Entre otras cosas empezó a procurar cultivar el sentido del humor y de hecho aprendió a contar chistes en la oficina. Yo le daba uno o dos cada semana, que ella procuraba contar a sus compañeros de trabajo.

Con el tiempo, esta mujer seria, deprimida y disputadora llegó a ser una persona deliciosa, y nuestras sesiones se dieron por terminadas cuando me informó, con gran satisfacción, que había empezado a salir còn amigos, y que había un hombre en particular que estaba demostrando mucho interés en ella.

Una de las lamentaciones comunes en la esposas es que sus maridos demuestran poco o ningún afecto excepto cuando están interesados en tener contacto sexual. Para sentirse amada y apreciada una mujer necesita que el amor se le exprese frecuentemente de muchas maneras, verbalmente y de otro modo. En todo esto debe participar la ternura.

Una esposa que jamás recibe pruebas de afecto aparte del contacto sexual puede llegar a ser propensa a rechazarlo, como reacción natural al sentirse rechazada por su esposo.

Recuerdo un esposo poco demostrativo que expresaba su amor por la esposa del único modo que sabía. Era aficionado a construir distintos objetos, y la casa estaba repleta de la pruebas de su artesanía. Construía, reparaba, ajustaba las cosas de la cocina, pero su esposa se lamentaba de lo siguiente:

—Nunca me dice que me quiere.

Desde luego, a su manera, él demostraba que la quería. Idealmente pudiera haber tratado de aprender cómo ser más demostrativo física y verbalmente, y ella también podría haber intentado aceptar el hecho de que él quizá nunca sabría expresar sus sentimientos de palabra. Recuerdo a una esposa poco inclinada a las demostraciones de afecto, educada en un hogar donde el afecto físico no se exhibía casi nunca, que trataba de expresar su amor al marido siendo una buena ama de casa y excelente cocinera. Su esposo, que era mucho más abierto en sus demostraciones de afecto, deseaba, como es comprensible, que su esposa fuera más afectuosa. El por su parte, llegó a aceptar el hecho de que a su esposa le resultaba difícil expresar afecto tal como él deseaba, y ella por su parte hizo un esfuerzo resuelto para llegar a corresponder de una manera más efectiva. En una relación conyugal satisfactoria es esencial procurar ofrecer el amor de un modo que sea comprendido y necesitado por el otro cónyuge.

En una sesión de grupo en que participaban un ministro y su esposa, tuve ocasión de comprobar el poder que tienen estos pequeños grupos para producir reacciones inesperadas en diversos miembros. En el transcurso de la primera sesión, la esposa del ministro dijo: "Me siento frustrada de un solo aspecto de mi matrimonio. Mi esposo y yo nos conocimos en la universidad y nos casamos antes que él entrase en el seminario. Siguió los cursos acostumbrados para ministros y yo estudié prácticamente los mismos crusos que él. Nos graduamos al mismo tiempo, cada uno con el mismo nivel. Yo tenia la intención de ser directora de educación cristiana. Luego empezaron a venir los hijos, y desde hace catorce años he estado al cuidado de ellos, mientras él ha estado ocupado en las mismas actividades para las que yo estaba tan preparada como él. Me siento como engañada, porque jamás he tenido la oportunidad de usar lo que aprendi. ¿Cuándo voy a poder ser una persona autónoma y tener una carrera profesional, tal como había planeado?"

Mostraba una intensa frustración y bastante hostilidad acumulada. Estaban presentes algunos miembros de su iglesia, y yo me pregunté cómo reaccionaría su esposo. Sin la menor traza de agobio o de actitud defensiva, éste expresó comprensión y preocupación. La esencia de su reacción fue que entendia cuáles eran los sentimientos de su esposa, pero que la maternidad y el seguir una carrera profesional resultaban a menudo metas incompatibles, por lo menos mientras los hijos son pequeños. Expresó la esperanza y la creencia de que ella se realizaría de modo total cuando los hijos exigieran menos de su tiempo. Su esposa lo comprendia intelectualmente, pero emocionalmente no podia consentirlo.

El problema de tratar de colmar necesidades tan opuestas no es fácil de resolver para muchas mujeres.

En la mayoría de ellas hay una fuerte necesidad emocional y biológica de realizarse teniendo hijos. En esta era en que muchas carreras profesionales están abiertas a las mujeres, lo mismo que iguales oportunidades en cuanto a educación, algunas mujeres descubren que los dos impulsos son incompatibles y se ven frustradas al tratar de encontrar la solución.

Recuerdo una mujer que resolvió este dilema. Se había graduado en la escuela de medicina, era pediatra, y luego se casó. Tuvo cinco hijos y prácticamente sostenía a toda la familia. Se las arreglaba de manera excelente para combinar la maternidad y una carrera profesional, como hacen muchas mujeres, aunque es fácil de comprender que la tarea tiene muchas dificultades.

En el caso de la esposa del ministro, intuía que debía haber algo que nadie mencionaba. El esposo se había destacado en los asuntos de su denominación y viajaba mucho para asistir a reuniones y convenciones. Ella se quedaba en casa con los hijos, y aunque esto no se expresaba, yo intuí que ella opinaba que el esposo lo estaba pasando muy bien volando de una a otra parte del país, comiendo en los mejores restaurantes, residiendo en los mejores hoteles, mientras ella se sentía encarcelada en su hogar con los niños en lo que ella consideraba la tarea sin recompensa del trabajo doméstico. En su lamentación y en sus circunstancias se comprendía que sentía considerable envidia por la libertad y el éxito de su esposo. Es como si estuviese diciendo: "A él le conocen en todas partes, se le respeta, y tiene éxito, mientras yo soy solamente un ama de casa más."

La rutina del trabajo doméstico y el cuidado de los niños puede llegar a ser muy prosaica y monótona en comparación con las actividades interesantes y variadas que absorben a algunos hombres. Por lo menos esto es lo que puede parecerle a una madre que ya está harta de los trabajos del hogar, de la limpieza, de lavar ropa, y de las constantes exigencias de los niños. Sea o no sea válida su lamentación, sus sentimientos son perfectamente comprensibles. La esposa y madre que se siente atrapada en semejante situación podría quizá tener en cuenta que en la plenitud de su vida, en circunstancias normales, se verá libre de las responsabilidades de los hijos, y al mismo tiempo cuando su esposo tenga sobre sus hombros mayor responsabilidad, ella estará más libre que nunca para algunas de las cosas que siempre quiso hacer.

Cierta esposa me contaba un día que se sentía más protegida cuando estaba actuando "bajo un paraguas".

—En casa, mi esposo es el paraguas. Me ofrece mucha libertad, pero siempre estoy tratando de salir de debajo del paraguas, y cuanto más me alejo, más nerviosa me siento, aunque nunca tengo suficiente sentido común para volver a refugiarme debajo del paraguas hasta que él me obliga. Cuando lo hace siempre me enojo y lloro, ¡pero soy muy feliz! En mi trabajo, el paraguas es mi jefe, y éste se da cuenta cuando me comporto fuera de tono. Cuando esto ocurre, él toma las riendas. Empieza a dirigirlo todo y suavemente pero con firmeza empieza a dar órdenes. Cuando hace esto, me siento aliviada, porque al estar emocionalmente al extremo de la cuerda nunca tengo suficiente sentido común para saber lo que debo hacer.

Esta esposa estaba expresando un sentimiento que muchas mujeres comparten. Como lo expresaba cierta esposa: "Necesito un hombre en quien apoyarme."

Mi pregunta fue la siguiente:

—¿Y cómo puede él saber cuándo desea usted completa autonomía y cuándo desea que él tome las riendas?

Sin la menor traza de ironía, ella replicó así:

—Su deber es ser capaz de darse cuenta.

Le parecía que lo más natural del mundo era esperar que su esposo fuese capaz de sondear sus variables estados de ánimo día tras día y aun hora tras hora y de alterar el curso de sus actos para ajustarse a su estado de ánimo. Un marido perspicaz y reflexivo puede hacerlo, a menos, desde luego, que cuando ella esté necesitada de ayuda él también lo esté. En ese aspecto ambos están confiando en el otro para recibir apoyo emocional y comprensión. Ambos están pidiendo y ninguno puede ofrecer.

La frigidez en la mujer y la impotencia en el hombre son de origen sicológico en la mayoría de los casos. La impotencia puede ser originada por varias causas, tales como graves sentimientos de culpabilidad, sentido generalizado de inadaptación, o una creencia antigua en la pecaminosidad de lo sexual inculcada en la personalidad durante la infancia. Un varón pasivo, casado con una esposa dominante, experimenta a veces una intensificación de su sentido de inadaptación masculina. Un marido sensible o pasivo, si es criticado o rechazado, puede reaccionar inconscientemente quedando parcial o totalmente impotente. Puede retraerse, o si tiene mucha capacidad agresiva, puede convertirse en persona tiránica y abusar, en un esfuerzo por compensar sus sentimientos de inadaptación.

El sentido de la masculinidad abarca el concepto que un hombre tiene de sí mismo como persona competente, capaz de ocupar lugar propio en un mundo competitivo o en una discusión con su esposa. Si es regañado y se le trata de modo que se sienta menos que un hombre, o si experimenta un profundo sentido de fracaso y derrota, el resultado podrá ser también la impotencia. A menudo las mujeres, por error, suponen que el varón externamente agresivo se siente tan competente como pretende. Los hombres exageradamente agresivos se sienten a menudo interiormente inseguros de sí mismos, y compensan con exceso esta situación adoptando una pose externa de dominio o agresividad. Semejante hombre puede llegar a ser demasiado sensible a las críticas, y avergonzarse de reconocer que ha sido herido en sus sentimientos. Si tiene graves dudas acerca de su capacidad, el meca-

262/PSICOLOGIA DEL MATRIMONIO

nismo inconsciente puede reaccionar dejándole impotente, del todo o en parte.

Del treinta y siete al cuarenta por ciento de las mujeres, según las autoridades en la materia, experimentan algún grado de frigidez. Las causas son muchas. Algunas han sido importunadas sexualmente durante su infancia, y un número sorprendentemente elevado de mujeres han reprimido la memoria de esta experiencia totalmente. Otras recibieron instrucción inadecuada sobre la sexualidad, y llegaron a creer que el sexo es algo inmundo o pecaminoso. La breve ceremonia nupcial no tiene poder para contrarrestar las advertencias de padres nerviosos y bien intencionados. Si la sexualidad humana está envuelta en misterio para la niña, o asociada al mal, o presentada como cosa vulgar, en la vida adulta esta persona puede llegar a ser emocionalmente incapaz de tener relaciones normales. Mi propio cálculo es que menos del diez por ciento de los padres son capaces de informar a los niños en cuanto a los aspectos emocionales, físicos y espirituales de la sexualidad. Además, no se trata solamente de lo que se enseña, sino de lo que se "capta" por parte del niño o niña oyendo a sus padres y en general viendo a los adultos. Los niños están constantemente recogiendo y captando "tonos de sentimiento", y a menudo aprenden más percibiendo un tono de voz o un silencio doloroso o embarazoso que directamente lo que se les enseña.

La frigidez en la mujer y la impotencia en el varón rara vez se resuelven leyendo libros, aunque a menudo se puede adquirir considerable discernimiento en las causas probables y en el tipo de tratamiento requerido. Hay muchos libros de esta clase en el mercado, pero generalmente se recomienda la terapia a largo plazo. Nadie debería vacilar en buscar ayuda profesional. Se trata de un problema común que puede resolverse fácilmente si uno está determinado a hallar la respuesta por medio de la terapia apropiada.

Existen centenares de libros que tratan del aspecto sexual del matrimonio, pero en este punto conviene recalcar un hecho importante: el sexo significa cosas diferentes para hombres y mujeres. La mayoría de las mujeres necesitan sentirse amadas y apreciadas para que la relación sexual les sea aceptable o deseable. En cambio el hombre necesita tener contactos sexuales para sentirse amado. El esposo que ha sido discutidor, irreflexivo o desconsiderado no debe esperar que su esposa reaccione sexualmente. La reacción sexual en la mujer abarca la totalidad de su naturaleza, y si hay algún conflicto por resolver es posible que se sienta totalmente incapaz de una plena entrega.

Las necesidades incompatibles forman parte de todo matrimonio. Una pareja felizmente casada me informaba que habían resuelto una de las esferas de incompatibilidad mediante un arreglo a gusto de los dos. Ella detestaba las excursiones, que a él le entusiasmaban. A ella le gustaba la ópera, y él la detestaba. Como expresión de su hondo interés por hacerla feliz, el esposo accedió a asistir a la ópera con ella, y ella, a su vez, a ir de excursión con él. Si uno de los dos hubiera cedido de mala gana, el resultado no habría sido satisfactorio. Pero se trataba de un arreglo en el cual cada uno de ellos buscaba la felicidad del otro. Percibieron, y con razón, que el amor es mucho más que una emoción: es una acción. Estaban actuando en amor. En esto demostraron ser emocionalmente maduros y llegaron a una solución viable.

Las disputas graves que perturban la relación conyugal suelen ser síntoma de algún problema más profundo. La cuestión que aparece en la superficie rara vez es la verdadera dificultad. Sin embargo, a veces es necesario empezar eliminando el síntoma de poder ocuparse del problema real.

En una serie de consultas familiares en que participaron el padre, la madre, y dos hijos adolescentes, descubrí que la paz del hogar se veía seriamente amena-

264/PSICOLOGIA DEL MATRIMONIO

zada por constantes altercados. A menudo se producían feroces disputas, que llegaban a ser tan graves que la esposa anunció con toda franqueza que si las cosas no mejoraban se marchaba del hogar.

En la sesión inicial propuse un reglamento de tres puntos para toda la familia. Primero, basta de discusiones. Segundo, debían terminarse los esfuerzos por controlarse unos a otros. Tercero, debían renunciar a toda tentativa de cambiar a los demás.

Uno de los hijos, mostrando su perspicacia, me dijo:

—Las discusiones que tenemos son solamente un síntoma de otros problemas más profundos. Si dejamos de discutir y nos retraemos simplemente, el verdadero problema quedará por resolver.

—Tiene toda la razón. Sin embargo, llegar a la raíz del problema va a llevar mucho tiempo. Esto no es en realidad tanto un problema de familia como una serie de problemas de personalidad. Mientras tratamos de descubrir cuáles son las dificultades básicas, deseo simplemente que se "suelten" unos a otros.

A continuación procedí a explicarles que cuando las naciones están en guerra, deben alcanzarse generalmente tres etapas esenciales antes de llegar a la paz. Primero, debe haber un alto el fuego. Segundo, hay un armisticio, que es un cese de hostilidades y la declaración de que hay intención de elaborar las condiciones del tratado de paz. En tercer lugar está el problema, algo complejo, de reunirse para las conversaciones de paz y hallar una base sobre la cual el conflicto pueda solucionarse permanente y pacíficamente. Algo de esto es lo que debe hacerse muchas veces, aunque no siempre, para lograr la paz en el hogar. Primero, soltarse, negarse a gastar energía síquica en altercados y disputas; y si esto puede lograrse, hay más posibilidades de descubrir cuál es la causa básica del conflicto.

Una pareja con quienes estaba trabajando había estado discutiendo acaloradamente por tonterías durante años. Durante las sesiones de orientación, se hizo evidente que la dificultad tenía su origen en que no podían comunicarse. Se habían estado enviando mensajes en clave pero nunca se comunicaban sus verdaderos sentimientos. La esposa creía que su marido había desairado a su madre y que pasaba demasiado tiempo cazando y pescando. Pero nunca había podido plantear estas cosas como problemas básicos. En el caso del marido, descubrimos que estaba resentido por el tiempo que ella pasaba con su madre y estaba convencido de que ella nunca había realmente cortado los lazos que la unían a los padres. Cuando se les alentó a que se "soltaran" y dejaran de discutir por tonterías, se vieron libres para tratar de sus problemas básicos. Con un poco de ayuda llegaron a poder resolver estos problemas y alcanzar un matrimonio viable.

13. Amor

Tan ilimitado como el mar es de
profundo es mi amor; cuanto más te doy más tengo,
pero ambos infinitos son.
Julieta en "Romeo y Julieta" de Shakespeare

SE CUENTA que un marido acaudalado, mucho mayor que su esposa, le preguntó si lo amaría aun en caso que él perdiese todo su dinero. Ella le aseguró que sí.

—¿Me amarías aunque me quedara inválido? —preguntó él.

—Sí, claro.

—Pero ¿me amarías si me quedase ciego o sordo?

—Sí, —dijo ella—, te amaría aún.

—Pero ¿si perdiese todo mi dinero, me quedase ciego y sordo, inválido y perturbado mental?

—¡No seas tonto! —dijo—. ¿Quién podría amar a un viejo, pobre, ciego, sordo e imbécil? No te amaría, pero te cuidaría.

Esta historia, que es probablemente apócrifa, ilustra dos factores básicos: la necesidad que todo el mundo experimenta de gozar de un amor incondicional, y el sentido práctico innato de la mujer. Todo el mundo, consciente o inconscientemente, está buscando un amor incondicional, a pesar del hecho de que nadie es capaz de ofrecer amor incondicional constantemente. Ese deseo es quizás un remanente de la época en que el niño recibe en efecto amor incondicional. Es amado porque es el hijo de su madre. No necesita hacer nada en absoluto para merecer este amor. Sus necesidades son todas atendidas y no tiene responsabilidad de hacer cosa alguna excepto ser simplemente lo que es, un niño indefenso.

El niño que habita siempre en nosotros sigue deseando ese amor y esa acogida incondicional. El adulto razonablemente maduro aprende a tiempo que debe ofrecer amor al mismo tiempo que lo recibe. El matrimonio es un convenio recíproco en el cual, idealmente, cada uno procura satisfacer las necesidades del otro. Si nosotros procuramos atender a lo que necesita el cónyuge con objeto de que éste nos corresponda, se produce una especie de trueque: yo haré esto por ti si tú haces eso por mí. El que ama en el sentido maduro de la palabra procura agradar al otro en sus necesidades, no en un sentido de táctica, sino simplemente porque el amor se expresa a sí mismo en un hondo interés por el bienestar del otro.

Todos nosotros, desde la infancia, experimentamos tres necesidades elementales.

1. Deseamos, consciente o inconscientemente, que se nos atienda en todo lo que necesitamos.

2. Deseamos controlar o cambiar a quienes nos rodean para que atiendan a todas nuestras necesidades.

3. Anhelamos amor incondicional.

Estos tres impulsos básicos internos son casi universales. Un matrimonio no puede tener éxito en tanto que marido y mujer no sean emocionalmente y espiritualmente maduros hasta el punto de que estos anhelos de su tierna infancia sean sustituidos por conceptos más maduros. Idealmente, uno debería cambiar lo suficiente y alcanzar la madurez emocional para poder redactar los tres puntos anteriores de la siguiente manera:

1. En lugar de exigir que se satisfagan todas las necesidades que yo siento, procuraré satisfacer las que sean válidas en mi cónyuge.

2. En lugar de tratar de cambiar a los demás, reconoceré que yo no puedo cambiar a nadie. Me puedo cambiar a mí mismo solamente, y cuando yo cambie, los demás, con el tiempo, cambiarán con respecto a mí.

3. En lugar de esperar un amor incondicional, me enfrentaré con la realidad de que nadie puede ofrecer esta clase de amor sin límite constantemente. Ofreceré amor en lugar de exigirlo o de esperarlo, creyendo que amor engendra amor.

Carlos y Bárbara son una pareja que nos presenta un caso ilustrativo. Ella se había criado en una familia donde se daba plena demostración a los afectos, a veces verbalmente, a veces explosivamente. Había en su hogar una especie de emocionalidad volátil. Nadie reprimía sus sentimientos. Esta atmósfera puede llegar a crear la necesidad inconsciente de tener un hogar donde haya un poco más de estabilidad emotiva.

Por consiguiente, se casó con Carlos. La atmósfera de su hogar había sido completamente distinta a la del hogar de ella. Allí nadie levantaba la voz. Casi nunca se discutía. La vida transcurría a un ritmo más bien sereno. Como es fácil comprender, la naturaleza tranquila y poco emotiva de Carlos reaccionó espontánea y favorablemente a la personalidad variable y a veces explosiva de Bárbara. El hecho de que hubiera este acercamiento entre los dos no fue un mero accidente.

Pero después de algunos años de convivencia descubrieron que sus diferencias emocionales eran tan grandes que causaban problemas graves. Carlos era un caso perdido en cuanto al conocimiento de sus propios sentimientos. Ni se daba cuenta de que estaba enojado. Se percibía el enojo en sus ojos, o en la voz, pero insistía tozudamente en que no sentía la menor hostilidad. Bárbara, en un esfuerzo por tener contacto con los sentimientos de su esposo, empezó a experimentar todos los métodos posibles. Sus tácticas variaban, desde los chillidos rabiosos hasta los síntomas físicos y emocionáles típicos de algunas mujeres, todo en un esfuerzo inconsciente por sacarlo de su calma exasperante, o de su enfoque lógico en todas las situaciones. Por su parte, Carlos estaba harto de los estallidos emocionales de su esposa y finalmente le dijo que, a menos que se dominara, pediría el divorcio.

En un esfuerzo inconsciente por encontrar su contraparte, se habían unido dos tipos emocionalmente distintos. Ella necesitaba la estabilidad de su esposo, pero debido a que él había perdido contacto con sus propios sentimientos, no sabía comprenderla ni establecer comunicación. El, por su parte necesitaba una esposa más cercana a sus sentimientos, y no podía soportar sus estallidos emocionales.

Cuando vinieron a consultarme, cada uno de ellos me contó las indignidades que había sufrido. Según la tendencia natural humana, creían que yo era el que debía decidir quién tenía razón y quién estaba equivocado.

Después de unas cuantas sesiones de orientación, les sometí a unos tests sicológicos que dieron por resultado una especie de radiografía emocional. Cuando los resultados del test de ella revelaron que tenía tantos problemas emocionales como él, la esposa rehusó continuar las sesiones de orientación. En cuanto a él, volvió a una sesión más y me informó de que ella le había presentado un ultimátum. Exigía que él fuera solo a un siquiatra a recibir un tratamiento extenso, o de lo contrario ella se iría y solicitaría el divorcio.

Estábamos en un callejón sin salida. Ambos amenazaban con el divorcio, cada uno tratando de forzar al otro a cambiar. Sin embargo, él fue el más maduro de los dos. Reconoció que ambos tenían problemas emocionales que exigían solución. Se daba cuenta de que aún amaba a su esposa, pero no podía percibir en ella nada parecido al amor; sólo veía la implacable exi-

gencia de que él se doblegara a sus demandas. Por mi
parte yo tenía pocas esperanzas de salvar este matrimonio.

Nuestra palabra "amor" es totalmente insuficiente
para comunicar todos los sentidos del significado con
que la usamos. Por ejemplo, preguntamos: "¿Prometes
amarla, honrarla y estimarla...?" O bien "¡Vamos,
demuéstrame tu amor, aunque sólo sea por una vez!";
"y Jonatán amaba a David"; y "ahora permanecen la
fe, la esperanza, y el amor, estos tres; empero el mayor
de ellos es el amor".

Las diversas facetas del amor que estamos considerando en este capítulo abarcan el amor romántico, esa
maravillosa y gloriosa emoción que absorbe y posee a
dos personas que "se han enamorado"; el amor conyugal, que carece del lustre y la pasión de la experiencia
inicial, pero que encierra compañerismo, interés hondo
y mutuo, consideración y cariño; y el *ágape* del Nuevo
Testamento, es decir, el amor cristiano.

El amor romántico es una emoción potente. La
gran mayoría de canciones, libros, obras teatrales y
óperas tienen que ver con esta pasión desbordante.
He estado celebrando bodas durante más de cuarenta
años, y no recuerdo ni un solo caso en que una boda
tuviese que ser aplazada a causa de la enfermedad de la
novia o el novio. Por lo demás, no recuerdo un solo
caso en que, después de frenéticos preparativos de
boda, con la correspondiente fatiga y ansiedad, ninguna
novia ni novio se haya jamás presentado con un
resfriado. Incluso, cuando a veces ocurre y hay discordia o disensión entre diversos miembros de la familia, y a veces auténticas crisis, la euforia producida
por el estado llamado "enamoramiento" parecía ser
suficiente garantía de que la pareja sería inmune a la in-
fección, incluso durante epidemias de gripe. Creo que
hay suficientes evidencias de que estar profundamente
enamorado coadyuva a mantener la buena salud. El
organismo entero se encuentra eufórico y exaltado.

Recuerdo a una novia de treinta y ocho años, que se casaba por primera vez y que tartamudeaba terriblemente. Jamás le había oído pronunciar una frase sin grandes dificultades. Sin embargo, en el ensayo de la boda, cuando yo le sugerí suprimir o simplificar algunas de las frases del voto matrimonial, ella insistió enfáticamente en que toda la ceremonia tenía que repetirse sin suprimir nada. Con gran sorpresa mía, se las arregló para repetir todas las palabras sin la menor dificultad.

El amor romántico es una experiencia tan emocionante e irresistible que generalmente es un desengaño descubrir que la vehemencia inicial tiende a disminuir en las primeras semanas o meses del matrimonio. Un marido joven e idealista me contaba que la mayor tragedia de su vida fue descubrir que después de pocos meses su matrimonio se reducía a realidades tales como presupuestos, desavenencias y frustraciones. Vino a verme para saber si esto era lo normal, o si ellos habían tenido culpa en ser incapaces de mantener encendido el fuego del romanticismo como lo había estado al principio.

Un amor romántico que continuase sin disminuir durante años sería realmente extraordinario. El calor inicial del amor romántico hace que mostremos a nuestro cónyuge nuestro mejor aspecto. Nos mostramos mutuamente el lado ideal, no tanto para engañarnos, como porque el amor romántico nos estimula a ser mejores. Además, percibimos a la persona amada a través de un halo idealizado, y estamos cegados a defectos que cualquier persona, mirando objetivamente, percibe bien claramente. Es este fenómeno el que produjo el antiguo adagio: "el amor es ciego". Es decir, que la parte racional de nuestro ser, queda en suspenso.

El amor de este tipo está basado en una insatisfacción con respecto a nosotros mismos, un intento desesperado de escapar de los límites de nuestro ser en busca de un yo ideal. Al amar, uno imagina que ha encontrado en el ser amado la persona ideal.

Generalmente la primera vehemencia con el tiempo cede el paso a un creciente sentido de compañerismo, reciprocidad, lucha por una meta común, entendimiento y respeto más profundo del uno por el otro. Muchas parejas se pasan los primeros cinco, diez o veinte años ocupados en elaborar una relación satisfactoria: dando y perdonando, creciendo, madurando, aprendiendo a acoger el enojo como algo no incompatible con el amor.

El amor es un esfuerzo supremo por escapar de la prisión de nuestra soledad, por buscar la plenitud que complete nuestra insuficiencia, por permutar nuestro aislamiento por un compañerismo. No es necesario que esperemos disfrutar de un matrimonio perfecto, puesto que no hay personas perfectas. Tampoco podemos siquiera confiar en un matrimonio ideal, puesto que ninguno de nosotros es una persona ideal. No podemos exigir que otra persona satisfaga todo lo que necesitamos, pues nadie puede esperar que otro satisfaga necesidades tan variables y abundantes como son las nuestras.

La capacidad de uno para dar y recibir amor depende de si fue amado cuando niño, y de la manera en que fue amado. Muchas veces, hay niños que han recibido amor, pero lo han recibido de manera que él no puede aceptar. Por consiguiente, es posible que un niño se vea abrumado por el afecto de sus padres y al mismo tiempo experimente falta de amor y sentimientos. El doctor William Menninger indica que sólo podemos aprender a amar cuando somos amados en la infancia. Los padres pueden mostrar amor abundante hacia un niño estableciendo al mismo tiempo criterios que él no puede comprender. Como consecuencia, el niño avanza por la vida sufriendo una experiencia abrumadora de culpabilidad.

Alguien ha bosquejado las distintas edades de la mujer, medio en broma, del siguiente modo:

En su infancia precisa amor y cariño
En su niñez desea diversión
De los veinte a los treinta desea amor román-
tico
De los treinta a los cuarenta necesita admi-
ración
De los cuarenta a los cincuenta quiere com-
prensión
A partir de los cincuenta necesita dinero

Generalmente la mujer necesita sentirse necesitada más que el hombre. Parece que se trata de una de sus necesidades espirituales y emocionales. Si no se siente necesitada, se siente defraudada, falta de amor separada de sí misma y de los demás. La mujer precisa sentirse necesitada con objeto de realizarse. Le gusta que le *digan* que es amada, admirada y necesitada. Si bien el hombre tiene la misma necesidad básica de ser amado y admirado, a menudo por razones distintas, lo cierto es que le produce turbación expresarlo verbalmente. Una mujer necesita una confirmación más constante de que es amada debido a su sensación de incertidumbre que es algo mayor que la del hombre, y también debido a una naturaleza emocional más fluida.

Freud creía que la felicidad se halla en la realización de nuestros deseos de la infancia, lo cual es una de las razones de que el dinero solo no traiga la felicidad, puesto que la posesión del dinero no era uno de nuestros deseos básicos en la infancia. Theodore Reik, discípulo de Freud, modifica esta aseveración diciendo que la felicidad se produce cuando los deseos de nuestra infancia *parecen* convertirse en realidad. Para la mayoría de los seres humanos, la felicidad es una emoción fugaz o momentánea. Generalmente debemos resignarnos con el contentamiento, que es la hermanastra de la felicidad; lograr un contentamiento permanente es un éxito no despreciable.

Una vez, una mujer me dijo:

—Todo el mundo sabe que el camino que lleva al corazón de un hombre pasa por el estómago, de modo que yo me esfuerzo en prepararle a mi esposo las mejores comidas.

—¡Muy encomiable! —le dije—, pero usted parte de una suposición que es pura tontería. El camino que conduce al corazón de un hombre no pasa por sus vías digestivas. La necesidad básica de un hombre es recibir amor y afecto. La necesidad fundamental de una mujer es sentirse bien protegida.

—Pues yo creo que es al revés —respondió—. Los hombres trabajan mucho para sentirse económicamente protegidos, mientras que las mujeres son las que están desesperadamente necesitadas de amor.

—Se equivoca otra vez —le dije—. Lo que debe hacer es consultar sus emociones en lugar de consultar su libro de aforismos. Su necesidad básica como mujer es el amor, pero esto abarca una gama entera de otras necesidades. Para una mujer, sentirse protegida significa sentirse amada, realizarse en su marido y en sus hijos, en su hogar, y tener garantías económicas para que pueda disfrutar de todo sin ansiedades. Desea que cuiden de ella, que la estimen mientras cumple una necesidad emocional y biológica básica, que es dar a luz hijos, criarlos, educarlos. Para lograr esto precisa tener la garantía del amor de su esposo.

En cambio, el varón típico no siente la inseguridad emocional de la misma manera. Trabaja, en el fondo no para tener una base financiera, sino porque necesita hacer cosas, alcanzar metas, ser creador de circunstancias. La recompensa económica, para él, es un símbolo de su éxito en su marcha en dirección a la meta. Las funciones varoniles mejoran al alcanzar su meta si cuenta con el apoyo y el afecto de su esposa. Una mujer preferiría morderse la lengua antes que confesar que ésa es su necesidad fundamental, mientras que un hombre hará lo que sea antes que reconocer que el amor y el afecto son sus necesidades básicas.

La necesidad de amor es algo universal. Nadie recibe suficiente amor, pero los hombres y las mujeres difieren en las razones por las que desean ser amados. Las mujeres, básicamente, desean ser amadas por lo que son, los hombres por lo que saben hacer. Esto se percibe ya en los niños, por lo menos a partir de los seis años de edad. Una niñita deseará que la admiren por bonita, y un niño por lo que es capaz de llevar a cabo. No se sabe si esto es una característica innata o el resultado de influencias del ambiente, pero sospecho más bien que se trata de una característica innata.

Hay varias clases de personas que parecen ser incapaces de amar profundamente:

1. La persona satisfecha de sí misma y enteramente autosuficiente puede amar, pero no profundamente. Esta clase de individuo no "precisa ser necesitado" tanto como los demás. Por consiguiente, su propia autosuficiencia le hace incapaz de dar y recibir amor a un nivel profundo.

2. Las personas que no se gustan a sí mismas, y que no tienen el adecuado amor propio, se sienten indignas de ser amadas. Las personas de este tipo tienen un concepto muy pobre de sí mismas, se sienten indignas, y les cuesta creer que alguien pueda amarlas. Solamente podemos ofrecer y recibir amor en el grado en que nos amamos debidamente a nosotros mismos. Para amar adecuadamente, uno precisa de una cierta estimación propia. Cuando no nos gustamos a nosotros mismos proyectamos sobre los demás nuestro autodesprecio en forma de continuas críticas.

Dolores tenía una madre retraída, gruñona, y un padre hostil y borracho. Tenía también tres hermanos mayores que la atemorizaban constantemente. Huyó de este ambiente hostil a una temprana edad y trató de abrirse camino en el mundo. No habiéndosele nunca dado amor y calor, tenía de sí misma un concepto muy deficiente. Aunque físicamente era atractiva, sabía vestir bien y a primera vista parecía una persona muy equilibrada, vivía en un estado de perpetuo temor. Se las arregló para obtener un empleo y finalmente se casó con un joven excelente. Este trataba de ayudarla indicándole sus defectos. Pero ella recibió estas tentativas con hostilidad interna, y se sentía incapaz de defenderse. Pocos meses después de la boda fue enviada a una institución mental.

Al salir, me la mandaron para que la orientara extensivamente. Descubrí que estaba casi paralizada por el temor. Temía tanto a los hombres como a las mujeres y no sabía aceptar el amor, la ternura ni cualquier otra manifestación de interés por ella. Sus años tempranos la habían convertido en una persona suspicaz y hostil. El concepto que tenía de sí misma era tan defectuoso que le era imposible creer que alguien sintiera auténtico interés por ella; al mismo tiempo, anhelaba con todo su ser ser objeto de amor y cuidados.

Afortunadamente, pocos de nosotros llegamos a quedar tan afectados por daños recibidos en la infancia, y la mayoría poseemos suficiente fortaleza individual o estima propia para permitirnos aprender cómo ofrecer y aceptar el amor.

3. También hay personas que se dejan absorber tan enteramente por su trabajo, personas que están tan completamente consagradas a un proyecto o una meta, que excluyen toda capacidad para relacionarse con otro mediante un afecto profundo. La historia está llena de biografías de tales individuos. Muy a menudo se trata de personas especialmente dotadas que interiormente se sienten tan inseguras que se dedican a buscar apasionadamente la fama, la riqueza o la adulación como substitutos del amor. Parece como si hubieran dicho: "Por mí mismo, soy indigno de amor; pero conquistaré la adulación del mundo en tal escala que el amor que cualquier persona pudiera ofrecerme sería comparativamente insignificante." Algunas de estas personas están incapacitadas para las relaciones personales íntimas, pero aceptan medallas, fama, riqueza, títulos honorarios

u otras evidencias impersonales de apreciación y éxito.

Las emociones, por sí mismas, no "razonan". Los sentimientos, cuando no son guiados por pensamientos racionales, pueden a veces llevarnos al extravío. Una vez conocí a un joven muy inteligente, hijo de padres amantes, muy bien compenetrados, que cometió en su matrimonio un error trágico. Al comprender la magnitud de su error quedé horrorizado. Su joven esposa era poco atractiva físicamente, mordaz y hostil por encima de lo concebible. Me di cuenta de que en numerosas ocasiones lo insultaba a él y a sus padres en presencia de invitados. Parecía absolutamente incapaz de observar ninguna de las normas fundamentales básicas de la decencia humana.

Estudiándola, me di cuenta repentinamente de un ligero parecido físico con la madre del joven, a quien él adoraba. Comprendí que, inconscientemente, se había sentido atraído a su mujer porque se parecía un poco a la madre, aunque hablando moderadamente, no era más que una especie de caricatura de la madre que era encantadora y deliciosa. Ciertamente, el amor es ciego cuando no está ayudado por el intelecto.

Pocos esposos y esposas consiguen mantener durante el matrimonio la misma consideración afectuosa que se mostraban durante el noviazgo. La rutina diaria de circunstancias irritantes puede llegar a acabar la paciencia. Las diferencias de menor importancia pueden estallar en disputas inútiles y exasperantes, o lo que es peor, pueden producir heridas de difícil cicatrización.

Muchas esposas experimentan sorpresa al descubrir que sus maridos son mucho más sensibles de lo que habían imaginado. Un marido me contaba un incidente que servirá de ilustración. Él y su esposa iban a iniciar un extenso viaje. Él comentó el hecho de que tenía dolor de garganta, el cual persistió durante varios días. El esposo lo mencionó varias veces, hasta que ella finalmente estalló:

—¡Siempre estás lamentándote de alguna cosa! Te advierto que quejarse constantemente no cura nada.

Más tarde, me contaba él:

—Yo me daba cuenta de que, como muchos hombres, me lamentaba mucho cuando no me sentía bien, y decidí renunciar a una costumbre tan tan infantil. Poco después estuve gravemente enfermo. Cada mañana mi esposa me preguntaba cómo me sentía y yo le decía que me sentía mucho mejor, aunque evidentemente me encontraba aún muy débil. Finalmente, ella me dijo: ¡Hombre, no hagas esfuerzos para ser un mártir sufrido y silencioso! Si te encuentras mal, reconócelo. Es una tontería decir que te encuentras bien cuando no es así. Cuando me dijo esto, decidí, quizá también puerilmente, que desde entonces nadie se enteraría de lo que me pasaba. Si estaba muriéndome, ella tendría que enterarse por otro. Nunca más he sentido la necesidad de alterar esta norma.

Otra esposa me preguntó:

—¿Cuándo debe una mujer hablar a su esposo sobre los problemas de la familia? Si empiezo a la hora del desayuno, mi marido me dice: "¿Es necesario que me estropees el día presentándome las cosas de esta manera?" Por la noche, cuando llega a casa, si le menciono algún asunto de familia, me dice: "Primero déjame que lea el periódico." Después de cenar, si empiezo a hablarle, suele reaccionar diciéndome cosas como ésta: "Por favor, antes de que empieces déjame digerir la comida." Cuando está mirando la televisión, no me atrevo a molestarle, y si planteo el asunto antes de acostarnos, me pregunta: "¿Cómo quieres que duerma decentemente si estás toda la noche llenándome la cabeza ahora con estas cosas?" Nuestros hijos reciben el mismo trato que yo. Quisiera saber cómo se puede hablar a un hombre así.

Este tipo de situación nos recuerda el hecho inevitable de que el amor, para durar, debe considerarse como algo más que un sentimiento o una tierna emoción. El amor es también acción. Uno no debe solamente esperar ser tratado con amor y consideración, sino que debe también actuar con consideración. No es suficiente *sentir* amor, sino que hay que *actuar* en amor. En su hermoso capítulo sobre el amor, en la primera epístola a los Corintios, el apóstol Pablo escribe: "El amor es sufrido, es benigno; el amor no tiene envidia, el amor no es jactancioso, no se envanece; no hace nada indebido; no busca lo suyo, no se irrita, no guarda rencor, no se goza de la injusticia, mas se goza de la verdad; todo lo sufre..." (versículos 4 a 7).

No solamente es imposible que uno ofrezca amor incondicional todo el tiempo, sino que es incluso difícil ser consecuente en nuestras expresiones de amor. Pocos de nosotros nos sentimos tiernos, reflexivos, considerados o serviciales cada día. Cuando la parte física, la mental y la emocional están todas en armonía entre sí y con el mundo externo, podemos llegar a mostrar el máximo de consideración por los demás. Pero cuando estamos emocionalmente desenfocados, o tenemos prisa, o estamos exasperados, puede manifestarse otro aspecto de nuestra naturaleza.

Un marido me narraba la experiencia que usaré para ilustrar lo antedicho:

—Había estado trabajando largas horas, durante seis o siete días por semana, desde hacía meses. Estaba realmente desempeñando dos empleos, y una mañana mi atenta esposa me dijo: "Cariño, has estado trabajando demasiado. Te voy a traer el desayuno a la cama." Me sentí un poco confuso, pero finalmente consentí. Mientras me servía el desayuno, mi esposa me dijo: "Y ahora, cada vez que desees el desayuno en la cama, sólo tienes que decírmelo. Siempre que quieras, ¿entendido? Sólo tienes que decírmelo."

"Unas semanas más tarde "agregó" me sentía una mañana muy fatigado. Me incorporé en la cama, no muy seguro de que sería capaz de hacer lo que estaba pensando. Finalmente decidí hacer algo que yo encontraba muy difícil hacer. Soy una persona muy independiente y me es difícil pedir o permitir que me hagan las cosas. Pero recordé su franca oferta de unas semanas atrás, y le dije: "Querida, ¿me traes el desayuno a la cama esta mañana? Estoy realmente hecho polvo." Mi esposa, con cierto tono de irritación, me dijo: "Hoy no puede ser. Yo también estoy fatigada."

"Aquello fue el fin —continuó—. Había caído en la trampa una vez más. Desde entonces, pocas veces le he pedido nada. No me interesa ni siquiera cuando ella me lo ofrece. Si insiste, es posible que acepte el gesto, porque creo es mi deber hacer que se sienta necesaria, pero en el fondo preferiría que no se molestara. Supongo que lo que me ocurre es que prefiero tener mi antigua independencia absoluta que depender aunque sea en parte de alguien que está entre un sí y un no."

Tanto los hombres como las mujeres son sensibles, pero lo son respecto a cosas distintas. A los hombres a menudo les irrita que las mujeres se muestren trastornadas por cosas que a un varón le parecen insignificantes. Las mujeres se quedan igualmente desconcertadas ante la aparente reacción exagerada de sus maridos por cosas que jamás perturbarían a una mujer.

El hombre generalmente es sensible en el terreno de su capacidad para ganarse la vida y triunfar en su trabajo. Si se le compara con desventaja a otros maridos, se siente privado de su sentimiento de virilidad. Toda crítica de lo que hace o de lo que alcanza que toque un punto vulnerable puede afectarle profundamente. Es posible que estalle en un acceso de furia, o bien que pase a la defensiva y adopte una actitud suavemente hostil, o se retraiga en silencio. Cada individuo tiene sus propias areas sensibles, y una esposa prudente se preocupará de no poner el dedo en esas llagas peculiares.

La mujeres tienen sus propias zonas de sensibilidad que son generalmente completamente distintas a las del varón. Si se le critica por su manera de llevar la casa, de cocinar, de vestir, por su labor como madre, o cualquier depreciación de su feminidad, puede llegar a sentirse aplastada. Cualquier cosa que afecte al concepto que ella tiene de sí misma es demoledora.

Un marido con poca sensibilidad puede entrar en su casa después de un día de duro trabajo y preguntar: "¡Santo cielo! ¿Qué has estado haciendo en todo el día?" Es posible que la casa presente un aspecto desordenado, especialmente si hay niños. Aun cuando ella haya estado lavando, planchando, de compras, acompañando a los niños, arreglando el jardín, efectuando recados y planeando una cena con invitados para el día siguiente, puede no haber signos visibles que demuestren que ha pasado un día de frenética actividad. Es posible que esté física y emocionalmente agotada por las incesantes demandas de atención de los niños, el teléfono y la puerta, pero a su marido puede parecerle que se ha pasado el día frente a la televisión. Por otra parte, un marido que se pasa el día entero trabajando puede tener ciertos motivos de queja si su esposa, con sólo un pequeño apartamento y posiblemente un niño o dos, demuestra que deja que el trabajo se retrase. "Mi esposa tiene una casa muy pequeña que cuidar, y está generalmente en absoluto desorden. Tenemos un solo niño que nunca tiene ropas limpias que ponerse. El trabajo de plancha se va acumulando por toda la casa. Se pasa horas enteras cada día mirando la televisión y por la noche se lamenta de estar fatigada. Desde mi punto de vista, no se gana lo que come."

En uno de nuestros pequeños grupos de terapia un hombre nos contaba que su esposa acababa de presentar una petición de divorcio. Era su primera velada en el grupo.

"Desde hace años me ha estado pidiendo que haga algo por nuestro matrimonio. Yo reconozco que quizás he estado demasiado preocupado ganándome la vida para darme cuenta de las señales de alarma. Y ahora se ha ido de casa.

"He crecido en la pobreza, prosiguió, y me he concentrado en el trabajo desde que era un chiquillo. He invertido largas horas en el empleo desde que nos casamos. Tengo la impresión de que se sentía arrinconada. A menudo se lamentaba de que nunca íbamos juntos a ninguna parte, pero yo solamente la oía a medias. Toda mi preocupación consistía en mantener la buena marcha del negocio. Me arruiné dos veces, y eso no hizo ningún bien a mi propia estima. Mi esposa deseaba todas las cosas buenas de la vida, y yo seguí trabajando para proveérselas, pero la descuidaba como persona. Pensé que deseaba estar bien atendida económicamente, pero lo que ella deseaba era recibir algo personal de mí. No me di cuenta de sus señales, y ahora supongo que es demasiado tarde".

Después de que ella se divorció de él, el esposo dejó su negocio, que era una empresa altamente competitiva, y tomó un empleo de ocho horas diarias.

—Quizás ella hubiera preferido tener menos dinero y más marido. Quizás en el fondo ella no me exigía mucho económicamente, sino que mis propias ilusiones neuróticas me imponían exigencias a mí mismo.

Muchas mujeres desearían que el esposo prestara menos atención al coche y más a la esposa. Para algunas mujeres es difícil confesar que tienen celos del trabajo o los *hobbies*. En el nivel de lo consciente, la esposa está orgullosa de los éxitos de su marido y se da cuenta de que debe consagrar la mayor parte de su tiempo y energía al trabajo, pero al mismo tiempo quisiera que él la estimara y la tuviera como centro de su devoción e interés.

La esposa puede verse atrapada entre dos necesidades opuestas, deseando los lujos o artículos necesarios que la diligencia de su marido puede proveer, pero en la esfera de sus sentimientos puede experimentar resentimiento por el hecho de que él se traiga trabajo de la oficina a casa o parezca más aficionado a su trabajo que a ella. Al terminar el día, recibe a un marido fatigado, precisamente cuando desea y al mismo tiempo necesita un poco de apoyo emocional y de conversación.

Pero no puede tenerlo todo al mismo tiempo: un marido laborioso que provea a sus necesidades económicas, y un amante alegre, despreocupado, comunicativo, dispuesto siempre a llevarla a la ciudad. Ni tampoco puede él tener dos clases de esposas al mismo tiempo. No puede ignorar las necesidades de su esposa y al mismo tiempo esperar que ella se muestre afectuosa y que le corresponda constantemente.

Están pues atrapados en la situación en que se encuentran la mayoría de los matrimonios: tienen necesidades incompatibles. Ella tiene necesidades que se oponen a sus propios intereses, lo mismo que le ocurre a él; las necesidades del uno son incompatibles con las necesidades del otro. La respuesta se encuentra en principio en una buena disposición para aprender el arte de comunicarse. Las argumentaciones, las acusaciones y disculpas, las recriminaciones, no sólo no resolverán el problema, sino que lo empeorarán y dejarán cicatrices de difícil curación.

Muy a menudo ambos cónyuges se están enviando "mensajes en clave" que son difíciles de descifrar; o bien uno de ellos estallará por causa de algún asunto de menor importancia que no tiene relación con el problema básico real.

Es posible que una relación conyugal no produzca disputas y enojos, sino que se convierta en una rutina triste y casi carente de significado. Eliot describe este tipo de matrimonio:

No se entristecen;
Se contentan con la mañana que los separa
Y el anochecer que los vuelve a unir

Para charlar de asuntos sin importancia delante
del fuego.
Son dos personas que saben que no se com-
prenden,
Que crían hijos a quienes no comprenden
Y que nunca les comprenderán.

Para evitar la situación en la cual tanto el esposo
como la esposa pactan un triste matrimonio a medias
sin nada que comunicarse excepto el estado del tiempo,
los asuntos de los vecinos, o las pequeñas cosas de la
vida, las parejas deben aprender el arte de la comunicación. Muchas veces esto sólo puede lograrse con ayuda
de un consejero matrimonial competente o participando
en grupoterapia. Cosa extraña, en un grupo bien dirigido muchos matrimonios aprenden por primera vez a
comunicarse a nivel profundo más fácilmente que en la
intimidad de sus hogares. En estos grupos hay una
especie de anonimato. La atmósfera relajada, la sinceridad, el apoyo del grupo, todo ello ofrece un marco
dentro del cual es posible ver el problema fundamental
mucho más claramente.

En realidad los problemas conyugales son pocos.
Son principalmente problemas personales que se
combinan al casarse. En un grupo o cuando hay una
tercera persona competente, las acusaciones y los
reproches ceden finalmente el paso a un examen de sí
mismo en busca de las propias barreras emocionales.

Pocas veces podemos entender el problema básico
en un matrimonio que tiene dificultades a menos que
comprendamos a las dos personas afectadas. Esto se
hace tanto más difícil porque nadie se comprende
plenamente a sí mismo. A los hombres se les amonesta
que no traten de comprender a las mujeres, sino que se
proyecten en ellas, que sientan con ellas. No obstante,
la mayoría de las mujeres preferirían morir antes que
permitir que sus motivos más íntimos sean revelados a

un hombre. Desean ser comprendidas pero sin tener que exponer sus sentimientos íntimos.

Por otra parte, los hombres desean ser entendidos, pero generalmente son reacios a examinar mucho en su interior, como decía uno de los esposos. La mayoría de los hombres han efectuado una importante inversión de tiempo y de energía síquica en ocultar sus sentimientos íntimos, y se sienten atemorizados al pensar que alguien descubra cómo son en el plano de sus sentimientos. Los hombres prefieren operar a nivel intelectual y rechazan la introspección a todo lo que tenga que ver con las emociones.

Pero hasta que somos suficientemente sinceros para mirar hacia adentro y descubrir cómo somos realmente, y aprender a comunicar sentimientos verdaderos, hay pocas esperanzas de ajuste en el matrimonio.

La verdad es que la mayoría de nosotros somos más bien reacios a confesar lo mucho que deseamos ser amados y comprendidos. Para nosotros sería casi como confesar una debilidad, es como un golpe a nuestro amor propio. Por lo tanto, nos rodeamos de varias capas de aislamiento. Fingimos tener confianza en nosotros mismos, o tratamos de compensar excesivamente la inseguridad de manera que nuestra seguridad parezca evidente a todo el mundo excepto a nosotros mismos.

La necesidad de amar y ser amado varía enormemente con los individuos, desde luego. En un extremo de la escala está la personalidad neurótica atrapada en una paradoja: esta persona es incapaz de amar, pero necesita desesperadamente ser amada. En el otro extremo se encuentra el individuo que confía en sí mismo y que necesita afecto, pero no puede aceptarlo. La personalidad neurótica necesita cantidades inagotables de amor y seguridad. De hecho, la seguridad y protección es el principal aspecto del amor que tal persona precisa. Sin embargo, se trata de pozos sin fondo que no pueden ser jamás llenados. No hay jamás suficiente amor. La persona neurótica presionará, maniobrará, hurgará, amenazará, o enfermará en su esfuerzo por conseguir la enorme cantidad de amor que necesita. No tiene fin.

Tales personas suelen ser masoquistas hasta cierto punto; es decir, tienen un mecanismo interior de autocastigo. Su meta inconsciente es llegar a la victoria a través de la derrota. Inconscientemente harán cualquier cosa por alcanzar dicha meta. Siendo incapaces de aceptar el amor normalmente, pueden enfermar físicamente o quizás emocionalmente, o convertirse en alchólicos. Algunos son propensos a sufrir accidentes, que son un esfuerzo inconsciente por atraer la atención, la cual es prima hermana del amor. Otros son propensos a los desastres. Sintiéndose interiormente indignos de ser objetos de amor, se conforman con recibir atención, o en último recurso, ser objeto de compasión. Este tipo de persona puede rara vez alcanzar una relación conyugal satisfactoria sin una previa terapia intensiva.

En una sesión de grupo en que había unas diez personas, dije con tono intencionado:

—Quizás el problema es que los hombres juegan a esto para pasar el tiempo, y las mujeres juegan en serio y para siempre.

Una joven divorciada instantáneamente reaccionó con hostilidad y propuso que discutiéramos este punto. Yo le pregunté:

—¿Por qué está tan agresiva?

Ella reflexionó un momento y se echó a reír.

—Porque sé que es verdad.

La verdad que yo había dicho estriba en el hecho de que el matrimonio por lo general (aunque no siempre) significa más para una mujer que para un hombre. El impulso básico de un hombre suele ser realizarse alcanzando una meta en el mundo exterior. El impulso básico de una mujer está en realizarse logrando un matrimonio plenamente satisfactorio, con todo lo que esto implica: hijos, seguridad, protección y contentamiento íntimo. Para un varón típico, el matrimonio y el hogar pueden ser de gran importancia, pero debido a que su trabajo lo lleva al mundo exterior de los hechos, las cosas y los acontecimientos, el hogar tiende a convertirse en un refugio más bien que en una meta primordial.

Por esta razón la mujer es la encargada del hogar, y debe asumir la responsabilidad cuando se trata de iniciar cambios y mejoras. Esto se debe a que por lo general es más intuitiva, está en más estrecho contacto con sus emociones, y mejor equipada emocionalmente para ocuparse de cosas tales como las relaciones personales. La mayoría de las personas que buscan por alguna razón consejeros son las mujeres; no porque sean emocionalmente menos estables, sino porque son más realistas. A menudo, aunque no siempre, cuando una esposa es capaz de efectuar cambios en sus actitudes y en su personalidad, incluso un marido reacio aceptará iniciar alguna forma de terapia o de orientación conyugal. Cuando ella le demuestra con su actuación que está sacando provecho de la orientación matrimonial o de la grupoterapia, el esposo a menudo estará más predispuesto a aceptar la sugerencia de que vayan juntos en busca de ayuda.

El amor, lejos de ser tan sólo una emoción, es una serie de reacciones. En un matrimonio típico, puede abarcar cualquiera de las siguientes acciones o todas ellas:

1. *Escuchar.* Lo que el cónyuge tenga que decir puede no parecerte importante, pero es importante para el que está hablando. El amor implica sentir suficiente interés como para escuchar atentamente. Por lo general, si se trata de un problema, no hay necesidad de ofrecer soluciones. El mero hecho de escuchar con interés es un acto de amor. Si uno está fatigado o aburrido, no es siempre fácil. Pero el amor camina la segunda milla y escucha; en aquel momento, escuchar es un acto de amor.

2. *Reflexión y consideración.* Amar significa tener hondo interés por el bienestar de otra persona. "Dad y

se os dará", dijo Jesús. Si tenéis necesidades insatisfechas, en lugar de presentar exigencias o de acusar, tratad de llenar las necesidades de vuestros cónyuges. El amor engendra amor; el resentimiento engendra hostilidad; el rechazamiento engendra rechazamiento.

Muchos hombres no son tan reflexivos como debieran ser cuando se trata de cosas que son importantes para sus esposas. Los aniversarios de boda, los cumpleaños, y las ocasiones especiales precisan atención. Yo me daba cuenta de este hecho, pero al principio de mi vida matrimonial, con gran consternación por mi parte, lo traté con indiferencia. Había anotado en mi agenda un parrafito para acordarme de comprarle un regalo de cumpleaños a mi esposa. Pero temeroso de olvidarme, pedí a mi secretaria que lo anotara en su calendario y me lo recordara un día o dos antes. Se dio el caso de que mi esposa estaba un día en la oficina de recibo y, como tenía que ocurrir, echó un vistazo a la agenda de sobremesa de mi secretaria, en la cual estaba escrita la siguiente nota: "Recordar al doctor Osborne que compre regalo de cumpleaños para su esposa." Como es de comprender, poco más tarde mi esposa reaccionó indignada. "Si tú no te acuerdas, mejor que lo olvides." Y tenía toda la razón.

3. *La transigencia.* Dado que dos personas cualesquiera tienen metas incompatibles, es obvio que la relación conyugal íntima habrá de contener toda la vida una serie de alegres transigencias. Si uno desea pasar sus vacaciones en el campo y el otro prefiere visitar a los parientes, no significa que uno de los dos sea insensato. Puedes visitar a los parientes un verano e ir a acampar el verano siguiente, o pasar la mitad de las vacaciones con los parientes y la otra en el campo. Toda transigencia tiene que alcanzarse sin el menor pensamiento de que se está "cediendo". Sólo los inmaduros o las personas infantiles esperan que todas sus necesidades sean atendidas todo el tiempo. Si podemos alcanzar nuestras metas la mitad del tiempo en la rela-

ción conyugal, excelente. Y el desagrado que uno siente cuando tiene parientes de visita no debe proyectarse sobre los parientes o por medio de recriminaciones inútiles cuando ya se han ido. De modo similar, el que odia la vida al aire libre no debe hacer que la experiencia se convierta en un desastre para el cónyuge por medio de constantes lamentaciones.

4. *Evitar los ataques y las acusaciones.* Cuando somos censurados o criticados, instintivamente nos defendemos o contraatacamos. Esta es muy mala base para comunicarse. Sin embargo, cada uno tiene perfecto derecho (en realidad, tiene el deber) de comunicar al otro lo que opina sobre asuntos de importancia para los dos. En lugar de una acusación, que pone al otro inmediatamente en falsa posición, se puede empezar diciendo: "Cuando haces eso me enojas."

El enojo que uno siente puede ser infantil o razonable, según el caso. Nosotros somos responsables de nuestra propia reacción, pero el sentimiento es válido, y tenemos derecho a expresarlo. No estamos exigiendo que el otro cambie, sino simplemente comunicándole cuáles son nuestros sentimientos.

En lugar de decir, "no tengo la menor intención de pasarme las vacaciones visitando a tus neuróticos parientes, y creo que eres muy egoísta en esperar que lo haga", sería mejor decirlo así: "Esto de visitar parientes, tuyos o míos, no es mi ideal para tener unas vacaciones que sirvan de reposo; pero quizá podamos arreglarlo de manera que hagamos lo que nos gusta a los dos."

La expresión: "Nunca me llevas a ninguna parte" es probable que produzca una reacción defensiva. Pero mejor sería dejar de hacerse el mártir o renunciar al tono acusador, y decir: "Cariño... nos hemos estado matando de trabajo últimamente. ¿Qué te parece si saliéramos a cenar esta semana o la próxima?" Lo más importante, quizá, no es el tipo de palabras que se usan, sino el sentimiento que las acompaña. Abandona la actitud enjuiciadora, crítica y hostil, y usa un método afectuoso. Si no te sientes amado, expresar este hecho con hostilidad no es probable que te haga más accesible al amor.

5. *Colmar las necesidades válidas.* En lugar de insistir en que tus necesidades sean atendidas, trata de atender todas las necesidades válidas de tu cónyuge. Todos somos egoístas en cierto grado. El amor es generoso y procura descubrir y llenar las necesidades de otros. A menudo, por ser los humanos egocéntricos, ni el marido ni la esposa se toman la molestia de descubrir cuáles son las necesidades básicas del otro. Mostrar la cuarta parte de la tierna solicitud que se mostró durante el noviazgo sería suficiente para crear un matrimonio más feliz en lugar de cavilar silenciosamente o de hablarse con enojo mencionando los deseos insatisfechos; sería mejor solución sentarse para tratar, durante una hora, de estas necesidades.

El marido podría preguntar a su esposa:

"¿Quieres decirme cómo podría hacerte más feliz?"

Ella a su vez podría decir con toda propiedad:

"Haré una lista, pero me sentiría mucho mejor si tú también hicieras una lista de las maneras en que yo podría hacerte más feliz a ti."

Un estudio basado en ambas listas podría ser el punto de partida para una nueva relación.

6. *El perdón.* Aprende a perdonar y niégate a escarbar en el pasado. "Errar es humano, perdonar es divino." Cuando podemos perdonar estamos usando recursos divinos. Nadie dice que sea fácil perdonar heridas causadas a nuestros sentimientos, pero es el precio que hemos de pagar para disfrutar de paz interior y de una relación armoniosa. Asimismo es preciso recalcar que el amor no es sólo un sentimiento, sino también una acción; perdonar es un acto de amor. Un marido confesó a su esposa su infidelidad en mi presencia. Al principio ella no pudo perdonarle ni aceptar su regreso. Sin embargo, con el tiempo le perdonó, y

establecieron un matrimonio más unido que nunca, debido en parte a un año o dos de participación en un grupo. Su capacidad de perdonar la convirtió en una persona más madura.

Un esposo dijo:

—Mi esposa ha estado haciendo su juego durante varios años. Es reservada y furtiva. Esto se muestra en su personalidad y en sus acciones. Pero no es tan buena actriz como cree. Yo no sé si la he perdonado o no, porque nunca ha reconocido nada. ¿Cómo perdona uno a alguien que no reconoce haber hecho algo malo?

Su matrimonio externamente parece excelente. Ambos hacen todo lo que es correcto. Sin embargo, ella no ha sido perdonada porque nada ha confesado; él se siente culpable de su incapacidad en aceptarla plenamente. Dijo:

—Hago todo lo que hace un buen marido. Pero es una farsa, y me siento mareado cuando pienso en ello. Tocante a mí, hay algo en nuestro matrimonio que se ha perdido.

7. *Evitar la competencia*. Haced todo lo que podáis para no competir el uno contra el otro. Todo el mundo conoce casos en que una esposa dice poco o nada en el grupo; pero cuando su marido no está presente, se abre y se muestra como auténtica persona en toda su plenitud. También es común el caso opuesto, en donde la esposa habla por los dos, mientras el marido se queda sentado mansamente, sin decir palabra.

Esto a veces puede atribuirse al hecho de que el uno o el otro es tímido por naturaleza, pero cuando una persona capaz y en otros aspectos razonable permite que el cónyuge domine la conversación y responda por los dos, es que hay una lucha por el poder dentro de este matrimonio.

Recuerdo una cena en que un hombre de gran éxito y capacidad se veía constantemente interrumpido por su esposa. Esta le corregía en los menores detalles y ponía en duda la mayoría de sus discretas observaciones. No se daba cuenta en absoluto de la impresión negativa que estaba causando. Llegó el momento en que él se apartó de la conversación y permitió que ella prosiguiera un monólogo en voz alta. En todos los demás aspectos era una persona deliciosa y atractiva, pero inconscientemente sentía resentimiento por la prominencia profesional de su esposo y el papel secundario que a ella le correspondía. Sin embargo, era el tipo de mujer que lo negaría hasta el último aliento.

Igualmente un marido excesivamente agresivo está determinado a dominar a su esposa en público y en casa. Recuerdo un hombre en extremo competente, con un profundo sentido de incertidumbre, que hacía todo lo posible por ridiculizar a su esposa en público. Uno se daba cuenta de que estaba expresando una hostilidad oculta, que en casa no podía desahogar.

La lucha por el poder sigue adelante en millones de hogares. Cada uno tiene algo que demostrar, o una posición que defender, o algún sutil castigo que administrar. Un amor maduro y duradero contiene el elemento de un hondo interés por los demás. No busca controlar o cambiar a la otra persona. No es defensivo ni se trastorna fácilmente. Procura descubrir medios de colmar las necesidades de quienes lo rodean. Su meta principal es conseguir que la vida tenga más sentido y plenitud para los demás.

El amor es apacible, pero no débil. El que ama profundamente es que también se ama a sí mismo debidamente y se respeta a sí mismo, mezclando al mismo tiempo elementos de humildad y de fortaleza.

El que es capaz de amar plenamente también es capaz de aceptar el amor, sintiéndose digno de ser amado. Amando a Dios y a la verdad, uno se ama a sí mismo y a los demás equitativamente. El amor es lo fundamental en la vida, y se expresa a sí mismo dando, sin pensar en recibir. El amor, es, en último análisis, el factor definitivo en el crecimiento y la madurez del hombre.